历史与思想研究译丛 ▎ Studies on History and Thought

A Life of John Calvin

A Study in the Shaping of Western Culture

加尔文传

现代西方文化的塑造者

〔英〕阿利斯特·麦格拉思(Alister McGrath) 著 甘霖 译

A Life of John Calvin

中国社会科学出版社

图字 01-2009-2139

图书在版编目(CIP)数据

加尔文传：现代西方文化的塑造者/(英)麦格拉思（McGrath, A.）著；甘霖译.
—北京：中国社会科学出版社，2009.05(2019.8 重印)
　(历史与思想研究译丛)
　ISBN 978-7-5004-7822-5

Ⅰ.①加…　Ⅱ.①麦…②甘…　Ⅲ.①加尔文,J.(1509~1564)—评传
Ⅳ.①B979.956.5

中国版本图书馆 CIP 数据核字(2009)第 082277 号

出 版 人	赵剑英
责任编辑	陈　彪
责任校对	许国永
责任印制	张雪娇

出版发行	中国社会科学出版社
社　　址	北京鼓楼西大街甲 158 号
邮　　编	100720
网　　址	http://www.csspw.cn
发 行 部	010—84083685
门 市 部	010—84029450
经　　销	新华书店及其他书店

印刷装订	北京明恒达印务有限公司
版　　次	2009 年 7 月第 1 版
印　　次	2019 年 8 月第 4 次印刷

开　　本	640×960　　1/16
印　　张	21
插　　页	2
字　　数	339 千字
定　　价	45.00 元

凡购买中国社会科学出版社图书,如有质量问题请与本社营销中心联系调换
电话：010—84083683

历史与思想研究译丛

主　编　章雪富
副主编　孙　毅　　游冠辉

"历史与思想研究译丛" 总序

　　本译丛选择现代西方学者的思想史研究经典为译介对象。迄今为止，国内译介西方学术著作主要有两类：一是西方思想的经典著作，例如柏拉图的《理想国》和亚里士多德的《形而上学》等等；二是现代西方思想家诠释西方思想史的著作，例如黑格尔的《哲学史讲演录》和罗素的《西方哲学史》等等。然而，国内学术界对基于专业专精于学术富有思想底蕴的学者型的阐释性著作却甚少重视，缺乏译介。这就忽视了西方思想史研究的重要一维，也无益于西方思想史的真实呈现。西方学术界的实际情况却是相反：学者们更重视富有启发性的专业研究著作。这些著作本着思想的历史作历史的发微，使思想史的客观、绵延和更新的真实脉络得到呈现。本译丛希望弥补这一空缺，挑选富有学术内涵、可读性强、关联性广、思想空间宏阔的学者型研究经典，以呈献于中国学术界。

　　本丛书以"历史与思想"为名，意在表明真实地把握思想脉络须基于历史的把捉方式，而不是着意于把一切思想史都诠释为当代史。唯有真实地接近思想的历史，才可能真实地接近历史鲜活的涌动。

　　本丛书选译的著作以两次地中海文明为基本视野。基于地中海的宽度，希腊、罗马和犹太基督教传统多维交融、冲突转化、洗尽民族的有限性，终能突显其普世价值。公元1世纪至6世纪是第一次地中海文明的发力时期，公元14世纪开始的文艺复兴运动则是西方文明的第二次发力。这两次文明的发生、成熟以及充分展示，显示了希腊、罗马和基督教所贡献的不同向度，体现了西方思想传统的复杂、厚实、张力和反思力。本丛书所选的著作均以地中海为区域文明的眼光，作者们以整体的历史意识来显示不同时期思想的活力。所选的著作以此为着眼点，呈现社会历史、宗教、哲学和生活方式的内在交融，从而把思想还原为历史的生活方式。

主编 章雪富

2008 年 12 月 16 日

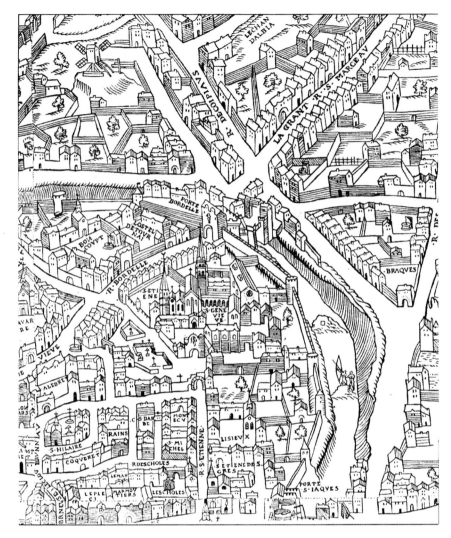

插图 1 杜薛(Truschet)与卫遥(Hoyao)于 1552 年绘制的巴黎城市详图,图中有大学区。蒙太古学院(MONT ECV)位于左下方。请注意详图上方是东方,而非北方。(Bodleian Library, Oxford.)

插图 2　法国国王法兰西斯一世(1515—1547)的肖像。(Musée du Louvre, Paris. Photograph: Photographie Giraudon.)

插图 3　法兰西斯一世为了抗议信义宗在巴黎的暴行，率领公众忏悔游行(1528)。
(Bibliothèque Nationale, Paris. Photograph: Photographie Giraudon.)

插图 4　德国反天主教的漫画(1520)，将信义宗的讲道("耶和华**这么**说")与他们的天主教对手的讲道（"教皇**那么**说"）进行对比。(Archiv für Kunst und Geschichte, Berlin.)

插图5　纪尧姆·法雷尔（1489—
1565）的版画。（Archiv für Kunst
und Geschichte, Berlin.）

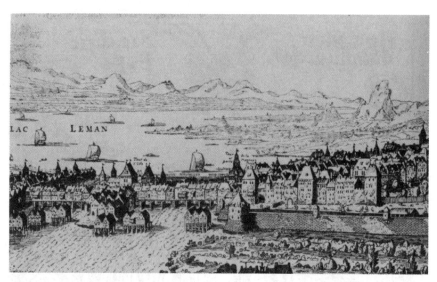

插图6　从罗讷河望向东方日内瓦的市景（1641）。这座古老的城市以圣皮埃尔大教
堂为中心，这座大教堂在插图的右边。

插图 7 　约翰·加尔文（1509—1564）的肖像。（Archiv für Kunst und Geschichte, Berlin.）

插图 8 约 1562 年约翰·加尔文的版画。（Archiv für Kunst und Geschichte, Berlin.）

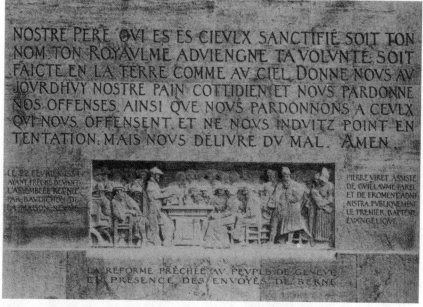

插图 9 宗教改革运动家国际纪念碑的纵切面，这座位于日内瓦巴斯蒂恩公园（1916）的纪念碑，描绘了宗教改革家在伯尔尼使者面前向日内瓦人讲道（1534 年 2 月）的情景。（Archiv für Kunst und Geschichte, Berlin.）

插图 10 宗教改革家国际纪念碑的纵切面,这座位于日内瓦巴斯蒂恩公园(1916)的纪念碑,有宗教改革家纪尧姆·法雷尔、约翰·加尔文、西奥多·德·贝扎与约翰·诺克斯的雕像。(Archiv für Kunst und Geschichte, Berlin.)

插图 11 西奥多·德·贝扎(1519—1605)的肖像。(Musée du Protestantisme, Paris. Photograph: Photographie Giraudon.)

插图 12　法国加尔文主义领袖加斯帕尔·德·科利尼（1519—1572）。（Bibliothèque du Protestantisme, Paris. Photograph: Photographie Giraudon.）

插图 13　描绘德国宗教斗争的讽刺图像（1598），这幅图像描绘路德、教皇与加尔文激烈争吵的场景（左图），以及一名虔诚信徒苦不堪言的情状（右图）。

目录

序

试图再次全面概述约翰·加尔文（John Calvin）的生平是无可非议的事。以这位卓越人物为中心的宗教、社会、经济与文化等问题，仍有待深入挖掘与研究。显然，加尔文已是欧洲历史长河中影响深远的人物。在现代时期曙光初露之际，也正是西方文明开始形成自己特有的形式之时，加尔文为个体与制度改头换面。另外，我们对欧洲宗教改革运动的普遍认识，尤其是对加尔文的认识已更加深入，这促使我们对加尔文的世界、他在其中所扮演的角色，有新的认知。

认为历史就是"伟人的传记"，已不再是恰当的观念。尽管如此，某些人物如加尔文、马克思与列宁对历史的深远影响，却还是令这个观念有可信之处。加尔文发展出的思想、观点与结构，足以引发并支撑一场超乎其历史时期与个人特点之局限的运动。加尔文的重要性主要（但绝非单单）在于他的宗教思想家身份。鉴于"神学家"一词的现代意义，说加尔文是"神学家"虽然没错，但却含有误导性。如今，在普罗大众的观念中，神学家是遭教会与学术界边缘化的无足轻重的人物，他们仅仅与同是神学家的人为伍，他们的思想与方法往往是源于其他知性训练。加尔文的宗教思想的新奇、力量与影响，使我们无法把他仅仅定义为一名神学家（尽管他确实是），这就如同仅仅把列宁看作一名政治理论家也不恰当那样。透过对语言、媒介及思想显著的掌握能力，对组织与社会结构的重要性之洞见，以及对当时的宗教需求与宗教潜力的直觉感知，加尔文将宗教思想与实践结合起来，使加尔文主义成为当时的奇迹。

想要理解 16 与 17 世纪西欧与北美的一些宗教、政治、社会与经济历史，按理说就必须认识加尔文这位思想家的思想以及加尔文早期的追随者对他的重新解释与传播。加尔文的同僚、其思想的传递者以及其继承人的非凡活力与光辉，促使加尔文的思想成为史上最具威力的思想力量之一。在影响力与流行度方面，这一力量正好可媲美后来兴起的马克思主义。德国宗教社会学家恩斯特·特洛尔奇（Ernst Troeltsch）表明，基督教只在两个时刻重大地改变了人类文化与文明：中世纪期间，透过托马斯·阿奎那的经院哲学式综合集成；现代早期，透过加尔文主义。探讨加尔文与他留下的衣钵，也就意味着细究现代史上罕见的时刻之一。那一刻，基督教影响了社会，而非迎合了社会。

尽管加尔文主义有其独特的宗教观点，但本文必须强调的是，它不是纯宗教运动。加尔文主义就像是从高山滑雪道上滚落的雪球，积聚了另外的物质并将之纳入自己的实质，因而改变了自己的形态与形式。即便是今天，这些思想仍以某种形态或形式悄悄地影响着西方文化。由于西方资本主义基本上（至少有部分）以加尔文主义为基础，因此我们也许有理由说，连马克思主义也有可能不得不与源于日内瓦的这份西方遗产对话。

谈论加尔文，就是谈论日内瓦。"加尔文的日内瓦"这一词组，足以让人误解这位宗教改革运动家的地位，以及他在日内瓦自由行动的范围。虽然这词组充满了可能造成误导的含义，但它却因为强调了加尔文与这座城市之间紧密的互动而很有助益。加尔文影响日内瓦的名望与命运，甚至还创造了以这座城市为中心的神话[1]，这一点早已是历史上的老生常谈。如果说加尔文塑造了日内瓦，那么日内瓦也确实塑造了加尔文。这座城市对加尔文的影响是既微妙又细微的，而且按理说比他对这座城市的影响微小。虽然如此，这种影响却是存在的，这也是经过历史研究与神学评估确证后的结果。加尔文强调基督教不是在建立抽象的理论，而是直接触及社会与政治现实。这一点不可避免地引发一个问题，即日内瓦的境况会不会是加尔文建立理论的标准状态。在某些有限但却重要的方面，日内瓦在加尔文的眼中，可能是上帝之城的范例。鉴于这种可能的重要性，本书拟探索日内瓦既有的经济、政治因素并假设对这位日内瓦主要的宗教改革运动家的思想的微妙影响。加尔文思想的某些核心方面，可能基本反映了当时日内瓦既有的政策、惯例与假定。

过往的鬼神论（demonology）或许终会走向终结，怀着这种认知来撰写一本书，是令人高兴的事。从前许多模式化的著作，千篇一律地把加尔文刻画为杀人不眨眼的独裁者，并把加尔文主义描述为愚昧的道德严格主义。这些描写都已过时（虽然这些模式化的描写偶尔会在一些挑起争论的著作中死灰复燃）。这种性质的著作，也许难免论及一系列与加尔文以及他留下的文化遗产有关的迷思。那些接受其中部分迷思的人，对此坚信不疑。斯蒂芬·茨威格（Stephan Zweig）就把加尔文刻画成日内瓦的大独裁者、冷血无情的男人（*un homme sans coeur et sans entrailles*），对这座悲情城市施以铁腕统治。茨威格这种影响深远的刻画手法，可说是缺乏任何充分的历史根据的，它与史实大相径庭，并且对日内瓦的权力结构与决策程序也缺乏认识。

同样的，一些人视加尔文主义或其在英国的体现也即清教主义在宗教上是令人扫兴的，思想贫瘠，而且对西方文化毫无意义，这主要是出于同时代的反加尔文主义人士的论战策略。这些人急切想要败坏加尔文主义的名声，而这也不难理解。英国高教会派托利党用具攻击性的负面词语描述加尔文主义，这不仅仅是对加尔文主义的防卫反应；在托利党眼里，这场运动更是对政治与经济现状的一大威胁。他们的认知已证实是正确的，因为英国内战正是以加尔文主义者的军事胜利告终。加尔文主义实现上帝之城的政治远见，这一点已然成了 17 世纪 xiv 英国国教与国家的既得利益的一大挑战。托利党与高派圣公会描述加尔文主义的模式化手法，其所建基于其上的历史根据是站不住脚的，这种模式化的刻画对后来批评加尔文主义的人仍然有着不当的影响。正如埃德蒙·摩根（Edmund Morgan）在其对清教徒的主要研究著作中指出的：

> 与大众的印象相反，清教徒并不是苦行者。如果他一再有所警惕，认为创造物因为遭堕落的人类滥用而尽是虚空，那么他决不会崇尚刚毛衬衣与干面包皮。他喜爱美食、醇饮与家庭的舒适。虽然他对蚊子视若无睹，但当没酒的时候，也觉得水难以下咽。[2]

加尔文主义也不是知识进步的敌人。加尔文对哥白尼的日心说理论的看法，百年来一直成为许多人的笑柄。安德鲁·迪克森·怀特（Andrew Dickson White）在其激昂论辩的《基督教世界科学与神学论战史》（*History of the Warfare of Science with Theology*，1896）中写道：

> 在《〈创世记〉注释》（*Commentary on Genesis*）中，加尔文率先谴责所有坚称地球不是宇宙中心的人。为了确证这一观点，加尔文照例引用了《诗篇》第93篇，并且问道："有谁敢将哥白尼的权威置于圣灵的权威之上？"

举凡后来论及"宗教与科学"的作者，无一不盲目地复述加尔文的这种说法，如伯特兰·罗素（Bertrand Russell）的《西方哲学史》（*History of Western Philosophy*）。然而，我们可以断然声称，加尔文在他所有的著作中，根本就没有写过这样的话，也没有表达过这样的观点。说加尔文曾经提出这种说法的第一本著作，是19世纪坎特伯雷圣公会大主教弗雷德里克·威廉·法拉尔（Frederick William Farrar，1831—1903）写的。[3] 而这种虚构的说法却影响了论及"加尔文与科学"的现代观点。究竟还有多少这一类迷思牢不可破地影响了我们对加尔文的看法，以后可见分晓。加尔文一直遭到严重歪曲，偏偏人们仍然普遍相信加尔文及后来的加尔文主义反对自然科学的"新知识"，这是件悲哀的事。

xv 　　本书的主旨并不是要赞扬或谴责加尔文或他留下的文化遗产，而是要确立此文化遗产的性质与范围。它试图阐明这位不凡的人物的精神，并探索其观点的起源与结构，以及这些观点对西方文化的影响。本书所坚信的一点，不是加尔文是个圣徒或恶棍，而是对于关注一般现代社会尤其是西方文化的塑造的每一个人而言，加尔文值得他们深入研究。这种性质的著作难免需要频繁使用一些专业与历史术语。为了帮助读者更好地阅读，本书收录了包涵这些术语的词汇表。在正文当中解释这些术语往往是不可能的，所以请读者参看词汇表。

　　这本著作的诞生，得感谢许多人。感谢英国社会科学院慷慨提供研究奖金，让我得以深入研究瑞士宗教改革运动；感谢牛津大学提供德尼尔与强森出国奖学金，让我得以在一些欧洲中心从事文艺复兴晚期与宗教改革运动初期的研究；感谢牛津威克里夫学院在这项研究接近尾声时，批准我暂时放下手头的学术工作。特别鸣谢以下机构，感谢他们的殷勤款待，以及让我免费使用他们那令人欣羡的资源：国家图书馆、文学与哲学部图书馆、藏书楼（佛罗伦萨）；州立档案馆、大学公共图书馆、宗教改革运动史研究所（日内瓦）；历史研究所（伦敦）；博德利图书馆（牛津）；国家档案馆、大学档案馆、国家图书馆、法国历史博物馆（巴黎）；瓦迪安那市图书馆（圣盖尔）；市档案图书馆、大学国家图书馆（斯特拉斯堡）；奥地利国家图书馆、大学图书馆（维也纳）；瑞士宗教改革运动研究所、国家档案馆、中央图书馆（苏黎世）。特别感谢日内瓦宗教改革运动史研究所的法兰西斯·希格曼教授，感谢他为这本书的初稿提出宝贵的批评。本书若在论据与诠释上还留有什么错误，实属我一人的责任。

注释

[1] Dufour，'Le mythe de Genève au temps de Calvin'.
[2] Morgan，*The Puritan Family*，p. 16. 刻画清教徒的传统模式化手法，"主要是后期重建的创造物（post-Restoration creation）"：C. Hill，*The Intellectual Origins of the English Revolution*，p. 293.
[3] Rosen，'Calvin's Attitude towards Copernicus'.

1

前言

瑞士的阿尔卑斯山脉，一条急流从罗讷河冰川底部奔流而下，最终形成欧洲最大的河流之一——罗讷河（Rhône）。罗讷河朝南拐入地中海之前，会经过一片湖泊。湖泊的最西边，是罗马时期建立的一个商业中心。往北移居到德国的罗马移民者，将这片湖泊与商业中心分别命名为"莱芒湖"（lacus lemannus）及"日内瓦"。日内瓦最初是个小镇，依附于阿洛布罗基人（Allobroges）面积巨大的首都——维也纳城。[1] 2世纪晚期，在戴克理先（Diocletian）的行政改革之下，日内瓦不仅升格为纳尔博南西斯高卢（Gallia Narbonensis）的一座城市，而且后来改的名字——日内瓦，也成为中世纪一个大主教教区之名。通过日内瓦一位主教阿尔都图斯（Ardutus）的努力，日内瓦终于在1153年取得令人觊觎的皇城地位。近年来，日内瓦在国际事务中也占有重要的一席之地。国际红十字会于1864年在日内瓦成立。红十字会家喻户晓的标志，便是透过瑞士国旗的颜色翻转而来的。日内瓦公约（The Geneva Convention）将人道主义观念带入现代战争。许多国际组织都在这座城市设立总部。由于日内瓦在世界的声望，如今的日内瓦成为公认的举办裁军会议的不二之选。现代国际社会时而安定时而动荡，国际安定的希望，似乎都集中在日内瓦这座城市身上。

然而，16世纪的日内瓦却是另一场国际运动的中心。这场运动对于西欧已建立成型的秩序，带来扰乱和瓦解的威胁，后来甚至还为北美创造出崭新的社会秩序。日内瓦成为颠覆宗教与政权的坐标。这主要源于这座城市的思想，对世世代代的欧洲人，显出非同寻常的魅力，而且这种魅力至今仍未完全消失。正如冷战时期一提起"莫斯科"这个词，就会令人想起毁灭、倾覆、威胁西方文明的社会、政治、经济秩序一样，"日内瓦"这个词也曾令人想起一个人以及他所发起的运动。这个人与他发起的运动，共同导致了16世纪的欧洲改头换面。这两者的深远影响不仅持续许多世代，而且遍布世界各地。此人正是约翰·加尔文（John Calvin），而这运动就是国际加尔文主义（international Calvinism）。

我们的故事得从16世纪的欧洲说起。然而，当时的欧洲不应与今日的欧洲混为一谈。现代欧洲的出现始自18世纪。那时，欧洲在相互排斥、截然不同的民族基础上，建立了各个独立的政治实体。这些民族、国家因此被认为是既明确又完全独立的结构，并且以共同的民族身份为理由，要求居民向其效忠。[2]而16世纪的欧洲则与此大相径庭，当时欧洲国家的边界模糊，只有语言、文化、阶级的鸿沟是较为明确的。普遍地，民族认同感并不存在：个人倾向于将自己的身份与市镇或区域挂钩，而非自己所属的更大的国家。在这些不清不楚的国家边界之间来回走动既是家常便饭，也是轻而易举之事。学子们无需护照或签证，足迹就能遍布欧洲各大学；商人只需最简单的手续，就可以跨越各国。正如大型跨国公司一样，某些20世纪的机构亦不甚重视国家疆界。显然，在中世纪这种机构当中，影响遍布整个区域的西方教会，就是最重要的一个组织。这个机构在16世纪经历了剧烈的变革，反映了欧洲自身的转变。也许是出于偶然（或者是百年战争彻底榨干了欧洲），中世纪晚期的欧洲逐渐形成均势格局，教会在维持这种均势格局方面起着关键作用。然而，这种格局却极不稳定：任何组成部分间相互的微妙作用皆可能扰乱格局，使其摇摇欲坠，甚至土崩瓦解。改革西方教会以及这种改革本身所可能带来的一切结果，终将重建西欧。

正当16世纪正式拉开序幕之际，改革与更新教会的需要随处可见。教会的权力（尤其是教皇的权力），在中世纪前所未有地高涨。而16世纪的西方教会，却在中世纪的重压之下显露疲态。教会的行政、律法、财务与外交机关依然保持其功能，运转良好。诚然，文艺复兴时期的教皇，引领了一个道德沦丧、为钱财尔虞我诈、极其失败的强权时代，这一切皆使身兼属灵与道德重任的教会，在可靠性方面面临严峻挑战。然而作为一个机构，西欧教会给人的印象却是稳健而持久的。即便如此，教会萎靡、衰亡的印记还是随处可见。许多身居西欧的人确信教会已失去了前进的方向。越来越多的人大惑不解，文艺复兴时期教皇的雍容华贵，究竟与拿撒勒人耶稣的谦卑风范何干？

无数研究证实，在中世纪即将结束之时，西欧教会正缓缓走上衰落之路。[3]普遍的不满之声此起彼伏，不满于神职人员与主教在教区与主教教区缺席；不满于神职人员在生活上品行不端；不满于神职人员教育水平低下；不满于教会对16世纪早期经济与社会境况表现得漠不关心；也不满于教会明显地缺乏属灵方向。教会过度沉迷于世俗事务，致使自身病入膏肓。尽管教会宣称自己是上帝之城价值观的管理者，但它还是证明了自己已深陷世俗的需要、野心、欲望、享乐与财富之中。

呼求改革

在16世纪早期达到巅峰的一系列因素，导致中世纪晚期许多人对教会不满的声音日益高涨。必须强调的是：这些因素不仅仅是宗教性的，也包括社会、政治与经济问题。欲了解宗教改革运动，以及在这出戏里扮演重要角色的加尔文，就必须理解这场运动在16世纪初期对西欧（尤其是法国）人造成的吸引力，以及其中的多方面特性。

成人读写能力的提升

16世纪的欧洲，曙光初露。随着印刷术和造纸业的发展，以及人文主义运动日渐深入人心，成人的读写能力逐渐普及。中世纪早期，具读写能力的人仅限于极小的范围，事实上仅由神职人员组成。书面资料采取手稿的形式，必须经由人工谨慎抄写而成。由于手稿十分稀有，所以通常只能在修道院的图书馆范围内流动。为了节省珍贵的羊皮纸，抄写时文字被缩写，以至于手稿难以辨认。然而，人文主义却使成人的读写能力成为一项社会成就，使得社会有可能迈向高雅与进步。文艺复兴时期的手写字体既优美又易读，与受经院哲学家青睐的哥特字体之潦草难读，有天壤之别。随着印刷术的出现与新造纸工业的发展，受过教育的平信徒便有机会了解当时被神职人员所独享的著作。新兴的专业阶层开始在西欧城市取得权力，并逐渐从旧式贵族家族手里夺过大权。在这期间，他们将自己在世俗事业领域中所运用的批判性才智与专业技巧，应用于实践与诠释基督教信仰。神职人员垄断读写能力的专利，从此不复存在。[4]这项发展给予平信徒以机会，去评判神职人员的能力，促使平信徒在宗教事务方面的信心与日俱增。

审视 16 世纪法国资产阶级的私人藏书，我们看见新兴的平信徒不仅读写能力有所提升，而且更加关心宗教问题，当然前者是后者的基础。15 世纪佛罗伦萨绝大多数的贵族家族拥有新约的手抄本。勒菲弗尔（Lefèvre）于 1523 年献给"所有基督徒与整个基督教世界"（*à tous les chrestiens et chrestiennes*）的法文新约，以及他于 1524 年译成的法文诗篇歌集成为法国的普及读物，甚至还在莫城的主教教区（diocese of Meaux）内免费分发。[5]这些著作的手抄本，以及伊拉斯谟（Erasmus）、梅兰希顿（Philip Melanchthon）与勒菲弗尔本人的新约注释，往往在资产阶级的藏书当中占有一席之地。[6]

平信徒对伊拉斯谟《基督精兵手册》（*Enchiridion*）的关注，足以反映他们前所未有的信心。[7]这本书于 1503 年面世，1509 年再版，1515 年第三次出版。自此以后，它成为蔚为流行的著作，六年间一连翻印了 23 版。全西欧受过教育的平信徒如饥似渴地阅读该书。它向平信徒灌输了激进而吸引人的观念，指出平信徒有能力改革并更新教会。虽然神职人员可以帮助平信徒了解信仰，但神职人员却不具有任何超然地位。宗教是内在精神的范畴，信徒个人可以透过阅读圣经来深化他或她对上帝的认识。颇为重要的是，《基督精兵手册》贬低教会制度化的作用，更强调信徒个人的重要性。

至此，我们足以看见 15 世纪时期宗教信仰非但没有衰亡，民间宗教（popular religion）反而如雨后春笋般成长。在 15 世纪末与 16 世纪初，日渐增多的著述罗列了对教会的控诉。[8]这些控诉曾一度被认为表明了此时期宗教影响力的衰亡，如今却被认为，这表明了平信徒日渐有能力，并且愿意从改革教会的视角出发来批判教会。例如，1450—1520 年间，德国民间宗教的发展便相当可观。一切可信任的客观标准（譬如做弥撒的次数、信徒之间结拜的风尚、给宗教慈善团体的捐赠、新教堂的建立、朝圣次数、民间宗教文学的发展），皆表明大众对宗教的兴趣有着显著的增长。[9]

从 15 世纪最后十年伊始，一些较有学术根底的人对基督教信仰兴趣重燃，他们认为如果教会想要恢复生命力，就必须改进与更新。15 世纪 90 年代，西班牙神秘主义（mysticism）突如其来地发展起来，个中原因至今未明，其影响力贯穿西班牙天主教会。在红衣主教希梅内斯·德·西内罗（Cardinal Ximénez de Cisneros）的带领之下发起的一系列宗教改革运动，不但激起人们对宗教教育的关心，而且使西班牙宗教职业复苏。阿尔卡拉大学（The University of Alcalá）与康普路屯合参本圣经（The Complutensian Polyglot，一种多语圣经版本），大概是这些宗教改革运动最为明确的成果。意大利人文主义者的圈子当中，不少人对圣保罗与奥古斯丁的著作再度发生兴趣。这反映了人文主义者"回本溯源"（ad fontes），回到基督教信仰之原始资料的伟大夙愿。唯其如此，才能汲取基督教传统的清冽之源，无需再忍受中世纪末的污泥浊水。河的源头，水最纯净：既然直接阅读新约原文并非难事，为什么还得阅读中世纪蒙昧主义者译注的圣经？

个人信仰的迹象

16 世纪初的意大利文艺复兴，对西欧人的自我认识最重要的贡献之一，大概是促使个人意识抬头。个人意识的抬头促使人开始极力将基督教与个人需要联系在一起。纯粹制度化的基督教仅注重外在与制度化形式（如教会的出席率、形式化地接受神职人员的教导等），这样的基督教已无法满足这个全新的时期。在基督教寻找自我定位的历程中，最为细微与重要的一项发展已开始。一直以来高呼外在形式的基督教，开始重新发现自己对内在意识的感染力。文艺复兴时期的基督教作家，发现自己有必要将福音深植于内心深处，稳固地植入个人的经验世界之中。保罗与奥古斯丁对个人自省良心的古老呼吁[10]，重新唤起这些作家的兴趣，使他们应用在各自的作品中。这些作品既包括彼特拉克（Petrarch）的十四行诗，也包括文艺复兴时期的神学家、传道人、解经家等的新宗教著作。[11]

宗教改革运动前夕，一批思想家应运而生。在巴黎，勒菲弗尔·戴塔普尔（Lefèvre d'Etaples）探讨保罗如何看待信仰对于个人的重要性。在牛津，约翰·科利特（John Colet）强调基督徒生活中，个人亲自遇见复活的基督的重要性。在低地国家，伊拉斯谟借着《基督精兵手册》所概述的改革纲领，以及对个人内化信仰的强调，赢尽欧洲受过高等教育之精英分子的心。伊拉斯谟将个人的内心信仰，与他所反对的制度化教会注重外在形式的特性，进行鲜明的对比。在意大利，宗教改革运动往往称为"大公福音主义"（catholic evangelicalism）或"福音主义"。这运动借着对个人救恩问题的强调，得以在教会里扎根，甚至深入渗透教会的统治集团内部，而自始至终未被视为异端。

必须强调的是，这些运动的起源与马丁·路德无关。当时路德只是一个名不见经传的修道士，在欧洲最无足轻重的一所大学给寥寥可数的听众讲课，而那些大名鼎鼎的伟人已在汲取着新约的清冽之源。16 世纪前 20 年，不少有影响力的团体与个人的一种特色，就是新的对个人信仰的广泛强调，以及对保罗和奥古斯丁的著作有了新的兴趣。这些团体与个人在观念上与路德有着相似之处。不过，因为这些团体与个人并非代表正统的路德，所以当该种观念被证明为异端时，就累及路德也背上了恶名。不过，巴黎的勒菲弗尔、莫城的纪尧姆·布理松涅特（Guillaume Briçonnet）与西班牙的光照派（alumbrados，一个神秘主义作家团体），却是在路德的观点广为人知时，才被疑为异端的。无论我们怎样正面评价路德对宗教改革运动的贡献，我们必须承认，由于他导致真正大公、正统的观点——这些观点原本有能力给萎靡不振的教会注入全新的活力——被视为异端而造成了广泛的负面影响。由于他所引发的一股怀疑之风，路德给他的时代帮了一个大大的倒忙。

大众与有识之士的宗教复苏，与建制教会无甚瓜葛。越来越多的人认为建制教会不但对平信徒的信仰毫无贡献，甚至还剥削平信徒。例如民间宗教关注农村社会的事务，与他们的生活规律和季节相关。这些农村社会的耕地需要（如制作干草与收割），在民间宗教祭仪中根深蒂固。因此，我们能够在法国的莫城主教教区，发现一种祭仪，主要是祈求圣徒保守动物与婴儿免遭疾病、瘟疫与眼疾，或保佑年轻女子找到称心如意的丈夫。[12]中世纪晚期民间宗教最重要的元素，也许是一系列与丧葬有关的教义与习俗，一名神职人员参与其中总是免不了的。[13]这种丧葬祭仪花费不菲，宗教友爱会的成立，正反映了这个事实。宗教友爱会旨在资助成员举办适当的礼仪。经济萧条期间，反神职人员的情绪高涨：经常有人认为，已经贫困交加的生者，对死去亲属的担忧反倒成了神职人员的敛财良机。

在德国，路德认为赎罪券交易在道德上不仅丑陋不堪，而且在神学上也站不住脚——完全是在利用百姓对逝去亲人的感情。他的《九十五条论纲》（1517年10月31日）直截了当地批判那些人。一些人强调，只要向当权的教会商人缴付适量的款项，亡灵就能立刻从炼狱里获得自由。更加过分的是，德国人缴付的款项最终会流向意大利，资助文艺复兴时期的教皇过奢侈的生活。路德尤其反对约翰·台彻尔（Johann Tetzel）的赎罪券广告：

> 银钱叮当落银库，
> 灵魂立即出炼狱！

路德的唯独因信称义的教义，免除了炼狱与购买赎罪券的需要：死者因为自己的信心而得以安息。只有信心能把他们带到上帝面前，向教会缴付额外款项，绝对无法实现这一点。[14]在法国，利奥十世（Leo X）与法兰西斯一世（Francis I）于1515年也筹划了一场赎罪券运动，以资助十字军远征。然而，巴黎神学院却于1518年抗议这场运动所带来的某些迷信观念。巴黎神学院谴责这场运动的教导"既错谬又可耻"，这教导错误地提倡："无论是谁，只要为十字军远征募捐投入一个帖斯铜（teston），或捐出炼狱里一个灵魂所值的价钱，灵魂就能立刻获得自由，并且必定走向天堂。"[15]

不管是源于伊拉斯谟还是隐修院，各种福音派观点的出现致使建制教会被视为反动、敌对新教导。新教导的进步以及对个人信仰的强调，也使建制教会备受威胁。16世纪20年代开始出现的一些著述，申明神职人员固守古老守旧的方式实在是有利可图，因为这些老古董几乎不要求他们尽教师、属灵向导、道德化身或楷模的职责。除了拉伯雷（Rabelais）之外，还有不少人在揭露与嘲讽修士渎职。除了伊拉斯谟以外，也有许多人在批判经院哲学的枯燥乏味与神职人员的不足之处。

反教权主义的发展

要了解宗教改革的背景，其中较为重要的一方面莫过于读写能力与口才日渐提升的平信徒，前所未有地鄙视神职人员。反教权主义（anti-clericalism）的现象就如野火燎原，并未特别局限于欧洲的任何部分。某种程度上，这现象反映了普通神职人员的品质低劣。在文艺复兴时期的意大利，实际上，并未受过训练的教区牧者大有人在。就连仅有的一星半点知识，也是他们透过观察、协助与模仿累积得来的。教区主教的寻访，经常显露神职人员的目不识丁，或者显然常常弄丢了自己的每日祈祷书（breviary）。教区神职人员的低劣水准反映出他们低下的社会地位：在 16 世纪初的米兰，牧师的收入比身无长技的劳工还低。许多牧师只能借助买卖牛马以维持生计。[16]同一时期的法国农村，地位较低的神职人员大致上与流浪汉平起平坐：神职人员除了免缴税收、免于民事起诉、免服兵役之外，实际上与当时无家可归的乞丐难分伯仲。[17]

神职人员享有的财政特权常常是激愤之源，在经济萧条时期尤其如此。1521—1546 年间，成为改革者基地的法国莫城主教教区，神职人员免缴一切税收，其中包括军需物品与军队驻防的摊派费用——这一点引起公愤。在卢昂（Rouen）的主教教区，教会在粮食严重短缺时期售卖谷物以聚敛横财，引起百姓强烈抗议。[18]神职人员免受民事法庭的起诉使得神职人员与百姓更加格格不入。在法国，16 世纪 20 年代的生存危机促使反教权主义的立场更加坚定。勒·罗伊·拉杜里（Le Roy Ladurie）在其对朗格多克（Languedoc）的著名研究中指出，拓展与恢复一直是百年战争之后两代人的特征，这种特征在 16 世纪 20 年代发生逆转。[19]自此以后，危机开始蔓延，发生瘟疫、饥荒，农村贫民为求糊口而涌向城市。同一时期，法国罗亚尔河（Loire）北部多数地区，相同情形亦不乏其例。[20]生存危机将大众的视线，集中于社会底层、贵族和神职阶层之间截然不同的命运上。

文艺复兴晚期，法国绝大多数的主教人选均出自贵族阶级[21]，一个个主教教区皆显明了这种趋势。在莫城，建制教会的高层来自城市的贵族阶级，整个布理（Brie）地区的高级神职人员亦然。[22]卢昂的情形可说是与此相似[23]，加尔文的出生地努瓦永（Noyon）的情形亦是如此。努瓦永的德·汉格斯（de Hangest）家族垄断教会事务，操纵任免大权，并委任主教教区的主教长达四分之一个世纪之久。[24]在朗格多克省，高级神职通常由外来人担任，往往是靠王室任命，将这些贵族强行推荐给主教教区。这些神职人员很少会住在自己的主教教区，他们把自己的属灵与俗世职责当成不劳而获的收入来源，并帮助他们在别处拓展自己的政治野心。贵族背景加上主教职位与高级神职人员的地位，不仅使他们拒工匠与农民于千里之外，而且也把他们与 16 世纪 20 年代的生存危机隔绝开来。16 世纪 20 年代，大多居住在市镇或城市的高级神职人员与乡村农民之间的紧张关系不断加剧。正是这种日益增长的张力，构成了法国宗教改革运动的背景。[25]

教会里的权力危机

谈论中世纪晚期教会里的"权力危机"[26]，似乎是老调重弹。然而，本文使用该词语却是别有一番用心：广义上，该词语清楚地表达了中世纪晚期社会的一面；狭义上，它巧妙地表达了当时的宗教生活，这种宗教生活最初致力于推动宗教改革的发展，后来却倒戈相向，抑制宗教改革的有效措施的施行。从这场危机中我们可看出两个要素：其一，谁有权力代表教会发言仍是个未知数；其二，神学上一知半解、政治上不知所措、军事上无能为力，这三种不幸加起来，使教会越加发现自己无法维持正统信仰。（就算人们能就"正统信仰"的具体所指达成一致，但如果新的神学观点出现了，谁能确定它是否与教会的教义一致？）

14 世纪末与 15 世纪期间，西欧的大学相继涌现出来，促使神学院激增，神学专著也相应大量出版。神学家一如既往地必须做点什么以证明自己的存在价值。这些著作往往能探索出新的观点。然而，这些观点的地位又是什么呢？无人能在神学观点与教会教义、个人见解与公共信条之间画出清楚的界线，这是一个普遍的问题，导致了严重的混淆。路德很可能误将一种神学观点与教会的官方教义混为一谈，并在这种误解的基础上开始实施其改革纲领。历史学家可能会因为这种理解上的过失而责怪路德，但是，这位撒克森宗教改革家似乎只不过是被中世纪晚期浩瀚的神学资料弄得晕头转向、备感混乱的许多人当中典型的一位。那么，谁能分辨神学见解与教义之间的区别？是教皇吗？是大公会议吗？还是神学教授？无人能厘清这些关键性的问题，因而导致了中世纪晚期教会的权力危机。与欧洲其他地方一样，法国"宗教上漫长的无序时期"（Lucien Febvre 语）开始了。

对教会的官方教义混淆不明，是路德在德国推行改革纲领的主要契机。路德的观点当中，最为要紧的，莫过于称义的教义，即个人如何与上帝和好的问题。[27]418 年，即在宗教改革运动一千余年之前，一个受认可的教会团体曾对这一教义发布权威的宣言。这是最接近路德时期的官方立场，但其含糊与落伍的声明却不足以阐明教会针对 1518 年的问题所处的立场。在路德看来，他那个时代的教会已堕入帕拉纠主义（Pelagianism）的泥潭，他们对于个人如何得以与上帝相交的理解，叫人难以接受。路德认为，教会倡导个人能够凭借自己的成就与地位讨上帝喜悦，并蒙上帝接纳，这就完全否定了恩典。路德的看法可能是一种误解，但是当时教会里的误解比比皆是，以至于没有人能够向路德说明有关这教义的权威看法。即便是教皇权力至高无上的阿维尼翁（Avignon）飞地，混乱的思想亦十分盛行。卜尼法斯·阿默巴赫（Boniface Amerbach）写道："人人都有自己的见解"，他在教皇大本营中推广"杰出的马丁博士"的观点，无疑为 16 世纪 20 年代的混乱无序火上浇油。

在宗教改革中，加尔文更加关注的是教会日渐无力于坚持正统信仰。教区主教与省级教会会议是负责识别与镇压异端的复杂网络，但是双方老死不相往来，更甭说在路德的观点开始引人注目时，一起采取有效行动。1487 年春，法国政府试图镇压瓦尔多派［Waldensians（Vaudois）］，但并不是特别成功。与其说法国政府消灭了被许多人视为异端的瓦尔多派，不如说只是解散了这团体。

所有危机当中最具威胁力的莫过于印刷机。传统的中世纪国家疆界对印刷文字无能为力。立法禁止流传非正统书籍是一回事，侦查这些书籍并禁止人阅读又是另一回事。法国政府为了阻止国人从海外引进煽动性的印刷品，一次比一次更努力地制定全面措施，但与此同时，出版商也越发熟练于隐藏他们手头上原版书籍的来源。在日内瓦印刷的书籍（最终在法国彻底被查禁）借着印制假的印刷者的地址，或透过模拟法国印刷者的惯用的字体，使其出处得以掩人耳目。[28]

1515 年 9 月的马里尼亚诺战役（Marignano）中，法兰西斯一世戏剧性地战胜了教皇与瑞士的联军。这场胜利使得法兰西斯一世在意大利事务中成为不可忽视的力量，也奠定了他在法国教会中的权力。随后，1516 年的博洛尼亚协定（Concordat of Bologna），使法兰西斯有权任命法国教会所有高级神职人员。这实际上削弱了教皇对法国教会的直接管制。尽管 1525 年帕维亚战役（battle of Pavia）的失利以及后来在马德里遭囚禁，皆使得法兰西斯在专制主义的道路上暂时受阻，但最终他还是逐渐走向专制主义，导致教皇在法国事务（无论是国家事务还是教会事务）方面的权力相应削弱。结果，经常有人认为法国的宗教改革运动与法兰西斯一世有关，而与教皇无涉。假如教皇想要介入法国教会，一系列可怕的外交与法律障碍，就会摆在前面等待着他。不久前刚在战役中击败教皇的法兰西斯，几乎无心维护教皇在法国境内的利益，除非这些利益与法国君主政体的利益一致。

博洛尼亚协定显示宗教改革前夕，德国与法国的教会境况有天壤之别。正如德国教会的控诉文学作品所证实的，德国人对教皇深恶痛绝。在某种程度上，反映了德国民族主义的发端，他们仇视属于意大利的一切。德国人对教皇深恶痛绝亦反映了公众对这样一个事实的愤恨，即教会的收入（包括售卖赎罪券的收益）已预定流向罗马，以维持文艺复兴时期教皇颇为奢华的生活方式，并资助他们规划纲领与政治投机事业。德国的统治阶级怨恨教皇干预教会与政治事务，从而损害他们的地方政权。路德的宗教改革计划以种种方式诉诸（也许甚至是强行利用）德国人的民族主义与反教皇主义。路德顺水推舟，让众人反教皇的激愤情绪将宗教改革运动推向顶峰。然而，博洛尼亚协定却大大缓和了法国境内的反教皇情绪。由法国君主掌握政权与教会权力，是法兰西斯一世及其数任继承人所追求的专制君主制的政策纲领。这种中央集权建构了一种摆脱教皇的权力结构。如果反教皇主义助长了德国的宗教改革运动，那么它的法国同道为了宗教改革运动的发展，则不得不另辟蹊径了。

这些就是 16 世纪初影响欧洲教会与社会的势力。历史学家回首当年，将这一时期描述为"宗教改革运动前夕的欧洲"。当然，当时的人实际上会大力否定这种见解，他们甚至不认为自己是欧洲人，更遑论会认为自己活在宗教改革迫在眉睫之际。的确，尽管当时的某些著述提出了一些带有预言性质的暗示，但是多数著述中却没有一点迹象显示人们真正意识到眼前的社会、政治与宗教的剧变。

1509 年 7 月 10 日，热拉尔·科文（Gérard Cauvin）的第二个儿子便诞生于这样的一个世界。几天之后，这婴孩在圣歌德比亚狄（Sainte-Godeberte）教堂受洗，得教名让（Jehan），不过我们并没有这次仪式的记录。英语世界以让·科文的拉丁语译名"Johannes Calvinus"，即约翰·加尔文来称呼他。17 世纪初为加尔文立传的传记作者曾走遍努瓦永大教堂，查遍大教堂教士登记册，搜寻加尔文名字的记录。这些传记作者也曾采访当地耆宿（noyonnais），希望他们能从遥远的年代里记起热拉尔·科文的第二个儿子的点点滴滴。不管这些作者多么艰辛劳苦，我们对加尔文的童年还是不甚了了。在那些耆宿的记忆里，算得上是真正史料的，大概还是那一句老生常谈："让·科文是个聪明的孩子。"[29]无论是加尔文的童年还是终其一生，其个人历史的记录竟是少得如此可怜。对于加尔文在思想史长河中留下的思想上的震撼，我们能洞幽察微，但是对于加尔文这位历史上的人物，我们却只能略知皮毛。加尔文始终是个谜。

谜的缘起

说加尔文是历史上的一个谜，乍听也许很荒谬。因为比起 16 世纪许多人物，我们对加尔文的认识不是更深吗？然而，着手历史地分析并重现加尔文非凡的一生之前，我们应当正视的事实是：我们对加尔文（尤其是其早期生平事迹）的了解远不及我们所期望的。他留给西方文明最大的遗产是他的思想，以及阐述其思想的文学形式。确实，不止一位历史学家曾经提出加尔文与列宁的相似之处——他们同样拥有非比寻常的理论视野与组织天赋。[30]他们为改革运动提供了理论基础，而改革的组织、方针与最终的胜利，也正有赖于这种基础。然而，除却这些思想，加尔文作为一个有血有肉的人仍旧是难以捉摸的。个中原因不难理解，将加尔文与伟大的撒克逊宗教改革运动家马丁·路德进行比较，我们也许就能完全明白。

首先，路德还未成为主要的宗教改革运动家之前，就已开始撰述，他大量的著述为我们留下了丰富的资料。他的宗教改革生涯开始于《九十五条论纲》（1517 年 10 月 31 日）、莱比锡辩论（Leipzig Disputation，1519 年 6—7 月）以及 1520 年发表的三篇有关专著。1520 年，路德已然成为一位广受爱戴的宗教改革运动家。他之所以投身宗教改革运动，是因为在他还未公开活动之前，已经总结出一套宗教思想。1513—1517 年，路德在维腾堡大学（University of Wittenberg）教授神学。此时，他奋力酝酿思想，这些思想注定对后来的事件有重大影响。路德在其思想形成时期，以不同形式写下的著述，保留至今，使我们得以追溯这些基本宗教思想的发展轨迹。

反观加尔文，我们几乎没有他在思想形成时期亲笔撰述的资料。他的宗教改革生涯可能始于 1533 年末或 1534 年初，确切时间无从考证。于 1532 年 4 月出版的加尔文对塞涅卡的《论仁慈》（*De clementia*）一书的注释，除了显示出加尔文的博学与他作为人文主义学者的一些年轻志向之外，几乎没有透露任何有关加尔文的信息。资料如此短缺的原因不难理解。16 世纪 30 年代早期，法国王室与福音派激进主义分子的关系已势同水火。1534 年 10 月 18 日，星期日的清晨，随着"告示事件"（Affair of Placards）的发生，酝酿已久的暴风雨倾盆而泻。[31]由小册子作者安东尼·马科特（Antoine Marcourt）撰写的告示，激烈地抨击天主教的习俗，他将告示张贴在法国境内惹人注目的位置，包括昂布瓦斯（Amboise）一间通往国王卧室的前厅。

法兰西斯一世因这件事而龙颜大怒，着手实施一系列他一直以来扬言要对法国境内福音派信徒施行的镇压政策。[32]这些镇压政策使得那些持有宗教改革观点的人，不敢承认自己的立场。加尔文早在 1533 年 11 月，就已料到这结果。不久前就任校长的尼古拉斯·科普（Nicolas Cop）在巴黎大学发表了一篇煽动性的万圣节（All Saints' Day）讲

话，第二天加尔文就逃到相对而言比较安全的昂古莱姆
（Angoulême）。本书稍后将会谈到，提倡福音派观点的科普，其演说
遭到保守分子的强烈反对。加尔文被怀疑可能是撰写这篇讲话的作者
（见第64~66页），他认为当务之急是尽快离开巴黎。随后发生的事，
充分证实了他的想法是对的。正如他的传记作者所强调的，这次逃脱
是侥幸的[33]：数小时之后，警察搜查了他的房间，没收了他的私人文
件。这些私人文件肯定是弥足珍贵的资料，能够使我们了解加尔文在
这重要时期思想发展。但是这些资料已一去不复返。于是我们只好

16 将加尔文思想形成的时期视为一个谜。然而，某些论述加尔文早年生
涯的叙事，由于不甘停留在证据不足的阶段，违心地将历史推论当成
历史事实。杜梅格（Doumergue）正确无误地观察到加尔文一生当中，
至少有一部分只能说是"一个年代学之谜"。[34]但即便是杜梅格，也宁
愿相信历史权威的推论，而不愿尝试批判性地重建它们。

其次，路德介绍自己，从来就是罕有地不吝惜笔墨。这些自传式的
自我介绍，总是在他的著作的字里行间流露。其中最有名的，也许是路
德于逝世前的一年，即1545年所写的"自传片断"。这篇文章是路德拉
丁文集第一版的序言，路德通过这篇序言向读者介绍自己。路德在这篇
序言中详尽描述了他个人背景、宗教思想的发展，以及危机如何引发信
义宗宗教改革的开展。老人的回忆大多是不可靠的，但路德的历史记忆
看来十分精确。至少截至目前，路德的回忆经证实后，都精确无误。他
所表述的（改革所依赖的）宗教思想的形成过程，也可以从他思想形成
时期的著作中得到印证。[35]然而，加尔文却很少在自己的著作中介绍自
己。1539年的《复萨多雷托书》（*Reply to Sadoleto*）中，一位福音派发
言人描述自己与中世纪教会的决裂；这虽然很可能是加尔文的自传[36]，
但实际上加尔文却从未说过这是他的自传。1557年的《〈诗篇〉注释》
（*Commentary on the Psalms*）序言中，明显是加尔文自传的部分[37]不仅
少得可怜，而且某些内容也难以理解。尽管加尔文讲道时常使用第一人
称，但这并不表示他透露了大量与自己有关的事。[38]加尔文的羞怯，使
他很少作出历史重建所迫切需要的反思与回忆。

哲罗姆·博尔塞克（Jerome Bolsec）以锲而不舍的精神、带有强
烈敌意的笔触来描绘加尔文，严重妨碍了对加尔文复杂个性的历史再

现。博尔塞克于 1551 年曾与加尔文交锋。对这次交锋耿耿于怀的博尔
塞克，于 1577 年 6 月在里昂出版了《加尔文的一生》(*Vie de Calvin*)。
根据博尔塞克的描绘，加尔文无可救药地无聊、恶毒、凶残、沮丧。
他把自己的话当成上帝的话，并让人把自己当成上帝来敬拜。除了经
常被自己的同性恋倾向所困扰之外，加尔文还习惯放纵自己与身边所
有的女性发生性关系。博尔塞克表示，加尔文辞去在努瓦永的有俸圣
职，是因为其同性恋行为已当众曝光。比起西奥多・德・贝扎
(Théodore de Bèze) 或尼古拉斯・科拉顿 (Nicolas Colladon) 所撰写
的加尔文传，博尔塞克的加尔文传更能引起读者的阅读兴趣。然而，
博尔塞克著作的大量根据，实际上是出自《可信赖的人》(*personnes
digne de foy*) 中无名氏的信口开河。现代学者质疑这本书的价值。虽
然如此，博尔塞克对加尔文的历史再现，还是影响了许多反对加尔文
生平与行为的现代作者，这些著述在事实与虚构之间的模糊界限，日
益令人难以分辨。尽管博尔塞克的说法明显缺乏历史依据，但就像其
他许多有关加尔文的谣传一样，这些说法经过后人不加鉴别地传诵以
后，就形成一种神圣的传统继续流传。[39]

　　然而，说加尔文不是一个特别有魅力的人，也许是合理的。比起
路德在晚宴上的谈笑风生，加尔文的确缺乏机智、幽默与温情。就像
加尔文的著作流露出的作者形象一样，他给人的印象颇为冷漠与孤傲。
随着健康每况愈下，他越发暴躁易怒。对于那些与自己意见分歧的人，
加尔文动辄恶言相向，甚至人身攻击，而非针对他们的看法就事论事。
加尔文逝世的那一年，他写信给蒙波利埃 (Montpellier) 的医生们，
向他们描述侵蚀他健康的疾病症状。颇为重要的是，这些症状与偏头
痛和过敏性肠疾十分相似，而这两者皆是焦虑的症状。究竟是加尔文
面对的异常紧张之局面（尤其是 16 世纪 50 年代初期）引发了他的疾
病，还是他个性使然，与生俱来地容易情绪上有压力，我们无从确定。
然而，纵使加尔文不愿提及自己，但还是无法掩饰他是一个不快乐的
人。这样的人不太容易获得现代读者的同情。很容易会有人先入为主
地对加尔文怀有敌意。

　　为什么加尔文一直以来都如此不愿表达自己？要了解其复杂的个性，
就必须了解他对自己呼召的认识。在一次难得的自我表露中，加尔文说

17

18 明了其强烈的信念。他相信上帝为了一个特殊的目的而将他分别为圣。回顾自己的事业，他可以察觉到上帝无形的手总在关键时刻引领他的生活。加尔文认为，上帝不计较他的卑微而呼召他、改变他人生的方向、带领他来到日内瓦、赐予他牧师与福音传道人的职责。[40] 加尔文认为自己拥有的一切权力，都是上帝所赐，而并非靠着自己天生的才干与能力。他只是上帝手中的器皿。必须强调的是，加尔文宗教改革运动的重点，与一般宗教改革运动的无异。加尔文强调的是堕落之人的罪与不配，这一重点也可见于信义宗因信称义的教义，以及改革宗的上帝拣选人不是基于预见人的长处（ante praevisa merita）的教义。因此，上帝拣选加尔文是出于上帝的怜悯与宽容，而非出于加尔文可能拥有的优点与个人品质。说加尔文对自己呼召的认识反映出他的狂妄自大，这种说法只能说明批评者对宗教改革运动精神的无知。

正是对加尔文呼召的了解，证实了加尔文个性中的冲突成分。虽然加尔文的个性既羞怯又内向，但是他一旦认为上帝的旨意遭违背，他就会有勇气不让步，并拒绝妥协。加尔文情愿别人奚落自己（尽管他常常因此深受伤害），也不容许别人嘲弄自己的事业或他侍奉的上帝。最重要的是，加尔文坚信自己仅仅是上帝使用的器皿、上帝借以说话的传声筒。他认为自己的个性可能会妨碍上帝的作为，于是学习以谦卑来应对。

因此，本书必须在一开始就提醒读者，想要历史地再现加尔文的事业与个性并不容易。此外，人易于对他怀有敌意，既是意料中事，也完全可以理解。接下来，我们将借助研究文艺复兴晚期的史学家所掌握的资料，尽可能真实地描绘加尔文所身处并随之改变的世界，包括宗教、社会、政治与思想势力等决定因素。然而，我们的知识十分匮乏。加尔文是个深藏不露的人，他不愿留下历史资料，而这些资料

19 本可以照亮其个人历史的诸多不明之处。[41] 因此，他不可避免地只能成为一个单薄的人物，我们对他的内心想法、态度与志向几乎一无所知。某些历史学家由于不满足于由此造成的简单概述，便对于扩写加尔文简略的历史十分沉迷。尽管这种态度是可以理解的，但是我们也应及时认识其危险性：这种描述可能会暗藏史学家先入为主的假设。他们的有色眼镜甚至可能使我们无法了解历史上的加尔文。[42]

加尔文在人类历史上的地位极大地取决于其思想。为此，本书除

了会指出这些思想是什么之外，也必须让读者了解可能参与塑造这些思想的思想传统。接下来的两章主要鉴别这些思想传统，即加尔文借以铸造其全新世界观的文献、方法与思想。因此，本书必须讲述三个城市与其大学的故事。这三个城市分别是巴黎、奥尔良与布尔日（Bourges）。

注释

[1] 关于日内瓦的早期历史，见 Martin, 'Les origines de la civitas et de l'évêché de Genève'; idem, *Histoire de Genève des origines à 1798*; Broise, Genève et son territoire dans l'antiquité。关于日内瓦主教教区的历史，见 Baud, *Le diocèse de Genève-Annecy*。

[2] D. Hay, *Europe: The Emergence of an Idea* (Edinburgh, 2nd edn, 1968).

[3] 有关事例见 J. Toussaert, *Le sentiment religieux en Flandre à la fin du Moyen Age* (Paris, 1963)。

[4] 见 P. Saenger, 'Silent Reading: Its Impact on Late Medieval Script', *Viator* 13 (1982), pp. 367—414，特别是 pp. 408—413。

[5] P. Imbart de la Tour, *Origines de la Réforme* (4 vols: Melun, 2nd edn, 1946) vol. 3, p. 127, p. 324, pp. 335—336.

[6] A. Labarre, *Le livre dans la vie amiénoise au XVIe siècle* (Paris, 1971).

[7] 见 R. Stupperich, 'Das Enchiridion Militis Christiani des Erasmus von Rotterdam', *ARG* 69 (1978), pp. 5—23。

[8] 相关例子见 G. Strauss, *Manifestations of Discontent in Germany on the Eve of the Reformation* (Bloomington, Ind., 1971)。

[9] 见 B. Moeller, 'Piety in Germany around 1500', 载于 S. Ozment (ed.), *The Reformation in Medieval Perspective* (Chicago, 1971), pp. 50—75。

[10] 这一点可见 K. Stendahl, "The Apostle Paul and the Introspective Conscience of the West", 载于 *Paul among Jews and Gentiles* (Philadelphia, 1976), pp. 78—96。

[11] B. Collett, *Italian Benedictine Scholars and the Reformation* (Oxford, 1985), pp. 1—76.

[12] R. Lecotte, *Recherches sur les cultes populaires dans l'actuel diocèse de Meaux* (Paris, 1953), p. 260.

[13] 关于法国的习俗，见 S. Lebecq, 'Sur la mort en France et dans les contrées voisines à la fin du Moyen Age', *Information Historique* 40 (1978), pp. 21—32。

[14] A. E. McGrath, *Reformation Thought* (Oxford / New York, 1988), pp. 78—82。

[15] Clerval, *Registre des procès-verbaux*, p. 237.

[16] D. Hay, *The Italian Renaissance* (Cambridge, 2nd edn, 1977), pp. 49—57.

[17] M. Venard, 'Pour une sociologie du clergé du XVIe siècle: recherches sur le recrutement sacerdotal dans la province d'Avignon', *Annales ESC* 23 (1968), pp. 987—1016.

[18] H. Heller, *The Conquest of Poverty: The Calvinist Revolt in Sixteenth-Century France* (Leiden, 1986), pp. 11—12, 53—54.

[19] E. Le Roy Ladurie, *Les paysans de Languedoc* (2 vols: Paris, 1966), vol. 1, pp. 320—326.

[20] T. Boutiot, *Etudes historiques: recherches sur les anciennes pestes de Troyes* (Troyes, 1857), pp. 15—23; A. Croix, *Nantes et pays nantais au XVIe siècle* (Paris, 1974), pp. 109—110; H. Heller, 'Famine, Revolt and Heresy at Meaux, 1521-1525', *ARG* 68 (1977), pp. 133—157.

[21] M. M. Edelstein, 'Les origines sociales de l'épiscopat sous Louis XII et François Ier', *Revue d'histoire moderne et contemporaine* 24 (1977), pp. 239—247.

[22] E. Marcel, *Le Cardinal de Givry, évêque de Langres, 1529-1561* (2 vols: Dijon, 1926), vol. 1, pp. 69—109.

[23] p. Benedict, *Rouen during the Wars of Religion* (Cambridge, 1981), p. 10.

[24] Lefranc, *Jeunesse de Calvin*, p. 34.

[25] 经常有人认为宗教改革运动在斯特拉斯堡的起源反映了这种紧张局势: F. Rapp, *Réformes et réformation à Strasbourg* (Paris, 1979)。

[26] A. E. McGrath, *The Intellectual Origins of the European Reformation* (Oxford / NewYork, 1987), pp. 12—28.

[27] A. E. McGrath, *Luther's Theology of the Cross* (Oxford / New York, 1985), pp. 8—12.

[28] E. Droz, 'Fausses adresses typographiques', *BHR* 23 (1961), pp. 380—386, 572—574.

[29] Desmay, 'Remarques sur la vie de Jean Calvin' (1621), p. 388. 其他始于 17

世纪初的地方传统，收入 Le Vasseur, *Annales*（1633），及 Masson, *Elogia varia*（1638）。

[30] Walzer, *Revolution of the Saints*, pp. 310, 313—314.

[31] G. Berthoud, *Antoine Marcourt, réformateur et pamphlétaire du 'Livre des Marchands' aux placards de 1534* (Geneva, 1973), pp. 157—222. 有关告示上的文字，见 pp. 287—289。

[32] 见 *Ordonnance du Roy François contre les imitateurs de la secte Luthérienne* (1 February 1535), Bibliothèque Nationale F. 35149, 引自 *Recueil général des anciennes lois françaises*, ed. F. Isambert, A. Jourdain and A. Recosy (20 vols: Paris, 1821—1833), vol. 12, pp. 50—75。

[33] 见 Colladon 的叙述，*OC* 21.56。参见 Doumergue, *Jean Calvin*, vol. 1, p. 354。

[34] Ibid., vol. 1, p. 127.

[35] McGrath, *Luther's Theology of the Cross*, pp. 95—181.

[36] *OC* 5.411—413.

[37] *OC* 31.21—24.

[38] Stauffer, 'Le discours à la première personne dans les sermons de Calvin'。

[39] 现代法国罗马天主教著作对加尔文的看法，见 Pfeilschifter, *Das Calvinbild bei Bolsec*。

[40] *OC* 31.26.

[41] 加尔文曾说他年轻时的主要目标之一是过隐居生活，避开公众的注意：*OC* 31.19—34。

[42] 见 Hall, 'The Calvin Legend'; idem, 'Calvin against the Calvinists'; Stauffer, *L'humanité de Calvin*, pp. 9—17。

2

巴黎: 思想的形成

　　巴黎对于自己与加尔文的关系，出奇的低调，也许这反映了它在一定程度上不太愿意承认加尔文对法国历史的积极影响。明确承认并记载他们关系的事物不多，其中之一是面向先贤祠（Panthéon）的圣热纳维埃芙图书馆（Bibliothèque Sainte-Geneviève）墙上的题字。这些题字有主要的知识分子与文化人的名字，其中包括伊拉斯谟与拉伯雷，题字中也能找到加尔文的名字。这座图书馆，建于中世纪蒙太古学院（Collège de Montaigu）的遗址之上。这所学院在法国大革命期间遭查禁，不久被拆毁。正是这所消失已久的学院与其杰出校友所留下的记忆，在熙熙攘攘的现代巴黎，久久挥之不去。

无法确定的加尔文之巴黎时期

　　有种说法认为，在 1523 年，年仅 14 岁的加尔文初到巴黎大学，他先在马尔什学院（Collège de La Marche）学习，后来转学至蒙太古学院。[1]这种说法已经是公认的传统加尔文研究之一部分。然而，第 3 世纪的作家迦太基的西普里安（Cyprian of Carthage）提醒我们，古老的传说可能只是陈旧的错误。关于加尔文抵达巴黎的日期与他求学的第一所学院，加尔文的传记作者把握十足的说法，已近乎神圣的传统。不幸的是，这种把握十足的主张大有过度诠释证据之嫌。

绝大多数的加尔文传记作者认为加尔文于 14 岁那年踏足巴黎，其 22 根本依据来自一篇由当地史学家雅克·德迈（Jacques Desmay）于 1621 年首次发表的简短论文。德迈发现努瓦永大教堂会议记录册上有一条 1523 年 8 月 5 日的记录，大意是热拉尔·科文获准送其子让（本文其后将会以让的现代名称来称呼他）离开努瓦永，直至同年 10 月 1 日。[2] 这条记录既未提及巴黎这座城市，也没提到巴黎大学。它明确地说明科文希望让离开努瓦永，以避开一场使那市镇深受其害的流行瘟疫。根据德迈的推论，这段时间是加尔文开始在巴黎学习的合适时间。但是，册上的记录却没有证据证明这种推论属实。诚然，假如加尔文果真像其传记作者所说，拥有近乎超常的智力，那么他在 12 岁那年如果拉丁语流利的话，也许就已经有能力攻读大学课程了。这是因为根据当时的标准，14 岁才上大学可说是偏晚了。[3] 大概由于早慧学生的人数骤增，巴黎的文学院于 1598 年被迫规定，凡满 10 岁者就可以正式上大学。然而，我们还是无法确定加尔文何时踏足巴黎。

当然，也有其他的可能性。1521 年 5 月 19 日，努瓦永主教的秘书雅克·勒尼亚尔（Jacques Regnard）向大教堂的全体教士报告说，麦克·科丁（Michel Courtin）辞职后，加尔文已被任命为拉热辛教堂（La Gésine）的助理牧师（chaplaincy）。[4] 加尔文 1529 年才辞去此一职务，1531 年再次担任助理牧师，他最后于 1534 年 5 月辞去这职务。皮埃尔·安巴尔·德·拉·图尔（Pierre Imbart de la Tour）提出，助理牧师一职的薪酬是接受大学教育的先决条件，因为这笔薪酬实际上可用来充当教育经费。有鉴于此，加尔文于 1521 年末前往巴黎，当年他 11 或 12 岁。同样地，这点也可能只是过度诠释证据。但是，这点确实有助于我们了解加尔文早期生平的文献证据是何等不足。

我们也没有令人信服的证据证明，加尔文在转学至蒙太古学院之前，曾经是马尔什学院的一员。西奥多·德·贝扎的《加尔文的一生》（Vie de Calvin）第一版于 1564 年面市。贝扎在这本传记中十分简短地叙述加尔文在巴黎的日子，完全没有提及马尔什学院。但是，贝扎 23 在同一本传记中提到著名的教师马图林·科尔迪耶（Mathurin Cordier），加尔文大为钦佩其教学能力，贝扎说科尔迪耶是"青少年时期的加尔文在巴黎圣巴尔贝学院（Collège de Sainte-Barbe）的指导老师"。[5]尽管这点不一定意味着加尔文在转学到蒙太古学院之前曾在圣巴尔贝学院求学，但它却指出加尔文的研究在学界中有一种早期传统，即只提圣巴尔贝学院而不提马尔什学院。贝扎的说法也可说是纯粹意味着科尔迪耶在圣巴尔贝学院担任指导老师期间，加尔文在科尔迪耶的班上上课（这即是说，科尔迪耶才是圣巴尔贝学院的一分子，加尔文则不然）。然而，我们应当记住贝扎是在仓促之间写下加尔文传的。[6]当时的他担心自己如果不迅速行动，就可能有其他不太尊重事实的版本流传开来。虽然如此，其加尔文传的字里行间还是显示出这本传记至少有部分是贝扎根据加尔文的个人回忆所写。

一年后，尼古拉斯·科拉顿律师撰写的加尔文的第二本传记面市。这本传记扩展了贝扎着墨不多的叙事，较为详细地叙述了加尔文的巴黎时期。正是这本传记使我们第一次读到了加尔文最初在马尔什学院求学这一说法。[7]然而，我们很难确定科拉顿此说的来源及其可靠性。无论科拉顿曾取得何等的丰功伟绩，他撰写加尔文传的手法，尤其是对 1534 年之前加尔文生活之谜的叙述，肯定不能算是他的功绩。举例而言，科拉顿告诉我们加尔文"年仅 24 岁"[8]就写下了注释塞涅卡《论仁慈》一书，但实际上这本著作在 1532 年 4 月，即加尔文 22 岁那年就已面世。虽然如此，科拉顿对加尔文在巴黎时期的叙述还是被视为规范说法，个中原因终究不明。贝扎于十年后修订其加尔文传时，省略了他从前曾提及的圣巴尔贝学院，却提及马尔什学院，使自己的叙事与科拉顿的说法一致。[9]于是，加尔文就读于巴黎大学的权威与官方版本自此诞生。

如果加尔文在蒙太古学院求学之前确实曾就读于一所巴黎学院的话，他究竟就读于哪一所巴黎学院，我们手头上完全没有来自加尔文本人的任何说法。早期的传记清楚表明加尔文在巴黎就读的第一所学院是蒙太古学院。据我们所知的巴黎大学惯例，加尔文先在圣巴尔贝学院或马尔什学院求学，随后转学到蒙太古学院这一说法很难说得通。然而，加尔文提及科尔迪耶时，的确清楚表明科尔迪耶是他在巴黎期间的老师，只是没有明确地将他的名字与任何学院联系在一起。科尔迪耶对自己在巴黎期间的个人回忆录于 1564 年 2 月 6 日出版。（换言之，其个人回忆录的出版早于加尔文的逝世以及随后德·贝扎与科拉顿撰写的加尔文传。）根据科尔迪耶的回忆录，我们知道近乎大部分的实践学院（collèges de plein exercice）[10]曾聘请科尔迪耶为教师。科尔迪耶所罗列的学院包括兰斯（Reims）学院、利雪（Lisieux）学院、纳瓦尔（Navarre）学院，同时也包括马尔什学院与圣巴尔贝学院。[11]教员同时属于多所院校，在 16 世纪初的巴黎并不是不寻常的事。比如亚历克西·德·兰提利（Alexis de Rantilly）于 1512 年既是纳瓦尔学院的获奖学金的神学学生、勃艮第学院（Collège de Bourgogne）的文科教员，也是特勒圭叶学院（Collège de Tréguier）的住校教师。有鉴于此，想要反驳那些认为加尔文初到巴黎时曾在圣巴贝尔学院求学一段时间的人，实际上比想象中更难。[12]以下我们将会探讨，由于加尔文提及科尔迪耶时的说法，导致人们理解上的混乱，从而产生加尔文在进蒙太古学院之前曾就读另一所学院的令人困惑的想法。

16 世纪初，学生在巴黎的众多学院之间转学并不是罕见的现象。目前可以确定的是，转学必定出于两个原因。其一，是一所学院的学生可能获得另一所学院的奖学金（或者类似的学术奖励或晋级）。据知大约有 20 所学院为研读神学的学生提供奖学金，其中包括蒙太古学院。索邦学院（Collège de la Sorbonne）允许学生在寄宿费自理的基础上，先在校上课一段时间，以作为鉴定期。如果索邦学院满意这些学生的进步，那么就会录取他们为奖学金学生，并为他们免费提供膳宿。较小的学院（如马尔什学院）的学生可能会获得较大的学院（如索邦学院、纳瓦尔学院或哈科特学院）提供的奖学金而转学到较大的学院。[13]因此，加尔文有可能先在马尔什学院或圣巴尔贝学院求学，之后获得蒙太古学院的奖学金。圣巴尔贝作为一所较新的学院一直没有能力提供任何一类奖学金。直到 1525 年，这所学院的院长迪奥戈·德·戈维亚（Diogo de Gouevia）才成功说服葡萄牙国王为葡萄牙学生提供奖学金。不幸的是，关于加尔文在巴黎求学期间的经济安排，我们没有可靠的资料。按情理推测，加尔文的父亲很可能在主教的帮助下资助他孩子的教育。稍后本文将会探讨，我们有理由假定加尔文在蒙太古学院是自费生（见第 26 页），这点表明他有独立的经济来源。假如

25

加尔文曾经是公费生（拉丁语为 "*bursarius*"），那么他应该有资格住校。然而，早期的加尔文传只字未提加尔文曾获得奖学金（或需要经济资助），抑或被蒙太古学院录取为奖学金学生。对于仰慕加尔文的早期传记作者来说，这两点皆值得一提，从而增强论据以证明加尔文的聪明才智，并解释所谓的加尔文转学一事。

转学的第二个原因是学生从文学部（"文学"一般是指"哲学"）转到三个高等学部之一，如神学部（另外还有医学部与法学部），因为文学部的四或五年课程学习是预备课程（见第 31 页）。一个学生可能毕业于一所学院的文学专业，然后转换学院研读神学。将修读神学作为进大学的第一学位这一现代惯例，在 16 世纪的巴黎前所未见：加尔文在文学部完成规定的四或五年预备课程之前，不可能开始研读神学。审视一下 16 世纪的学院记录，我们会看到从文学部转到高等学部往往被认为是转换学院的方便时机。诺埃尔·贝迪埃（Noël Bédier）是较罕见的例子，因为他在同一所学院（即蒙太古学院）修读文学与神学；较为典型的例子则有在圣巴尔贝学院修读文学、在纳瓦尔学院研读神学的约翰·梅尔（John Mair），或在蒙太古学院修读文学，在哈科特学院研读神学的让·吉莲（Jean Gillian）。

最近的加尔文传一味复述拉希德（Rashdall）的观点，即除了各种宗教团体在各自的家里教导神学之外，只有索邦学院与纳瓦尔学院有神学课程。这个主张的依据是一份不可靠的 17 世纪资料，即菲利普·布沃（Philippe Bouvot）的笔记簿。[14]虽然这份文献提供了不少有关于 16 世纪期间这两所学院的有用资料（主要抄自佚失的 16 世纪资料），但是关于当时其他学院的教学活动，这份文献提供的资料却相当不可靠。就因为布沃对其他学院的毕业生与讲学兴味索然，所以笔记簿里有关这方面的材料明显缺失：索邦学院与纳瓦尔学院的长期竞争左右了布沃的编辑视野，并影响了他对原始资料的筛选。现有的 16 世纪资料则指出，包括蒙太古学院在内的许多学院都有神学课程，例如 1512—1515 年，蒙太古学院就有数位博士（包括梅尔）教授神学。[15]因此，一个学生也许会在马尔什学院修读文学，接着为了研读神学而转学到蒙太古学院。

然而，现有的证据不足以让我们得出结论，说加尔文在巴黎期间

曾开始研读神学。如果加尔文确实于 1523 年踏足巴黎，那么他在 1527
或 1528 年就应该已完成五年预备课程。当时，他应该可以开始在高等
学部（神学、法学或医学）之一学习。[16]但是就在那时，加尔文的父亲
却指示他研读法律，而非神学。为此，加尔文才会迁往奥尔良。这表
明加尔文此刻已从文学专业毕业，将要进入更高等的奥尔良民法学部。
有鉴于此，虽然我们有充分的证据证明加尔文也许是由于受父亲的指
示，因而**最初有意**在巴黎的神学院求学，但是我们必须强调，我们没
有证据证明加尔文曾在那里开始正式的学习生涯。[17]

　　因此，科拉顿认为加尔文在蒙太古学院求学之前，曾在马尔什学
院学习的观点，似乎有问题：加尔文传记的这种基础观点证据薄弱。但
是，无论德·贝扎关于圣巴尔贝学院的看法多么缺乏证据，但其可取
之处还是不容忽视的。加尔文从马尔什学院转学到蒙太古学院的说法，
不能从我们对 16 世纪早期巴黎市内大学惯例的理解中得到充分肯定。
因此，本文认为科拉顿关于马尔什学院的观点是基于误解，并且很可
能是无意间将一个历史推论理解成史实而表达出来。举例而言，科尔
迪耶在马尔什学院（或者也可能是圣巴尔贝学院）任教期间曾教授加
尔文拉丁语法。这并不意味着加尔文曾在这两所学院正式求学。一个
开始修读文科的学生很可能会登记加入一个"同乡会"（Nation；见第
31 页，加尔文加入了法兰西同乡会），并师从一位私人教师，从而指导
自己准备预备考试。加尔文与科尔迪耶的关系无疑符合这种普遍的模
式。加尔文进入学院学习则是在他成功完成拉丁语课程**之后**，有充分
证据证明加尔文进入的正是蒙太古学院，并且在这所学院完成了其五
年预备课程。有鉴于此，关于加尔文在巴黎的时期，本文认为对现有
证据最可靠的诠释可总结如下：

　　1. 加尔文师从科尔迪耶学习拉丁语法。

　　2. 其后，加尔文正式入读蒙太古学院。

　　3. 他攻读文科，可能打算在顺利毕业之后研读神学。

　　4. 早期加尔文传的圣巴尔贝学院或马尔什学院一说，可能是
基于早期加尔文传作者错误的推断或误解。加尔文也许是在科尔
迪耶的指导之下，在马尔什学院或圣巴尔贝学院上拉丁语课。这
位年轻的法国人与这两所学院起初并没有任何正式的关系。

蒙太古学院

　　蒙太古学院于 14 世纪初由一位慈善的卢昂大主教所创立[18]，这位大主教有幸未曾目睹这所学院在 15 世纪期间戏剧性地急转直下的命运。这种颓势在 15 世纪最后几年得以扭转，实际上完全归功于一个人的尽心尽力，此人即杨·史丹东克（Jan Standonck）。[19]史丹东克受教于共同生活弟兄会（Brethren of the Common Life），这是一场以低地国家为中心的经院运动，它的一个特别的呼召是以改革修道院生活为目的，并以健全的教育方式来实现。史丹东克推行的严苛纪律，传统上被认为是受共同生活弟兄会的影响[20]，尽管这种判断的可信度很值得质疑。[21]有迹象显示 15 世纪即将落幕之际，共同生活弟兄会与新路派（*via moderna*）之间开始建立了稳固的关系。例如，加布里埃尔·比尔（Gabriel Biel）与文德林·施泰因巴赫（Wendelin Steinbach），既是德国新路派的重要支持者，也是图宾根（Tübingen）修士议会的成员。蒙太古学院则在诺埃尔·贝迪埃（Noël Bédier）的带领下坚固了与新路派的关系。16 世纪 20 年代，贝迪埃似乎把蒙太古学院发展成巴黎新路派的主要大本营。[22]

28

　　伊拉斯谟 15 世纪 90 年代在蒙太古学院逗留了一段时间。在史丹东克的领导时期，这所学院向那些缺钱缴学费的人敞开大门。伊拉斯谟被迫加入学院清寒生（*collegium pauperum*）的行列，肩负协助打理内部杂务的责任。伊拉斯谟在其《对话集》（*Colloquies*）中记述了他对这地方与这里的人的印象。蒙太古学院呈现出这样一幅景象：满是虱子、破旧且残暴，四处弥漫着公共厕所的熏天臭气，并有许多暴君居住于此。

　　　　甲：你从哪个笼子还是洞里钻出来的？
　　　　乙：蒙太古学院。
　　　　甲：那你一定学识渊博咯？
　　　　乙：才怪，我只有满身的虱子。

　　愿意感知历史的读者也许不介意在现代圣热纳维埃芙图书馆的殿

堂内漫步一番，借此想象五个世纪以前，满身虱子的伊拉斯谟，在他那位于厕所旁的朽坏的小房间里浑身颤栗。

科拉顿着墨不多的评述，表明加尔文在蒙太古学院有着较愉快的时光。学生共分为五类：免寄宿费的公费生（boursiers）、膳宿费自理的半公费生（portionnistes）、自己租房且费用自理的自费生（caméristes）、住在家里，仅缴听课费的半自费生（martinets）、靠打理内部杂务赚取生活费，选修自己有能力应付的课的清寒生（pauvres）。伊拉斯谟属于清寒生，加尔文则比较富有，更确切地说，加尔文是在校外租房住的自费生。[23]蒙太古学院坐落于巴黎市的拉丁区，这里迂回曲折的肮脏小径相互交错，小径交叉点上有学院、修道院、大教堂、小教堂、旅店以及满足学生需要的各种设施（包括图书馆与妓院，但结果造成神学生必须被迫结伴而行，以降低精神与肉体被花花世界腐蚀的风险）。杜薛（Truschet）与卫遥（Hoyau）于1552年绘制的城市详图（见插图1）虽然让人领略了该区的破烂不堪，却没有表现出街道的狭窄。对学生人数的各种估计颇为不同：全市约30万人口中，拥有4000至5000名学生似乎比较合理。[24]当时，不管学生在教会的地位如何[25]，似乎每个人都必须穿上某种法衣[26]。蒙太古学院的学生由于身穿灰色的学院长袍，所以得外号叫"长袍儿"（Capettes）。

拉丁区几乎完全被重建，以至于我们难以想象加尔文熟悉的日常景观。然而，档案资料却让我们得以试图局部再现这一区的主要特色。[27]蒙太古学院的正门位于其主四方院的东面，入口通往七路街（Rue des Sept Voies），街的南端是圣热纳维埃芙修道院（abbey church of Sainte-Geneviève）的大门以及较小的圣艾蒂安杜蒙教堂（church of Saint-Etienne-du-Mont）及其墓地。蒙太古学院与相邻的圣巴尔贝学院之间隔着犬街（Rue des Chiens）。假如加尔文向左转，他会经过这条臭名昭著的街道。17世纪及以后的地图，按犬街西端的教堂名字将这条街命名为圣西姆福里安街（Rue Saint-Symphorien）。这间小教堂虽已弃置，但在它守护神的节日，即8月22日，依然举办一年一度的集市。这条街道似乎是人类与犬类的厕所。尽管这条街由于动物之故常常被称为犬街，但一般也称为粪街（Rue des Chiens）（由于狗的排泄物，以及蒙太古学院将这条街道用做露天排污场使然）。一且夜幕降临，这条街道就会变成好色之徒与不良分子的出没之地。这给在街道两旁皆有资产的蒙太古学院出了一道特大的难题。

1500 年的某个时候[28]，蒙太古学院终于获准建造一座横跨这条街道的小型带顶棚过街天桥，使学院成员无须冒险走进犬街，就能进入蒙太古学院的清寒花园（*jardin des pauvres*）。过街天桥于 1500 年 11 月 26 日竣工。第二个改良计划大约在一周后，即 12 月 4 日完工。这一天，在犬街与蒙太古学院之间建起了一道栅栏，这排栅栏毗连七路街。夜里，栅栏会上锁以防止拦路强盗在犬街上流连。1522 年这条街道铺设了路面，蒙太古学院的污物也不再直接排入这条街道，而是通过地下管道导入圣巴尔贝学院那一带的粪坑。

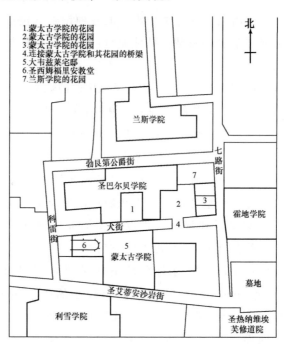

图 2.1　约 1510 年的蒙太古学院及周边地区平面图

犬街的正对面是霍地学院（Collège de Fortet）。根据科拉顿所说，30　1533 年 10 月科普发表重要的万圣节演说（见第 65 页）前夕，加尔文就住在这里。从七路街往前走，就能走到兰斯学院。如果加尔文走出蒙太古学院之后向右转，他会走上七路街，经过一个墓地，再向右转走进圣艾蒂安沙岩街（Rue Saint-Etienne des Grès）。加尔文接着会经过左边的利雪学院和右边的科雷街（Rue des Cholets），最后走到圣雅克大道（Grande Rue Saint-Jacques）。这条街道如今依旧被称为圣雅克大道，它连接了西堤岛（Ile de la Cité）的小桥与城市南部的圣雅克门 31（Porte Saint-Jacques），街道两侧是带有山墙的高大房屋。圣雅克大道一边的大片区域属于索邦学院后部，而学院正面位于索邦街（Rue de la Sorbonne）。索邦街与圣雅克大道平行，位于圣雅克大道的西边。毗邻索邦学院的是有"小索邦"之称的加尔文学院（Collège de Calvin），这两所学院有一位共同的捐助人，虽然这位捐助人与后来叫做加尔文的宗教改革运动家同名，但此加尔文却非彼加尔文。

蒙太古学院有一座四方院，四方院的北边是犬街，东边是七路街，西边是科雷街与圣西姆福里安教堂，南边则是圣艾蒂安沙岩街。当时绝大多数的学院皆有一片互相毗连的房子，这些房子有大（宅邸）有小（寄宿舍）。蒙太古学院也不例外，不过它直到 1517 年才向韦兹莱大教堂购得这所学院最大的建筑物，即与大教堂同名的大韦兹莱宅邸（Hôtel du Grand Vézelay）。[29] 西边是小韦兹莱宅邸（Hôtel du Petit Vézelay），北边的楼上有一间小教堂与学生自修室。由于伊拉斯谟曾经在此居住而沾光变得尊贵的清寒学生宿舍，位于紧挨圣艾蒂安沙岩街的主楼一楼。蒙太古学院还拥有两座毗邻圣巴尔贝学院的花园。其中一座较小的花园是神学家专用的花园，这座花园中有一个粪坑，粪坑的损坏与改道导致圣巴尔贝学院与蒙太古学院之间有些摩擦。较大的一座花园则是供拉丁语学生与文科学生使用的花园，这座花园毗连属于蒙太古学院的两栋房子。正是这座较大的花园，可通过有顶棚的过街天桥抵达。

加尔文在巴黎学习的课程

为什么加尔文的父亲送加尔文上大学？雅克·韦格尔（Jacques Verger）根据阿维尼翁大学（University of Avignon）15 世纪的录取名单证明，当时绝大多数的学生皆来自贵族或新兴的资产阶级家庭。[30] 上

大学背后的动机形形色色：有些人无疑是想获得法律方面的专业训练，
32　而许多人则认为大学教育是实现社会期望与确保社会地位提升的方法。
除了狭隘且现实地希望借助教育来改善就业前景以外，很少有人会将
教育视为自我实现的手段。我们没有 16 世纪初巴黎大学的完整录取名
单。然而，根据一切现有的记录，很显然 16 世纪头 25 年，在巴黎被
录取的学生可说来自大资产阶级（尽管 16 世纪社会等级的划分极不精
确）。虽然法国的大学在中世纪晚期，总体上在走下坡路（尤其是提供
专业训练方面）[31]，但显然加尔文的父亲仍然认为大学教育是提升孩子
社会地位的绝妙方法，从而为家族上一代人已获提升的社会地位锦上
添花。

　　据加尔文所言，其父最初有意要他在巴黎研读神学。[32]这意图的动
机很明显：科文给主教与全体教士的印象良好，这点足以促使其子在教
会中迅速攀升。科文本人已成功令其家族地位得以大大提升〔其父在
主教桥（Pont-I'Evêque）不是船夫就是制桶工人〕，他自然也希望其子
能进一步改善家族的命运。此外，科文还与蒙特莫家族（Montmor
Family）建立起私人关系〔因此也间接与德·汉格斯家族（de Hangest
family）建立了关系〕，与这两个在努瓦永事务中呼风唤雨的家族产生
联系，似乎必然能优化加尔文的职业前景。假如加尔文在巴黎研读神
学，并避免与支持福音派教会的人为伍，那么加尔文的经历将会如何？
我们可透过让·德·汉格斯（Jean de Hangest）的经历来推测。汉格
斯是蒙特莫兄弟的表亲，他于 1532 年成为努瓦永主教。即使他与大教
堂全体教士没完没了又不太像样的争执，多少削弱了他手中的权力，
但他还是在主教教区内外拥有相当大的任免权。现有的证据不足以让
我们推断加尔文实际上曾开始研读神学。几乎可以肯定的一点是：加尔
文在修读文科（即哲学）之后并未继续升学。[33]结果，其父于 1527 或
1528 年的某一刻让加尔文离开巴黎，以便送加尔文到奥尔良修读民法。
加尔文表示其父要他改变专业与大学的动机，纯粹是出于经济上的考
33　虑：当律师可赚得更多金钱。（必须注意的是，巴黎没有民法课程，法
学院只教授教会法令。）有线索表明，这时的热拉尔·科文涉嫌努瓦永
一些财务违规行为，这当然给加尔文在教会里的任职前景蒙上阴影。
我们得到这个有志成为神学家的学生在巴黎所修读的标准课程的充分

证据，而这使我们得以推论当时加尔文在大学的经历。

如前所述，巴黎大学是由若干学院组成，类似于当时（以及现今）的牛津大学与剑桥大学。[34]16世纪初，巴黎大学名下的学院超过50所。[35]这所大学包括四个学部：神学、法学、医学与文学。前三个被认为是"高等"学部，一个学生获准在这三个学部进修之前，必须先成为大学毕业生。由于巴黎大学与宗教团体之间长达数世纪之久的敌对状态，一个学生如果是某个宗教团体的成员，他就必须在这个宗教团体的会所内接受教育：巴黎大学决意要避免托钵修士充斥校园。其他学生（比如加尔文）只要能读能写，并熟悉拉丁文，就可以开始修读文科的课程，因为授课和考试都用拉丁文。德·贝扎在他第二本加尔文传（1575年）中声称，加尔文十分精通拉丁文，以至于他可以提前攻读文科。[36]

在这阶段，大学无需以任何形式来正式录取学生。学生必须登记加入一个大学"同乡会"。[37]巴黎有四个这样的"同乡会"：法兰西、皮卡第、诺曼底与德国。其他中世纪大学也有类似的模式：布拉格认可的同乡会有波希米亚、巴伐利亚、萨克森与波兰；维也纳认可的同乡会则有奥地利、莱茵兰、匈牙利与萨克森。法兰西同乡会（*honoranda natio gallicana*）的规模很大，又细分为五个省级同乡会：布尔日、巴黎、兰斯、桑斯与图尔。各个"同乡会"一度在巴黎市拉丁区的中心负责教授自己的学生，然而，这惯例随着教学职责交由巴黎大学的40多所学院而不复存在。在这些学院当中，蒙太古学院对于有志成为神学家的人似乎特别具有吸引力。1500—1524年，不属于宗教团体的神学生中有超过四分之一（25.4%）的学生在蒙太古学院修读文科。[38]仅次于蒙太古学院的是圣巴尔贝学院（14.6%），其次是纳瓦尔学院（9.1%）。其他同时指导学生准备攻读神学的学院吸引的学生人数，没有一所超过学生总数的7%。此外，蒙太古学院很大程度上依靠兰斯省（包括努瓦永主教教区）提供神学生。1490—1512年间，这所学院35%的学生皆来自兰斯省。有意思的是，当时来自努瓦永主教教区的七位蒙太古学院的神学毕业生当中，没有一位属于宗教团体。加尔文就读于蒙太古学院，确实表明他在这阶段经过深思熟虑之后有意研读神学。

加尔文在巴黎期间读了什么？我们拥有16世纪头几十年巴黎文科

课程的详细资料以及推荐读物，这使我们得以推断加尔文当时可能读了什么。其中特别重要的读物是罗伯特·顾雷特（Robert Goulet）的《纲要》（*Compendium*）。这部文献于 1517 年成书，巨细靡遗地详述了加尔文踏足巴黎之前的数年间，在巴黎的大学生活。[39]文科生可根据学年分为三组：纲要学习者（*summulist*）、逻辑学习者与物理学习者。[40]因此文科最初两年的课程专攻逻辑学。在第一学年，身为纲要学习者的加尔文必须阅读西班牙的彼得（Peter of Spain）的《逻辑纲要》（*Summulae logicales*），这本冗长乏味的著作当时曾经再版 170 多次。学生往往结合注释阅读这本著作。顾雷特选出三本备受推崇的注释：布鲁塞尔的乔治（George of Brussels）、雅克·勒菲弗尔·戴塔普尔与约翰·梅尔（John Mair）的注释。[41]

一旦完成了上述基础逻辑学课程，众学生就可以着手阅读亚里士多德的《逻辑学》（*Logic*）全书。[42]同样，学生也会结合注释阅读指定文本。正如梅尔对《逻辑纲要》的注释被高度推崇，他对亚里士多德的《逻辑学》的注释也被认为是现有的注释当中的上品。[43]梅尔的这两本注释都持唯名论的立场（terminist standpoint）。加尔文在最后一个学年可能开始阅读亚里士多德的《物理学》（*Physics*），他也可能会阅读一些探讨自然科学的近作，如皮埃尔·德埃利（Pierre d'Ailly）的《论天体》（*de sphaera*）。

显然，巴黎的文学部对亚里士多德持正面与保守的态度。即便在
35 科学领域也是如此。在欧洲的其他地方，亚里士多德日益成为批判与怀疑的对象。[44]皮特罗·彭波纳西（Pietro Pomponazzi）也许是意大利文艺复兴晚期最杰出的亚里士多德学派代表。当令人津津乐道的地理与物理大发现使亚里士多德的观点受到质疑之时，彭波纳西毫不犹疑地摒弃了亚里士多德的观点。亚里士多德认为南部热带地区不适于居住，但 1522—1523 年，彭波纳西在博洛尼亚讲课时对亚里士多德的观点提出了异议：

> 让我告诉你，我收到了一个朋友的来信。他告诉我说，西班牙国王派了三艘船往南开，开过了南纬 25 度。船队经过热带地区，不仅发现这些地区有人居住，而且还发现许多岛屿。越过赫拉克勒斯之柱［直布罗陀］后，船队顺风航行了三个月。因此，

以亚里士多德的观点为依据的一切说法都是错误的。[45]

这种进步的观点还未抵达仍然固守亚里士多德主义的巴黎。加尔文作为宗教改革家所特有的进步与激进的思想，看来并不是发端于巴黎。

此外，尽管加尔文后来对中世纪的经院哲学总体上感到厌恶，但他似乎还是认同自己在巴黎学到的亚里士多德大部分的自然哲学观。对塞涅卡的《论仁慈》的注释（1532 年）以及 1536 年版的《基督教要义》（*Institutes*）一书中，加尔文会不时提及亚里士多德的气象学，而他在 16 世纪 50 年代写成的著作则总是在字里行间论及亚里士多德的宇宙论。[46]加尔文似乎尤其理解并认同亚里士多德的自然哲学的基本原理，特别是亚里士多德的物理学、天文学与气象学。加尔文早在 1532 年就曾提及亚里士多德的这类观点，明确表明了他在巴黎学习必修课期间接触到这些观点。（顺带提一句，基于人文主义强调追本溯源，加尔文后来对人文主义的支持，使他无缘接触中世纪晚期亚里士多德自然哲学的精妙之处和对它的各种评论。）

加尔文在什么时间学习？预料到必有此问的顾雷特这样写道："谈论辩证学家的学习时间是毫无意义的。一天 24 小时简直不够用！每个星期天与节日都有没完没了的学术讨论、激烈的诡辩，这样的情况一周一般会重复三次，星期六也有复习与辩论。"[47]学院强加于学生的严厉纪律之一就是学生必须公开或私下、餐前、餐中或餐后，无论何时何地，进行逻辑与哲学讨论。我们手头上记载巴黎的学生生涯的一切资料皆在强调校方对这阶段的年轻学生提出这类要求。然而，我们最后还是无法确凿无疑地确定加尔文在蒙太古学院期间研读的专业；显然，除了科尔迪耶之外，我们不知道他还师从于谁，或上了哪门课；我们甚至不知道他读了什么书。虽然我们可以识别加尔文最初阅读的主要课文，但这些课文也只是出发点，有待注释家的观点来阐释与补充。如果加尔文参考了任何注释的话，那么他在当时解释《逻辑纲要》的三本伟大注释书当中，参考了哪一本呢？在学习亚里士多德的《逻辑学》时参考的又是哪一本呢？早期加尔文传曾数次含混不清地提及西班牙人[48]，这点可能会被认为是指著名的辩证学家安东尼奥·科罗内尔（Antonio Coronel）。他的《逻辑玫瑰园》（*Rosarium logices*）于 1510 年在巴黎出版，他本人在 16 世纪 20 年代供职于蒙太古学院。

然而，绝大多数人认为加尔文参考的注释是梅尔（或梅杰）的注释。他在 1525—1531 年担任蒙太古学院的留校教师（regent master）[49]之前，曾在圣巴尔贝学院修读文科，并在纳瓦尔学院攻读神学。卡尔·罗伊特（Karl Reuter）在 1963 年的一份重要研究报告中声称加尔文在巴黎期间曾经是梅尔的学生，这位杰出的苏格兰神学家对加尔文这个年轻人的思想发展产生了决定性的影响。[50]罗伊特特别宣称梅尔让加尔文领略了一种全新的"反帕拉纠的苏格兰神学与复兴的奥古斯丁主义"，加尔文以实证主义解读圣经也是因为受到梅尔的影响。托兰斯（Torrance）亦指出梅尔与加尔文的知识论有某些相似之处。[51]关于梅尔与加尔文的关系，罗伊特的立场代表着早期看法的一项重大发展。温戴尔（Wendel）指出，是梅尔让加尔文接触到影响深远的中世纪神学家彼得·伦巴德（Peter Lombard）的《四部语录》（*Four Books of the Sentences*），并教导加尔文以奥卡姆学派（Ockhamist）的角度来阅读这几卷书。[52]W. F. 丹克巴尔（W. F. Dankbaar）则认为梅尔只不过激发了加尔文的神学思考，不一定塑造了加尔文后来的神学思考模式，也未必曾介绍加尔文阅读许多教父作者的著作。[53]

37　罗伊特的理论存在一些难题。比如，我们还不能确定加尔文是不是梅尔的学生。基于我们不能确定加尔文在巴黎的准确时间，我们不知道这两个人有没有在同一段时间里同在蒙太古学院（梅尔于 1525—1531 年间在蒙太古学院任教）。亚历山大·卡诺奇（Alexandre Ganoczy）对罗伊特的论点提出了两点主要的批评：

> 1. 尽管卡诺奇认为加尔文在 1540 至 1559 年间也许曾经读过梅尔的《〈四部语录〉注释》（*Commentary on the Sentences*），1559 年版的《基督教要义》中有些观点也与梅尔的观点相似（不过这些观点也不是梅尔独有），但是根据第一版的《基督教要义》（1536 年）却没有文献证据证明加尔文在 1536 年之前就读过梅尔的著作。卡诺奇的评论是合理的：梅尔对加尔文的影响应体现在加尔文早期著作资料来源的连贯性上，而非他后期著作在观点上与梅尔的相似性上。
>
> 2.《基督教要义》第一版中，加尔文倾向于将经院神学视为格拉提安（Gratian）以及彼得·伦巴德的神学。[54]比如第一版的

《基督教要义》提及格拉提安、彼得·伦巴德约 35 次，却没有提及中世纪晚期任何一位神学家，更遑论梅尔。

然而，针对卡诺奇的论点，我们必须说：即使有上述证据，罗伊特的假设还是不能这么轻而易举地被推翻。尽管古马兹（Goumaz）在罗伊特之前曾经证明加尔文深谙并时常运用中世纪后期极其专业的神学行话[55]，但是说罗伊特所列举的加尔文神学的六个方面，反映了 16 世纪 20 年代盛行于蒙太古学院的思潮也未尝不合理。[56] 显然，蒙太古学院盛行的思潮曾经透过某些方式，在某种程度上影响了加尔文：虽然罗伊特明确主张梅尔影响加尔文，可能犯了过度诠释证据的错误，但是无论怎样解释，这种影响确实存在。加尔文 1536 年版的《基督教要义》虽然没有明确提及一些作者，如利米尼的格列高利（Gregory of Rimini）、梅尔与威廉·奥卡姆（William of Ockham），但是这不能说明他们的观点对加尔文的想法毫无（直接或间接的）影响。

我们之所以更加严以反对卡诺奇批判罗伊特的论点，是与 1536 年版的《基督教要义》的性质，尤其是加尔文的辩论策略有关。厘清路德与加尔文面对的不同境况，就能阐明这点。路德著书比加尔文早近 20 年，且处在宗教改革运动的第一阶段，因此必须直接抨击他认为与宗教改革运动对立的观点。在路德看来，这些观点是他熟识的大学圈子中颇有影响力的经院神学家的宗教教义。因此，1517 年版的《驳经院神学论纲》（*Disputation against Scholastic Theology*），论证其中一个经院神学学派（即新路派）的观点违反福音。就路德而言，其宗教改革纲领，无论如何都需要他与经院神学的代表人物及观点展开论战。最初，路德的宗教改革纲领是学术性的，力图改革德国一所小型大学的神学课程。后来，其纲领从 1520 年开始在本质上变得大众化，并改革当时教会与社会的生活与教义。

然而，加尔文在 1536 年撰写《基督教要义》，以及在接下来的 25 年不断修改这本著作时，却遇到了截然不同的境况。首先，经院神学与加尔文的境况风马牛不相及：加尔文关注的焦点并不是改革大学的神学课程，因为在斯特拉斯堡与日内瓦这些极度自由的城市中，主要的问题是人的冷漠与无知。这样的城市需要加尔文系统地展开改革观点，而非抨击经院神学的细枝末节。加尔文的教育策略是绝口不提经院神学，而不是与它展开论战。在这方面，加尔文使用的是伊拉斯谟与茨温利曾经运用并相当成功的策略。加尔文决意不提中世纪神学家〔如奥卡姆、梅尔或司各脱（Scotus）〕，但并不等于他不熟悉他们的观点，或他不曾吸收这些观点（不管他吸收的程度多么有限）。正是加尔文的辩论策略，而非他个人的神学责任，决定了他于1536年对中世纪作者的看法。

其二，争论的议题在1517—1536年已发生转变。维腾堡的信义宗宗教改革运动与罗马天主教的争论焦点是个体如何得以与上帝相交这一问题，即著名的唯独因信称义教义。很长一段时间内，这问题一直是信义宗宗教改革运动的焦点。远在南部的宗教改革运动关注的，则是另一个截然不同的问题。茨温利对因信称义教义兴味索然，他关心的是以圣经规范来改革教会与社会。由于人们逐渐认识到真教会的身份与品质这一问题，比一个人如何得以与上帝相交更加迫切与重要，因此教会论问题逐渐压倒了救恩论问题。

教会的教义于16世纪30年代变得前所未有的重要，这种重要性在未来几年有增无减。加尔文意识到这一点，于是在1536年版的《基督教要义》中直接对这问题作出回应。加尔文洞悉罗马天主教的教会论源于中世纪作者格拉提安与彼得·伦巴德，为了推翻罗马天主教的教会论，他直接抨击了这理论的出处。他无需就教义问题与中世纪晚期的神学家展开批判性的对话：加尔文的策略是抨击罗马天主教教会论的出处与源头，从而推翻中世纪的教会论。彼得·伦巴德的《四部语录》第四卷论及教会的教义与圣礼，加尔文在1536年版的《基督教要义》中提及《四部语录》之处，无一不出自《四部语录》第四卷。

其三，加尔文的辩论明确地倾向于关注新教教会之间的争议，而非罗马天主教内部的争议，其后期尤为如此。奥西安德尔之争（Osiandrist controversy，见第165页）就是一个很好的例子。尽管宗教改革激进派日益严重的威胁，以及加尔文与信义宗之间日渐紧张的关系才是奠定加尔文后期著作主旋律的主要因素，但对加尔文而言，与鲜活的新教对手交战远比讨伐早已死寂的经院哲学重要得多，因为经院哲学在斯特拉斯堡与日内瓦已无法荡起任何涟漪。

基于上述几点，加尔文显然无需在1536年版（或任何其他版本）

的《基督教要义》中与中世纪晚期作者论争。加尔文在著作中没有详述利米尼的格列高利、威廉·奥卡姆或约翰·梅尔，反映了他的护教与辩论策略，但并不表示他对他们的观点没有直接或间接的了解。如果想要评定蒙太古学院对加尔文思想的形成有何影响，一个较为稳妥的方式是先确定 16 世纪 20 年代盛行于蒙太古学院的思潮，再探讨这些观点多大程度上反映在加尔文的著作中。

巴黎的思潮

　　经院哲学也许是人类历史长河中最受鄙视的运动了。因此，英语中的"笨蛋"（dunce）一词，源于其中一位最伟大的经院哲学作者的名字，即邓·司各脱（Duns Scotus）。盛行于 1250—1500 年间的经院哲学，是十分强调以理性论证宗教信仰的中世纪运动。它不仅透过哲学来论证基督教神学固有的合理性，也透过详细地查验基督教神学各个要素之间的关系，以论证这种神学完整的统一性。经院哲学著作大多是冗长而又论证式的，且往往密切关注辩论各种差别。然而，什么哲学系统最适合用来理性地为基督教辩护？1270 年前后，亚里士多德被确立为正宗的"哲学家"。尽管遭到较为保守人士的强烈反对，他的观点还是在神学思想（尤其是巴黎的神学思想）中占主导地位。在 16 世纪初的巴黎，专心致志地钻研亚里士多德的逻辑学与物理学被视为研读基督教神学必不可少的一环。虽然当时其他大学皆在摆脱亚里士多德有害的影响，但是巴黎对亚里士多德的观点与方式却坚信不疑。

　　经常有人将经院哲学家（即繁琐哲学家）刻画为"纵使毫无意义，却孜孜不倦地辩论究竟有多少个天使可以在针尖上跳舞"的一群人。尽管这个问题的答案可能很有趣，但这种辩论实际上只是杜撰。不过，它仍然准确地概括了 16 世纪初人文主义者如何看待经院哲学：经院哲学就是针对鸡毛蒜皮之事进行枯燥乏味的思辨。[57] 巴黎大学是这种广受蔑视的运动的中心，在国际已是尽人皆知的事。

　　伊拉斯谟除了回忆他的巴黎学生生涯之外，也向我们讲述了在他的记忆中，令蒙太古学院的极端神学诡辩者（théologastres）振奋不已的一些神学辩论。上帝可不可以不要变成人而变成一条黄瓜？或者上帝能不能使一切重来，比如把妓女变成处女？[58]伊拉斯谟辛辣的嘲笑，使这些问题即便有严肃的一面[59]，也变得不值一提。圆形可以变成正方形吗？耶稣可没有针对这类问题在殿里与文士展开辩论，不是吗？为什么还要为这些问题苦恼呢？

41 　　然而，在 14 世纪期间，这类问题却精确地反映了一场影响日益扩大的运动的哲学与神学兴趣。这运动在古文献中，往往被称为"唯名论"（nominalism），此外也被称为"名称论"（terminism）或"新路派"。[60]约翰·梅尔可说是 16 世纪初巴黎众多唯名论的代表之一，他几乎会展开辩论说：上帝会不会不变成人而变成一头驴。唯名论在巴黎的成功反映出 15 世纪所有北欧大学文学学部的发展趋势。于 1460 年 4 月订立的巴塞尔大学（University of Basle）章程最先规定授课内容必须依照新路派。海德堡与爱尔福特大学（University of Erfurt）的文学学部也是如此。有意思的是，路德的维腾堡大学却出奇地直到 1508 年末，还依然坚信"旧路派"（*via antiqua*），这点反映出这所大学枯燥乏味、一成不变的传统主义。这所大学实际上也是因为这样而很早就出了名。

　　厘清唯实论（realism）与唯名论的区别助益匪浅。[61]假设有两块白石头，唯实论断言这两块石头呈现的"白色"是一个普遍概念。这些个别的白色石头拥有"白色"这一共相。虽然这两块白色石头存在于时空之中，而"白色"这一共相却不然。然而，唯名论却坚称"白色"这一普遍概念不重要，重要的是殊相。这两颗白色石头才真正重要，因此我们无需诉诸所谓"白色这一普遍概念"。

　　托马斯·阿奎那（Thomas Aquinas）与邓·司各脱这类思想家持守的旧路派以唯实论为特征。14 世纪 30 年代起，旧路派遭遇来自对手新路派的唯名论或名称论日益增大的压力，持守新路派的作者包括威廉·奥卡姆、让·比里当（Jean Buridan）、利米尼的格列高利与英根的马西利乌斯（Marsilius of Inghen）。巴黎的文学学部深深感受到这运动的威胁，于是试图压制它。1340 年 12 月 29 日，指摘奥卡姆主义者的错误（*errores Ockhanicorum*）的章程生效。自此以后，所有有意在巴黎申请教授文学的老师都必须发誓，自己将会遵守这一章程，抵制奥卡姆的思想（*contra scientiam Okamicam*），并且不向自己的学生传授这类观点。这措施的无能从著名的新路派支持者皮埃尔·德埃利的辉煌事业中可见一斑。1384 年，他被委任为纳瓦尔学院的院长。他最先采取的行动之一就是确保这所学院的神学家拥有充足的葡萄酒供给。不久，德埃利又被选为大学的校长（1389 年）。这给了科隆大学（University of Cologne）可乘之机，在 1425 年向一些王子传授新路派，为打消他们的怀疑，科隆大学宣称唯名论如今在巴黎广受欢迎。

然而，反对新路派的声音于 15 世纪末在巴黎加剧。1474 年 3 月 1 日，法国国王再次颁布反对唯名论者的命令，试图遏制威廉·奥卡姆以及与之相似的观点（*Guilelmus Okam et consimiles*）日渐增强的影响力。这命令的主要效果是说服了许多支持唯名论的巴黎学生与教师立即转到较为认同他们观点的德国大学。[62] 这命令的无用与狭隘显而易见，它最终在 1481 年被废除，这就使得新路派在巴黎有机会卷土重来。16 世纪最初的几十年，蒙太古学院率先复兴了唯名论。因此，毋庸置疑，加尔文可说是就读于一所受新路派影响的学院。

加尔文在巴黎接受名称论的逻辑与辩证方面的严谨教导，似乎已在其思想中留下印记，当然这种教导在什么程度上以及如何影响了加尔文仍是备受争议的课题。[63] 比如，加尔文对上帝与人类关系的思辨所根据的，也许就是名称论的基本原则，这一辩证关系作为 1559 年版《基督教要义》的主要原则而被发挥得淋漓尽致。很显然，名称论的主要认识论（即心智对一个物体的认知与该物体本身的关系）会主导加尔文后来对上帝的认知。人对上帝的认知如何与上帝本身相联系？"上帝"一词如何与此词指涉的外在真实（external reality）相联系？加尔文绝大部分较为成熟的思想有一个共同的基础，即人类的概念如何形成这一问题，尤其当这个概念指的就是上帝的时候，这问题就越发具有至关重要的神学意义。尽管人们相信加尔文思想的许多方面受到巴黎的名称论老师的影响，但事实上，影响也可能来自加尔文晚年的经历，尤其是人文主义的影响。

更有意思的是，另一个思想学派可能也影响了加尔文年轻时的思想发展。[64] 不少老教科书论及宗教改革运动时表示，"唯名论"与"奥古斯丁主义"在宗教改革运动前夕曾有过对峙，这些教科书还把宗教改革运动诠释成后者战胜前者的过程。然而，对中世纪晚期经院哲学的性质的研究，在最近几年取得重大进展。如今，我们知道有两个不同的唯名论思想学派，它们唯一的共同点是反唯实论。这两个学派现今分别称为"新路派"与"新奥古斯丁学派"（*schola Augustiniana moderna*）。尽管这两个学派在逻辑与知识论方面皆持守唯名论立场，但是他们针对救恩如何得来这一问题所持的神学立场却有天壤之别。严格来说，"唯名论"一词指的是共相（universals）问题，并不涉及任何特殊的神学立场。这两个学派皆否定共相的必要性，但他们对人怎样才能得救这一问题的看法在根本上很不相同。其中一个学派对人的能力十分乐观，另一学派则恰恰相反。

因信称义教义在信义宗宗教改革运动中的地位举足轻重。如前所述，这教义关注的是个体如何得以与上帝建立关系的问题。一个罪人怎样才能被公义的上帝接纳？个体该做些什么才能蒙上帝悦纳？这个问题于 5 世纪初曾经是奥古斯丁与帕拉纠（Pelagius）激烈争论的课题，这一场争论被称为"帕拉纠之争"。[65]这场争论的很多方面在中世纪重演，争论的双方包括倾向于帕拉纠立场的新路派以及倾向于奥古斯丁立场的新奥古斯丁学派。

奥古斯丁认为，陷在羁绊里的人没有能力救赎自己。仅靠自己的能力与资源，人永远不可能与上帝建立关系。男男女女所做的一切，都不足以打破罪的束缚。打个比方说，这就像是有毒瘾的人试图逃开海洛因或可卡因的控制（所幸奥古斯丁从未遭遇如此困境）。这种境况不可能由人自身来改变。因此，如果要有改变，那么这改变必须来自人的境况之外。根据奥古斯丁所言，上帝介入人进退两难的窘境。他本不必这么做，但是出于他对堕落之人的爱，他以耶稣基督的形象进入人的境况，以拯救人类。

44　　奥古斯丁十分强调"恩典"，以至于他被称为"*doctor gratiae*"，即"恩典的博士"。"恩典"是上帝赐给人本不当得或不配得的礼物，上帝借着恩典心甘情愿地打破罪对人的束缚。救赎唯有作为上帝赐下的礼物才可能被人得到。我们无法凭借自己获得救赎，只有上帝赐给我们救赎，我们才能得到它。因此，奥古斯丁强调救恩是来自人本身之外，即来自上帝。是上帝而非男男女女开启了救恩的过程。但在帕拉纠看来，救恩是来自人类自身。各人都有拯救自己的能力。他们并没有陷在罪中，反而具备能力从事得救所必须做的一切事。人能通过善行赚取救恩，这点给上帝平添了一项对人应尽的义务。帕拉纠漠视恩典这一概念，把恩典诠释为对人的要求（比如十诫），人若符合这些要求就能获得救恩。帕拉纠主义的思想可概括为"凭个人成就赚取救恩"，而奥古斯丁则教导"因上帝恩典而获得救恩"。

显然，这两种神学对人的本性的看法有天渊之别。奥古斯丁认为人的本性软弱、堕落、无能；帕拉纠则认为人的本性自主又自足。奥古斯丁认为人必须依靠上帝才能获得救恩；帕拉纠则认为上帝仅仅指示人若要获得救恩所必须完成的事，然后就让这些男男女女自己来达到这些标准。奥古斯丁认为救恩是不配得的礼物；帕拉纠则认为救恩是正当赚取的赏赐。

随后在西方教会的争论中，奥古斯丁的立场被公认为真正的基督教，而帕拉纠的看法则被斥为异端。确立奥古斯丁的观点为标准的两个主要会议包括 418 年的迦太基会议（Council of Carthage），以及 529 年的第二次奥兰治会议（Second Council of Orange）。自此以后，"帕拉纠"一词变成贬义词兼形容词，用来指涉"过于信赖人的能力，不够信靠上帝的恩典"。宗教改革运动期间，路德认为绝大部分西方教会皆因为忽视了"上帝的恩典"这一概念，而沉迷于帕拉纠主义，并变得依赖人的自给自足。

"新奥古斯丁学派"在哲学上持守唯名论，在神学上则持守奥古斯丁主义。与新路派一样，这学派并不认同阿奎那或司各脱的唯实论，但是它却发展出一种反映了受奥古斯丁影响的救恩论，这种救恩论与新路派的救恩论截然相反。新奥古斯丁学派的救恩论十分强调人对恩典的绝对需要、强调人的堕落与罪性、强调上帝主动使人称义以及上帝的预定。这个学派认为救恩自始至终完全是上帝的作为。新路派信奉人能"竭尽全力"来称义，而"新奥古斯丁学派"则坚称唯有上帝能使人称义；新路派信奉人的本性之内含有获得救恩的一切必要资源，而新奥古斯丁学派则坚称这些资源仅在人的本性之外才能找到。显然，就人与上帝在称义过程中的作用而言，这两个学派的视角很不一样。

利米尼的格列高利曾列举新奥古斯丁学派在认识论与神学方面的

主要特点，这些特点可概括为以下几点（请读者原谅我们使用不可避免的神学行话）：

1. 在认识论上严格持守"唯名论"或"名称论"。

2. 从唯意志主义［voluntarist；与唯理智主义（intellectualist）相对立］的视角来理解并解释人的功劳与耶稣基督的功劳。

3. 广泛应用奥古斯丁探讨恩典教义的著作，尤其是他反帕拉纠的著作。

4. 对原罪的看法相当悲观，认为堕落是人的救恩历史长河中的分水岭。

5. 大力强调上帝在人的救恩中的主权。

6. 持守绝对、激进的双重预定论（absolute double predestination）教义。

7. 否定"被造的恩慈习性"（created habits of grace）在称义或功劳中的作用（早期中世纪作者视它们为称义或功劳必不可少的媒介）。

加尔文的著作中原原本本地再现了新奥古斯丁学派这七个基本特色。本文在这里拟进一步探讨第二个特色。

罗伊特认为加尔文曾经在巴黎学到一种"全新的反帕拉纠的苏格兰神学与复兴的奥古斯丁主义"。确切来说，影响加尔文的，是中世纪晚期普遍的神学思潮，而非某个特定的人（如梅尔）。中世纪晚期的传统（包括新路派与新奥古斯丁学派）总体上以严格的唯意志主义来看待功劳的基础。[66]这即是说，人的行为的功劳并不取决于它固有的价值，而仅仅取决于上帝选择赋予这行为的价值。司各脱的座右铭概述了这个原则。虽然这座右铭并不完全正确，但经常有人认为这座右铭是促使唯意志主义成为中世纪晚期思想的主流的起因。司各脱座右铭的大意，是献祭的价值仅仅取决于上帝的意志，而非其固有的好意。[67]在《基督教要义》中，加尔文对基督的功劳所持的立场与此完全相同。然而，这本著作的早期版本并未直接说明这点，直到加尔文就基督的功劳这一课题与勒略·苏西尼（Laelius Socinus）通信之后，1559年版的《基督教要义》才明确地说明了这点。[68]

苏西尼曾就基督的功劳与信心的确据，提出问题。加尔文于1555

年回应这些问题，并且在没有大幅改动的情况下，将自己的回应收录于 1559 年版的《基督教要义》。在通信过程中，加尔文对"*ratio meriti Christi*"（基督功劳的基础）所持的严格的唯意志主义观点表露无遗。他阐明基督功劳的基础不在于基督奉献自己（相当于唯理性主义者对"*ratio meriti Christi*"的看法），而在于上帝决定认可这种奉献在救赎人类方面有充分的功劳（相当于唯意志主义者的看法）。在加尔文看来，"若非上帝喜悦，基督就没有任何功劳"（*nam Christus nonnisi ex Dei beneplacito quidquam mereri potuit*）。[69]加尔文与中世纪晚期唯意志主义传统一脉相承，是十分明显的事实。

从前，经常有人认为加尔文与司各脱的相似之处意味着司各脱直接影响加尔文，或是司各脱透过苏西尼间接地影响加尔文。因此，亚历山大·戈登（Alexander Gordon）主张加尔文对"基督功劳的基础"持司各脱主义观点，并且基于司各脱主义是苏西尼主义的基础这一假定，戈登将司各脱主义持续发展的轨迹由司各脱贯穿至加尔文。[70]然而，事实上加尔文所延续的应该是源于威廉·奥卡姆与利米尼的格列高利的中世纪晚期唯意志主义传统，而司各脱只是一个过渡。除非上帝仁慈地预定要认可基督的牺牲为有功劳的牺牲，否则基督的牺牲就不可能有功劳。不管如何解释，加尔文都无疑继承了这一中世纪晚期的传统。

前面提到的新奥古斯丁学派的七个特色，明显涵盖了加尔文思想的某些方面，这些方面正是罗伊特认为加尔文受梅尔影响之处。[71]重要的一点也许是，梅尔在《四部语录注释》第一卷的序言中明确地承认他深受三位神学家的影响：司各脱、威廉·奥卡姆与利米尼的格列高利。[72]因此，毫不夸张地说，假如加尔文不了解在自己大学里发展起来的富有学术特色的奥古斯丁主义，却能再现这一神学思潮之主要特色，那真是太不寻常的巧合了。加尔文也不一定非要上神学课才能接触到这些观点：利米尼的格列高利的《注释》（*Commentary*），在巴黎出版了三个版本（1482 年、1487 年、1520 年），第三版就是加尔文抵达巴黎之前不久出版的。[73]如果加尔文真像其同时代的人所说的那样博览群书，那么《注释》这本著作会引起他的关注也不无可能，毕竟这本著作是标准的逻辑学与神学著作，作者又是巴黎两位著名的唯名论博士中的一位。[74]有人曾提出加尔文所受的神学教育可能部分源于他在巴黎

47

期间的自学或阅读。[75]当然，罗伊特提出其论点时，新奥古斯丁学派还身份不明、特色不清，同时罗伊特的理论中有许多不必要的假设（比如加尔文亲自接触过梅尔），也大大削弱其理论的说服力。因此，我们饶有兴趣地注意到加尔文救恩论的核心论点，可能反映了他在巴黎接触到的思潮。但是必须强调的一点是，鉴于我们对加尔文在巴黎的时期只有些许的了解，所以我们无法严谨地证实这种可能性。尽管如此，它还是十分吸引人，并提醒我们，加尔文不仅没有与中世纪传统一刀两断，反而实际上还传承了无可挑剔的中世纪传统中许多神学与哲学立场。

信义宗占据巴黎

1523 年，神学部被迫举行第 101 次会议，这远远超过平时只有大约 30 次会议的次数。举行这些额外的会议的原因是由于远方的一个籍籍无名的人物——马丁·路德。他的观点似乎将要横扫城市、大学与教会。信义宗的确影响了城市与大学的事务，致使城中所有见多识广的人皆难免会接触到这一宗派的观点。同时代的证据清楚表明，路德的著作早在 1519 年已在巴黎的知识分子当中赢得大量狂热的读者；其观点常常被出于好意的宗教流言因追求轰动效应而扭曲并夸大，这些非原版观点甚至更广泛地流传。

城市与大学接二连三发生的事件，同时表明了这些不久后被谴责为异端的观点令大众非常着迷。1523 年 7 月 14 日，神学部召开了一个会议，出席人数为多年之最，他们主要来听皮埃尔·利塞特（Pierre Lizet）代表国王谴责信义宗的邪恶。[76]三周后，奥古斯丁派的修士让·瓦利埃（Jean Vallière）因为阅读并评论路德的著作而被活活烧死。1526 年 12 月 4 日，巴黎街头出现一支游行队伍，由七个打扮成魔鬼的人引路，后面紧跟着一个骑马的女人，一群装扮成神学博士的人围绕这匹马，他们的衣服前后醒目地写着"路德派"（Lutherans）。[77]

信义宗深受关注，源头可追溯至 1519 年。这一年，路德与约翰·艾克（Johann Eck）展开的莱比锡辩论（Leipzig Disputation）余波未平，在这场辩论中，路德质疑天主教教义的核心。路德与艾克皆同意把各自的立场上呈给爱尔福特大学与巴黎大学，以供评估。爱尔福特大学表示自己不愿卷入此事。巴黎大学最初没有回应，这促使一些人猜测巴黎大学最终也会拒绝参与。巴黎是高卢主义（Gallicanism）的中心，这一运动主张法国教会要几乎完全脱离教皇的教权统治。许多人认为 1516 年的博洛尼亚协定（Concordat of Bologna）抬高了法国国王与教皇的地位，却损害了珍贵的法国教会自由（*libertés de l'église gallicane*），同时还威胁到巴黎的大学与大理院（*parlement*）的自主。大学不同意影印博洛尼亚协定的副本以供流传。结果，教皇的权力问题于 1518 年在大学圈子里备受争议。由于莱比锡辩论的主要议题之一是教皇权力的性质，因此巴黎大学的处境十分尴尬。如果他们因为路德质疑教皇的权力而指责路德，那 49 么大家可能会认为他们破坏了大学几个世纪以来的高卢主义传统。[78] 看一看同时代的记录，就会发现 1520 年召开的不少学部会议都不顺利。[79] 不过，路德于 1520 年出版的三篇宗教改革论文无意中解除了大学的内部问题，大学轻而易举就否决了这三篇论文。

1521 年 4 月 15 日，巴黎终于批准对路德的 104 个观点进行详尽的批判，这份文献如今通常被称为巴黎的《判定》（*Determinatio*）。[80] 文献宣称路德已加入诸如马西昂（Marcion）、阿里乌（Arius）、威克里夫（Wycliffe）的异端分子行列。他们声称路德不仅不满足于让旧有的异端邪说起死回生，更是厚颜无耻地发起新的异端邪说。神学部的辩论策略是竭尽所能将路德与旧有的异端联系在一起，从而证明他不过继承了已遭摒弃的历史与神学观点。[81] 然而，十分重要（并完全可以理解）的一点是，《判定》无法解决教皇的权力问题，而这问题正是莱比锡辩论的核心。

《判定》引起了广泛的注意，截至 1524 年，其拉丁语版已重印九次，并译成荷兰语与德语。这次的控诉促使路德的观点在巴黎越发受到关注。加尔文在巴黎期间，神学部的议程全是讨论与路德有关的问题，这迫使神学院加开会议。这些会议往往冗长乏味、用语刻薄，且公然怀疑至少 15 个学部成员为异端分子（成员总人数从未超过 80 人）。虽然如此，纵使神学院并不充分了解路德带来的威胁的性质与重要性，但在面对这种威胁时，神学院还是能够在表面上至少维持步调一致。路德在保守的教会圈子中招致污名，导致人们非但不以路德的思想为正统，反而越发把与路德有类似想法的人文主义者和立志改革的法国神职人员视为异端。[82]最初倾向于为人文主义辩护的法兰西斯一世逐渐把信义宗看成对其领土安定的威胁。尽管法兰西斯一世直到1534 年 10 月的"告示事件"（Affair of the Placards）之后才付诸行动反对信义宗，但他对信义宗的反对态度可追溯至加尔文在巴黎的求学时期。

50　　尽管如此，不论路德的观点在神学部会激起多么敌对的反应，这些观点还是在巴黎的大学圈子中广为人知。作为一名当时在巴黎求学的学生，年轻的加尔文恐怕难免对信义宗有所听闻，也难免会接触到与这位神秘的撒克森人有关的猜测与谣言。公开的忏悔、抗议队伍（见插图 3）、公开处死异端分子，以及巴黎大学的反路德辩论（绝不仅限于神学部），使这位年轻的皮卡第人有可能接触到这外来异端的某些基本观点，无论这些观点已被歪曲成何种形式，巴黎保守的大学圈子既有对信义宗的广泛兴趣，也有日渐高涨的反对声浪，这位皮卡第人可能也会对这两者留下印象。然而，我们必须再次承认自己不知道加尔文什么时候或以什么方式接触到路德的观点。

　　于是，"不确定"便反复出现于我们对加尔文在巴黎时期的探讨中。我们既不确定加尔文在巴黎的年代，也不确定它对于我们了解加尔文的一生与思想有多重要。历史学家一次又一次被迫铤而走险进行推论，希望加尔文能符合一个普遍的模式。然而幸运的是，我们有理由认为加尔文的巴黎大学时期，对其成熟思想的塑造并非举足轻重。假如加尔文寥寥无几的晚年回忆是可靠的，那么他似乎只将巴黎视为自己掌握拉丁语的地方。更为可靠的分析可能会指出加尔文的推理与分析能力，归功于他在名称论教师的引导之下所受的严格训练。诚然，加尔文也许确曾吸收某些盛行于巴黎的明确的逻辑与哲学观点，但是它们大多不过是些墨守成规的学术研究的陈词滥调，缺乏加尔文后期所特有的激进特点。接下去我们要谈谈奥尔良与布尔日，加尔文也许就是在这两个地方走进了一个截然不同的思想世界。许多历史学家相信，加尔文正是在此期间碰上了一些人、一些方式与一些观点，它们最终塑造并奠定了他的宗教改革思想。

注释

[1] Wendel，*Calvin*，pp. 17—18；Stauffer，'Calvin'，p. 16.

[2] Desmay，'Remarques sur la vie de Jean Calvin'，p. 388.

[3] Thurot，*Organisation de l'enseignement dans l'université de Paris*，p. 94；Dupon-Ferrier，'Faculté des arts dans l'université de Paris'，pp. 70—71. 然而，其他资料指出 15 岁才是开始入读文科的普遍年龄：Farge，*Orthodoxy and Reform*，p. 11。

[4] Lefranc（勒方），*Jeunesse de Calvin*，p. 195. 根据此书，加尔文当时 12 岁，但是他实际上只有 11 岁。勒方提供了一系列摘录自努瓦永教堂登记册中关于加尔文的相关资料：193—201 页。

[5] *OC* 21.36. 在对圣巴尔贝学院的研究中，基什拉（Quicherat）根据德·贝扎的说法，声称加尔文是校友：Quicherat，*Histoire de Sainte-Barbe*，vol. 1，pp. 203—218。

[6] Ménager，'Théodore de Bezè, biographe de Calvin'.

[7] *OC* 21.54.

[8] *OC* 21.56.

[9] *OC* 21.121：'... In Gymnasio Marchiano Mathurinum Corderium. '

[10] 创立于 16 世纪的一种新型机构，与英语学校相似。——译者注

[11] 见 C. E. Delormeau，*Un maître de Calvin：Mathurin Cordier，L'un des créateurs de L'enseignement secondaire moderne*（Neuchâtel, 1976），pp. 24—29。科尔迪耶供职的一系列巴黎学院名单可见于 1564 年 2 月 6 日的 *Colloquia*，reprinted Delormeau, pp. 122—126，尤其是 p. 122。

[12] 例如 Quicherat，*Histoire de Sainte-Barbe*，vol. 1, p. 206。

[13] Farge，*Orthodoxy and Reform*，p. 88.

[14] Bibliothèque Nationale MS Lat 5657A. Rashdall，*Universities of Europe*，vol. 1，pp. 528—529.

[15] Archives de l'Université MSS Reg 89 fol. 41v；Reg 90 fols 33v, 43r. Bibliothèque Nationale MS Lat 12846（比如 fol. 161r-v）中也有一些相关资料证实，16 世纪 20 年代除了索邦学院与纳瓦尔学院之外，也有不少名人在其他多所学院教授神学。这份 17 世纪的文献概括了如今已佚失的 16 世纪原稿。显然，这份文献中的资料仅仅是在解说原始文献，它表明大学里的神学课程甚至比这份重要文献所指出的情况更为普及。

［16］有关巴黎的神学课程设置，见 Farge, *Orthodoxy and Reform*, pp. 16—28。

［17］认为加尔文在巴黎可能不只属于一所学院还有第三个理由，不过与加尔文的情况不符。大学学部成员，比如留校教师同时属于多所学院并非罕见之事，这反映了他们在多所学院任教。

［18］Godet, *Congrégation de Montaigu*; Féret, *Faculté de théologie*, vol. 1, pp. 3—5.

［19］详情见 A. Renaudet, 'Jean Standonck un réformateur catholique avant la Réforme', *Humanisme et Renaissance*, *Travaux* 30（1958）, pp. 114—161。Godet, *Congrégation de Montaigu*, pp. 143—170 记录了当时公布的章程。

［20］例如 A. Renaudet, *Préréforme et l'humanisme à Paris pendant les premières guerres de l'Italie（1496-1517）*,（Paris, rev. edn, 1953）p. 26; Wendel, *Calvin et l'humanisme*, p. 13。

［21］见 R. R. Post, *The Modern Devotion*（Leiden, 1968）, pp. 13—15。

［22］Renaudet, 'L'humanisme et l'enseignement de l'université', p. 153; Garcia Villoslada, *Universidad de París durante los estudios de Francisco de Vitorio*, pp. 87, 106—126.

［23］*OC* 21.54.

［24］以 Thurot, *Organisation de l'enseignement dans l'université de Paris*, 附录 3—5 为依据。有关 1500 至 1550 年间一系列学生人数的估计，见 Matos, *Les Portugais à l'université de Paris*, p. 111, n. 1。

［25］注意顾雷特（Goulet）提及的 "cingulum super vestem"：Quicherat, *Histoire de Sainte-Barbe*, p. 331。1539：Du Boulay, *Historia Universitatis Parisiensis*, vol. 6, pp. 334—335 记载了改革的倡议。

［26］某些教士和教会唱诗班成员所穿的长袍，通常为黑色或红色。——译者注

［27］Berty, *Topographie historique du vieux Paris：région centrale de l'université*, 各处, Archives Nationales collections S 6211, S 6482—6483 补充。

［28］见 Godet, *Congrégation de Montaigu*, p. 34。

［29］Godet, *Congrégation de Montaigu*, p. 33, n. 5. 这所学院拥有的房基与财产所有权的完整资料，可见于 Archives Nationales manuscripts S6211, S6482—6483。

［30］J. Verger, 'Le rôle social de l'université d'Avignon au XVe siècle', *BHR* 33（1971）, pp. 489—504.

［31］Le Goff, 'La conception française de l'université à l'époque de la Renaissance', pp. 94—100.

［32］注意加尔文晚年的回忆：*OC* 31.22。参见德·贝扎的评论：'son coeur tendit

entièrement à la Théologie' (*OC* 21.29)。

[33] Ganoczy, *The Young Calvin*, p. 174.

[34] Thurot, *Organisation de l'enseignement dans l'université de Paris*; Cobban, *Medieval Universities*.

[35] 注释列表可见于 J. M. Prat, *Maldonet et l'université de Paris*（Paris, 1856）, pp. 527—537。

[36] *OC* 21.121.

[37] 有关这点见 Kibre, *Nations in the Medieval Universities*。

[38] Farge, *Orthodoxy and Reform*, pp. 60, 72—75, 81. 这些数字是指先毕业于文科，后攻读神学，且明确属于某所学院的学生。将近半数的这类学生属于哪所学院，我们并不清楚。

[39] Goulet, *Compendium*. 本文引述的部分出自 Quicherat, *Histoire de Sainte-Barbe*, vol. 1, pp. 325—331。

[40] Thurot, *Organisation de l'enseignement dans l'université de Paris*, p. 101.

[41] Quicherat, *Histoire de Sainte-Barbe*, vol. 1, p. 330.

[42] 有关人们对亚里士多德的崇拜，见顾雷特的评论：'in logica summe colatur Aristoteles'：Quicherat, *Histoire de Sainte-Barbe*, vol. 1, p. 330. 有关章程规定的必读物，详细资料见 Garcia Villoslada, *Universidad de París*, pp. 74—75。

[43] Garcia Villoslada, *Universidad de París*, pp. 133. 然而，这点不应被诠释为梅尔完全认同亚里士多德的观点：例如他是巴黎倡导反亚里士多德的观点的领军人物，他反对宇宙之外虚空说（extra-cosmic void）与世界无限说（infinity of worlds）：Kaiser, 'Calvin's Understanding of Aristotelian Natural Philosophy', p. 87.

[44] 例见 C. B. Schmidt, *Aristotle and the Renaissance*（Cambridge, Mass., 1983）; E. F. Rice, 'Humanist Aristotelianism in France：Jacques Lefèvre d'Etaples and His Circle', 刊于 A. H. T. Levi (ed.), *Humanism in France at the End of the Middle Ages and in the Early Renaissance*（Manchester 1970）, pp. 132—149。

[45] Paris, Bibliothèque Nationale MS Lat 6535 fol. 228v.

[46] Kaiser, 'Calvin's Understanding of Aristotelian Natural Philosophy'.

[47] Quicherat, *Histoire de Sainte-Barbe*, vol. 1, p. 330.

[48] 科拉顿向我们提起两个西班牙人（*OC* 21.54），而德·贝扎则提起一个曾教他辩证法的西班牙人（*OC* 21.121）：'translatus deinde in Gymnasium ab Acuto Monte cognominatum Hispanum habuit doctorem non indoctum：a quo exculto ipsius ingenio, quod ei iam tum erat acerrimum, ita profecit ut ... ad dialec-

tices et aliarum quas vocant artium studium, promoveretur'。

[49] 指拿了硕士（master）学位，取得教师资格之后依然在学校任教者。——译者注

[50] Reuter, *Grundverständnis der Theologie Calvins*, pp. 20—21, 28. 概要见 A. E. McGrath, *Reformation Thought*, (Oxford/New York, 1988) pp. 63—64。这个论点在罗伊特的近作 *Vom Scholaren bis zum jungen Reformator* 中已略微修正。其早期立场在 McDonnell, *John Calvin*, pp. 7—13 中得到全盘接受。

[51] Torrance, 'Intuitive and Abstractive Knowledge'。参见其早期研究 'La philosophie et la théologie de Jean Mair ou Major'。Richard, *Spirituality of John Calvin*, p. 181 也分析了一些认识论上的相似之处。

[52] Wendel, *Calvin*, p. 19.

[53] Dankbaar, *Calvin*, p. 5.

[54] Ganoczy, *Young Calvin*, pp. 168—178. 关于加尔文在 1536、1539、1543 与 1559 年版的《基督教要义》中论及伦巴德的彼得（Peter Lombard）与格拉提安（Gratian）的详细统计分析，见 Smits, *Saint Augustin dans l'oeuvre de Jean Calvin*, p. 210。

[55] Reuter, *Vom Scholaren bis zum jungen Reformator*, pp. 6—12.

[56] Goumaz, *Doctrine du salut*, p. 92.

[57] C. G. Nauert, 'The Clash of Humanists and Scholastics: An Approach to Pre-Reformation Controversies', *SCJ* 4 (1973), pp. 1—18; J. Overfield, 'Scholastic Opposition to Humanism in Pre-Reformation Germany', *Viator* 7 (1976), pp. 391—420; A. H. T. Levi, 'The Breakdown of Scholasticism and the Significance of Evangelical Humanism', in G. R. Hughes (ed.), *The Philosophical Assessment of Theology* (Georgetown, 1987), pp. 101—128.

[58] Erasmus, *Opera Omnia*, vol. 6, 962D—967C.

[59] 它们确实有严肃的一面！上帝是否能够变成一根黄瓜（一头驴子或者一块石头），都与道成肉身有关：A. E. McGrath, '*Homo Assumptus*? A Study in the Christology of the *Via Moderna*, with Special Reference to William of Ockham', *Ephemerides Theologicae Lovanienses* 60 (1985), pp. 283—297。上帝是否能够使一切重来，与未来可能发生的事有关：W. J. Courtenay, 'John of Mirecourt and Gregory of Rimini on whether God can undo the past', *Recherches de Théologie ancienne et médiévale* 39 (1972), pp. 244—256; 40 (1973), pp. 147—174。

[60] 初步介绍见 McGrath, *Reformation Thought*, pp. 50—66, 特别是 pp. 53—61。

详尽分析见 A. E. McGrath, *Intellectual Origins of the European Reformation* (Oxford/New York，1987)，*pp.* 69—121，特别是 *pp.* 70—93。

[61] 见 E. Gilson, *History of Christian Philosophy in the Middle Ages* (London，1978)，pp. 489—498。

[62] A. L. Gabriel，' "Via Moderna" and "Via Antiqua" and the Migration of Paris Students and Masters to the German Universities in the Fifteenth Century'，刊于 A. Zimmermann，(ed.)，*Antiqui und Moderni*：*Traditionsbewusstsein und Fortschrittsbewusstsein im späten Mittelalter* (Berlin/New York，1974)，pp. 439—483。

[63] 罗伊特察觉加尔文的观点与梅尔的名称论之间有六大共同点：Reuter, *Vom Scholaren bis zum jungen Reformator*，pp. 6—12。

[64] McGrath, 'John Calvin and Late Medieval Thought'最先概述了这个可能性。

[65] 有关"帕拉纠之争"的历史发展与相关议题，见 p. Brown, *Augustine of Hippo* (London，1975)，pp. 340—407。

[66] A. E. McGrath, *Iustitia Dei*：*A History of the Christian Doctrine of Justification* (2 vols：Cambridge，1986)，vol. 1，pp. 163—179.

[67] Scotus, *Opus Oxoniense* III dist. xix q. 1 n. 7：'dico, quod omne aliud a Deo，ideo est bonum, quia a Deo volitum，et non est converso：sic meritum illud tantum bonum erat，pro quanto acceptabatur.'

[68] *Responsio ad aliquot Laelii Socini Senensis quaestiones*：*OC* 10a. 160-165. 1554 年版的《基督教要义》仅是粗略地分析了这个问题（vii，18：*OC* 1. 523-524）。

[69] 《基督教要义》2. 17. 1。

[70] 可见 A. Gordon, 'The Sozzini and their School'，*Theological Review* 16 (1879)，pp. 293—322。

[71] Reuter, *Grundverständnis der Theologie Calvins*，p. 21.

[72] Mair（梅尔）, *In I Sent.*，"前言"(Paris，1530)。

[73] 1572 年，日内瓦学院（Genevan Academy）的图书馆藏有一本（虽然这本著作不一定是加尔文的个人藏书）：见 Ganoczy, *La bibliothèque de l'Académie de Calvin*，pp. 102—105。

[74] 有关确认奥卡姆的威廉与利米尼的格列高利为唯名论博士的大学法令，见 Garcia Villoslada, *Universidad de París*，p. 118。

[75] Dankbaar, *Calvin*，p. 26.

[76] Clerval, *Registre des procès-verbaux*，p. 370.

〔77〕Paris，Archives Nationales X 1530，fols 33v-34r；国王给巴黎大理院的信。

〔78〕详情见 Cristiani，'Luther et la faculté de théologie de Paris'。

〔79〕例如 8 月 14 日的登记册就记录道：'in materia de Leuter〔sic〕de qua fuerat articulus，non fuit conclusio pacifica.' Clerval，*Registre des procèsverbaux*，p. 273。

〔80〕文本载于 Du Boulay，*Historia Universitatis Parisiensis*，vol. 6，pp. 116—127。正如 Hempsall，'Luther and the Sorbonne'所记载，这份文献实际上并不是对莱比锡辩论的回应。

〔81〕参见 A. E. McGrath，'Forerunners of the Reformation? A Critical Examination of the Evidence for Precursors of the Reformation Doctrines of Justification'，*HThR* 75 (1982)，p. 221。

〔82〕完整记载见 F. M. Higman，*Censorship and the Sorbonne：A Bibliographical Study of Books in French Censured by the Faculty of Theology of the University of Paris，1520-1551*（Geneva，1979）；Farge，*Orthodoxy and Reform*，pp. 169—208。

3

徘徊的岁月：奥尔良及
邂逅人文主义

16 世纪 20 年代后期的某个时刻，可能在 1526—1528 年，年轻的
文学学士加尔文离开巴黎前往奥尔良，师从堪称"法国律师王子"[1]的
皮埃尔·德·勒斯图瓦热（Pierre de l'Estoile），主修民法。加尔文选
择学习法律的原因并不全然明了，为他作传的早期作者对他这一全新
道路提出了若干可能的背景因素：来自父亲或未来的宗教改革运动家皮
埃尔·奥里维坦（Pierre Olivétan）的影响、神学在其心中日益幻灭、
对于"真宗教"的本质产生了觉醒与顿悟。[2]我们虽然不太了解加尔文
转到奥尔良的动机，然而对于他所进入的这个全新的学识世界，却相
对地有文献可考并易于理解。在奥尔良及后来的布尔日，加尔文邂逅
了一种抓住了自己想象力的人文主义，并在日后对其加以改良，以适
用于自己特定的目的。

　　奥尔良与巴黎的区别，体现在若干重要方面：它不是学院式大学；
它于 1512 年经历了根本上的改革；它只拥有一个系，那就是法律系，
在这里民法的地位远远超过教会法令。伊拉斯谟于 1500 年曾在奥尔良
学习六个月，他曾带着一定的厌恶情绪回忆那段经历。他声称自己的
生活曾经因为阿库修斯（Accursius）和巴托鲁斯（Bartholus）而悲惨
万分，因为他无法直接学习查士丁尼（Justinian）所著的罗马法经典著

52 作《法学概要》（*Institutes*），而迫不得已必须浸没于后世学者冗长而繁琐的评注中。中世纪的注释家对待自己的工作，态度严肃认真，在书边空白处与字里行间写下了洋洋洒洒的注释。阿库修斯和巴托鲁斯等注释家使书边注释与行间注释发展到一个地步，以至于注释本身比原文还重要。

无独有偶，这种现象在神学领域中也出现过。中世纪从不缺少圣经注释家，他们总是时刻准备为圣经原文加上自己的理解与注释。在黑暗的中世纪晚期，出现了为圣经加注释的学问，并且日益系统化，几个世纪的注释家积累在一起的注释、注解及枝节内容，逐步自成一体成为权威，但事实上这些注释却已脱离起初所依据的圣经原文。[3]注释本身后来又加上注释，仿佛是一层层的油彩。一般说，解经书充其量只是重现传统注释的内容。然而，随着人文主义的兴起，这一切都要改变。

人文主义的实质

人文主义在 20 世纪是指一种哲学或人生观。它肯定人性的尊严而不涉及上帝。人文主义有很强的世俗主义色彩，甚至是无神论色彩。说到宗教改革运动时期的"人文主义的兴起"，就好像是一场信仰和无神论的对峙。而这场对峙以及可能带来的结果，却从来没有成为现实。文艺复兴并非启蒙运动。14、15 或 16 世纪的人文主义者对"人文主义"的理解，与现代人的理解往往是不一样的。事实上，他们相当敬虔，所关心的是复兴而不是废除基督教信仰和教会。[4]

"人文主义"这个术语由 1808 年德国教育学家 F. J. 尼撒玛（F. J. Niethammer）首创，指一种强调希腊和拉丁名著的教育形式。德国中等教育对自然科学和技术的日益强调引起了尼撒玛的不安，他相信这53 种强调潜在的非人化结果，只能通过对人文学科的浸没式学习来削减。有趣的是，没人在文艺复兴时期使用人文主义这一术语，但意大利语"*umanista*"则频繁出现。此词指研究诗歌、语法和修辞等人文学科（*studia humanitatis*）的大学老师。对意大利文艺复兴时期主流人文主义作家的广泛研究，揭示了当时对雄辩术的普遍重视。如果人文主义作品有什么共同的主题，那就是推进口头和书面修辞，而希腊和拉丁经典就是这个雄心勃勃的审美运动的榜样和来源。

古典学识的兴起是意大利文艺复兴运动的一个显著特征，反映出人们对再次挖掘古老遗物的文化价值和规范的新兴趣。古典文化和文明被看成是当代的资源。人们广泛研究希腊和拉丁原版作品，不过只是把它们当作达到目的的手段，而非目的本身。人文主义者把古典著作当成写作修辞的典范来学习，从而获得灵感和指导。古典学识和语文能力仅仅是用于开发古老遗物资源的工具。就像许多人指出的，人文主义者的作品在推进口头和书面修辞上的投入，在质量和数量上都远远超过了对古典学识或语文学的投入。

人文主义者只是在如何形成观念上达成共识，而并非持有共同的观念，认识到这一点我们就容易理解和接受"人文主义"包含许多不同成分的事实，否则这一事实将令人感到不安和不解。例如，许多人文主义作家是柏拉图主义者，而另外一些喜欢亚里士多德主义。亚里士多德主义贯穿整个文艺复兴时期而顽强地延续下来〔如帕多瓦大学（University of Padua）的亚里士多德主义〕，这对于那些把人文主义当作单一哲学的人来说，是件难以理解的事情。[5] 一些意大利人文主义者表现出近似反宗教的态度，但其他一些意大利人文主义者则非常虔诚。一些人文主义者是共和主义者，但其他一些则坚决拥护君主制。近期研究也注意到人文主义不太有吸引力的一面：一些人文主义者沉迷于魔法和迷信，这也许与人们对此运动的传统看法格格不入。"人文主义"似乎缺乏一个一致的或与众不同的哲学主张。没有哪个宗教、哲学或政治观点主导此运动或成为此运动的特色。因而，"人文主义者"这一称号并不能传达作者的哲学、政治或宗教观点的基本信息，而是首先指出作者试图利用古典时期的资源产生现代观念，此外，作者承认在表达这些观念时应采用古典的文体标准。

简而言之，人文主义所关注的是**如何获得和表达观念**，而不是观念本身的确切属性。一个人文主义者也许是柏拉图主义者，也可能是亚里士多德主义者，但不论哪一种，观念都起源于古老的经典。一个人文主义者也许是怀疑论者，也可能是信徒，但不论哪一种，其态度都可以从古老的经典中得到辩护。文艺复兴时期，人文主义富有特色的思想多样性，正是建基于人们对**思想从何而来以及该如何表达**的普遍共识。

尽管人文主义起源于文艺复兴时代的意大利，却具有显著的动态性。日渐清晰的是，北欧的人文主义在它发展的每一个阶段都受到意大利人文主义的根本影响。如果说北欧人文主义运动的出现是完全独立于意大利之外的、自发的本土人文主义运动，那么必须强调的是，这是很值得怀疑的。因为证据清楚显示这些运动肯定受到意大利人文主义的影响。向北欧传播意大利人文主义的方法和理想的三个主要渠道，也已经得到确认。[6]首先是南移到意大利的北欧学者，他们可能是去意大利的大学学习或者完成某个外交使命，回到故土时，他们带回了文艺复兴的精神。其次是意大利人文主义者的对外通信，其规模相当广泛，遍及北欧的绝大部分地区。人文主义注重提高书面语言的雄辩气势，写信被看成一种手段，来展现并散播文艺复兴的理想。最后是印刷的书籍，它们最早源于威尼斯的阿尔迪内印刷所（Aldine Press）等。这些书籍常常被北欧的印刷所重印，特别是在瑞士巴塞尔的印刷所。[7]意大利人文主义者常常把他们的著作献给北欧的赞助人，从而确保它们在合适的地方得到重视和传播。

文艺复兴时期支撑人文主义的普遍原则，可以总结为这样一个口号，"回本溯源"（*ad fontes*）。通过回归起源，可以绕过中世纪思想的
55 停滞和贫乏，直接与古代的辉煌文化相交。与其苦苦对付中世纪圣经注解概念上的含混和文字上的粗俗，不如回归圣经本身的内容，恢复它的生命力和新鲜感。这个梦想的实现，在文艺复兴晚期似乎指日可待，因为盛兴人文主义之风的学术界，开始使人们都能获得学术追求所需的资源。这方面特别重要的是鹿特丹的伊拉斯谟的《基督教骑士手册》（*Enchiridion*），即《基督精兵手册》（*Handbook of the Christian Soldier*）。[8]虽然这本书于 1503 年就已出版，并在 1509 年重印，但它真正产生影响力是在 1515 年第三次印刷时开始的。从那时开始，它成为风靡一时的作品，随后的六年再版达 23 次之多。喜欢这本书的读者主要是受过教育的平信徒男女，伊拉斯谟称这些人为教会真正的财富。《基督精兵手册》在 1515 年后备受欢迎，表明受过教育的平信徒所持有的期望和信心发生了重大改变，《基督精兵手册》成为畅销书后不久，即在苏黎世（1519 年）与维腾堡（1517 年）响起宗教改革的

呼声，这一点也不容忽视。伊拉斯谟的成功也突出了印刷业对于传播新思想的重要性，轮到加尔文传播新思想时，他也没有忽视这重要的一点。

伊拉斯谟的《基督精兵手册》发展出一个有巨大吸引力的论题：集体回归教父们的著作和圣经原文，可以为教会带来改革。对经文的规律性阅读被当作复兴和改革教会的关键而获得重视。伊拉斯谟将自己的著作视为平信徒的读经指南，提供简单易读但富有内涵的"基督哲学"评注。通过他的努力，每个人都能直接畅饮原文资源的清新甘泉，而中世纪注释者停滞的水流可以被放置一旁了。这项工作要求具备语言知识——古典著作所用的拉丁文和希腊文，学习旧约圣经所需的希伯来文——以及能够获得奠定基督教信仰根基的作品原文。

对应这样的市场需求，一个小产业在人文主义教育学家中发展出来。他们编纂语法和词汇手册，合为一卷，以迎合人们对古典智慧日益增加的兴趣。当加尔文在奥尔良，由他的朋友梅尔基欧尔·沃尔马（Melchior Wolmar）指导学习希腊文时，他也是这个工具的使用者之一。经过鹿特丹的伊拉斯谟非凡的编辑工作，他出版了一系列经典著作版本，堪称一个时代的奇迹。虽然他编辑的奥古斯丁著作，不能和1506年阿默巴赫编辑的伟大的11卷相提并论，但是他编辑的哲罗姆（Jerome）的著作被当作知识界的奇迹而得到世界的认同。最重要的是1516年伊拉斯谟用希腊原文出版的新约圣经。[9] 这是神学家第一次有机会把新约圣经的希腊原文和后来的拉丁文武加大译本（Vulgate）进行比较。这种比较的主要结果，就是人们普遍对武加大译本这一"官方"的拉丁文圣经译本失去了信心。

当中世纪的神学家提到"圣经"时，几乎无一例外是指武加大译本，也就是"通用本"。这个译本的标准版本，即巴黎版武加大译本，是1226年一些巴黎神学家和书商风险投资的结果。那时，巴黎被公认为是处于领导地位的欧洲神学中心，必然的结果就是：尽管人们还在努力校正"巴黎版"武加大译本里面明显的错误和瑕疵，但它已被确立为标准。必须强调的是，这个版本的完成并没有得到任何神职人员的委托或支持，它完全是一种商业行为。中世纪的神学家试图把他们的神学建基在圣经上，因此被迫认同已经有缺点的拉丁文译本圣经这个

56

糟糕的商业版。人文主义者在语篇和语言学技巧上的长进，揭露出武加大译本和原文应当有的翻译之间令人担忧的差异，因此为教义的改革开了一条路。"圣经"和武加大译本再也不能等同视之了。

伊拉斯谟证明了武加大译本在许多具有重大神学意义的地方，对新约希腊原文的翻译有着严重的失误。由于中世纪教会的许多信念和实践建基在这些文本上，许多（想要保留这些信念和实践的）保守的天主教徒对他的断言感到惊慌失措，而（想要清除这些信念和实践的）宗教改革运动家却非常高兴。下面两个例子反映了伊拉斯谟作为人文主义者的圣经知识与宗教改革运动的关系。

57   武加大译本把耶稣事工的开篇（马太福音 4：17）翻译成这样："赎罪吧，因为天国近了"。这样的翻译明显指向补赎的圣礼。伊拉斯谟指出希腊原文应当译作"悔改吧，因为天国近了"。在这里，拉丁文译本似乎指向补赎的神职仪式，而伊拉斯谟坚持其所指的是一个内在的个人态度：要悔改。就这样，一个对现存神职仪式的必要性和适当性的重要挑战产生了。

中世纪神学家发展出的另一个神学领域，是对耶稣母亲马利亚的看法，它远远超越了早期教会的适度认识。对于稍晚期的许多中世纪神学家来说，马利亚就像一个恩典的蓄水池，当他们需要时，只需打开龙头。这个观念部分源于武加大译本中天使加百列对马利亚所说的话（路加福音 1：28）。根据武加大译本，加百列问候马利亚时说："满有恩典的人"（*gratia plena*），因此就得出了蓄水池的形象。但是伊拉斯谟指出，希腊原文仅仅是说"蒙恩的人"或者说"那已经蒙恩的"。再一次，中世纪神学中一个重要的发展，似乎受到人文主义的新约圣经学问的抵触。

后来证明，加尔文不愧是以人文主义的语言学和语篇技巧解释圣经的大师。然而，在这个阶段，我们关注的是他在奥尔良和布尔日邂逅的那一特别的人文主义形式。人文主义者直接推进"回本溯源"进程的一个结果，就是对注释和释经表现出明显的不耐烦。它们不仅被当成无用的学习工具，更被当作与原文接触的障碍。它们就好像是置于读者和原文之间扭曲的过滤器；如同遮盖镶嵌画的层层灰尘或者涂在壁画上的层层颜料：它们否定或者阻碍人接触宝贵的原文。不过，注释家并不像维多利亚时代的建筑师，想"复原"中世纪风格的牛津，结果却毁了它，注释家们仅仅是把他们自己置于原文和现代读者之间。读者完全可以撇开注释，不受影响地直接阅读原文，不论是新约圣经还是查士丁尼一世的法律条文。当新学问对其主张越发自信时，阿库修斯和其他人的可靠性渐渐受到人文主义法学家的质疑。伟大的西班牙学者安东尼奥·聂伯里赫（Antonio Nebrija）出版了一份他在阿库修斯的注释中找到的错误的详细列表。同时，拉伯雷也轻蔑地论及"阿库修斯的不恰当观点"。法国人文主义法学派（French legal humanism）已实实在在地奠定了根基。

法国人文主义法学派

16 世纪的法国，法律这门学问正经历着巨变。虽然南部地区从未丢弃罗马法的一些出色之处，但是北部各省几乎已沦为受习俗统治的地区（*pays de coutume*）。在那里，法律事实上等同于不成文的惯例。法兰西斯一世的专制君主政体正朝向中央集权管理的方向发展，因而把这样的法律多样化看成不合时宜的。为了加快法律改革的速度，最终在全法国形成一个适用于全国的法律系统，君主政体向一些法律研究者提供明智的支持，这些人从事的理论研究主要与如何在普遍原则的基础上建立法律的基本条例有关。[10] 这些人当中的先锋人物是纪尧姆·比代（Guillaume Budé），他主张直接归回罗马法以顺应法国新的法律需要，他认为这样即经济又有意义。在中世纪法理学家所写的注释和释经书的指引下阅读古典法律文件，是意大利的习俗，与此相反，法国发展出直接求助于古典法律资源原文的做法。[11] 尽管奥尔良和布尔日的法学家没有权力强制复兴罗马法，他们对解决如何阐释古典文献并使之转化以适应当前需要而提出的相关理论问题的高质量研究，却使得像比代这样的人成为当时知识分子中最重要的人。

虽然我们没有什么成文的证据来证明，但加尔文抵达奥尔良的时间大约是 1528 年。第二年，他被刚刚到达布尔日的意大利法律教授兼法理学家安德里亚·阿尔恰蒂（Andrea Alciati）的声望吸引，来到布尔日。[12]1527 年发生一系列的改革行动，作为其中一部分，布尔日开始从其他学院挖角，找一些有名的学者，用高薪来弥补学院本身声望不高的缺陷。阿尔恰蒂就是从阿维尼翁被高薪聘请过来的。但是不久以后，加尔文发现阿尔恰蒂对他的吸引力明显变弱，于是他于 1530 年 10 月返回奥尔良。

在奥尔良和布尔日学习民法，使加尔文能与人文主义运动的主要组成元素发生最直接的联系。如果说这次邂逅仅仅使加尔文对法律的理论基础和法典编纂的实用性有所洞察，那实在是低估了它的重要性。毫无疑问，加尔文后来应邀帮助日内瓦编纂"法律和法令"时，他足以运用他的古典罗马民法（*Corpus Iuris Civilis*）知识作为合同、财产法和司法程序的典范。[13]和那被高薪挖到布尔日的阿尔恰蒂一样，加尔文既是人文主义思想家又是有实践经验的律师。比代的文学作品表达了一个信念，即所有的古典遗产，不仅仅是法律制度和条文，都对现代有极重要的借鉴意义。以比代为代表建立的法律与文学（*bonae litterae*）之间的联系，给加尔文展示了一个人文主义价值观、方法和资源的世界。除了 1514 年的《论古代度量衡与货币》（*De asse et partibus eius*）、1529 年的《希腊文宝库注释》（*Commentarii graecae linguae*）和 1508 年的《学说汇纂前 24 章评注》（*Annotationes in quatuor et viginti Pandectarum libros*），比代还出版了与新约圣经有关的著作，以及追溯从希腊智慧到基督教信仰发展过程的非凡著作《论希罗主义到基督教的过渡》（*De transitu hellenismi ad Christianis-mum*）。这部作品为基督教人文主义的基本原则作了全面的辩护，提出学习古典遗产是接受基督耶稣福音的恰当准备。加尔文在伟大的 1559 年版《基督教要义》中，采用类似的方法，让西塞罗（Cicero）把读者从古老的自然信仰，领到基督耶稣的上好福音上。[14]

也许可以把加尔文的方法看成当时最伟大的圣经注释。这源自于他在奥尔良和布尔日的先进氛围中学习法律。所有一切都表明加尔文从比代那里领会到，首先必须成为一个有能力的语文学者，直接接触原文，并在语言的上下文和历史的具体情景中解释它，最后再把它应用到当代的需要中。然而，加尔文首次公开使用这样的方法，不是针对圣经，而是塞涅卡的一部次要作品。

60

塞涅卡注释

1531 年初，加尔文毕业于奥尔良大学，获得法学学士学位（*Licencié ès lois*）。我们可以发现加尔文自学习法律起，就没有显示过要当什么"法学家"（*Légiste*）的野心（正如我们先前提到的，他去学法律，最初是他父亲的决定）。而他自己向往的是修辞学和文学，以及这一切所带来的声望。1531 年 6 月回到巴黎以后，他拾起 1530 年在奥尔良做法律学生时就开始的一项学术工作，并计划完成这项工作。学习法律使加尔文爱上文学。大概是想成为一个人文主义学者，加尔文花费了两年时间给塞涅卡的《论仁慈》写注解，并于 1532 年 4 月自费出版。加尔文不了解虚荣的出版界，他很快发现自己所做的是件冒险的事：出版的书由于缺乏市场价值，导致经济上的困难，他被迫向朋友借钱，比如尼古拉斯·科普（巴黎杰出的内科医师，也是学者纪尧姆·科普的儿子）和尼古拉斯·杜·谢明（Nicolas du Chemin）。[15] 加尔文还试图利用自己在奥尔良的名声，劝说讲师们提及他的作品，说服出版代理腓力·罗尔（Philip Lore）储备不少于 100 册的书。[16]

加尔文选择详细解释的那篇论著，已经被鹿特丹的伊拉斯谟收在 1515 年版的塞涅卡作品中。那个时候，伊拉斯谟全神贯注于哲罗姆的著作和新约圣经上，他花在塞涅卡作品上的时间和精力，很可能不足以写出一部好作品。基于对这个工作的不满，他于 1529 年 1 月出版了一个改进版。正是这个改进的版本引起了加尔文的注意，也许是由于在序言中，伊拉斯谟诚恳地邀请更有才能和时间的人来改善他的工作，但这显然是个招惹是非的祸端。也许这件事刚好表明了加尔文的不成熟，当别人都聪明地避开时，他却为了给文学界增添一份更令人满意的答卷，接受了挑战。[17]

这是一个毒杯。可以说加尔文的专业文学生涯开始并结束于这项工作。虽然塞涅卡注释没有让加尔文交上好运，但是加尔文的声望其实也无需它来成就。公平地说，如果加尔文的职业生涯一直朝这个方向发展，他的成就至多不过使他的名字被某部古典学术史的脚注稍作

61

提及，最终将理所当然地渐渐趋向湮没，销声匿迹。这部作品引用了55 位拉丁作者和 22 位希腊作者的作品，证明它牢固地建立在历史、文学和文化经典之上。[18]但如果知道上述大部分引言来自现成的版本，比如奥拉斯·哲利阿斯（Aulus Gellius）的《阿提卡之夜》（*Attic Nights*）或比代的《希腊文宝库注释》，那也就表示了加尔文的文学成就，不过堪比一个会查找《牛津引用语字典》的人[19]，而上面提到的数据也许就不那么令人印象深刻了。不过，即使加尔文的材料并不是原文，在处理上他仍然表现得机敏过人同时极富创造性。

然而，也许更重要的是，注释也表现出加尔文在使用文字时，注重文雅的劝说艺术。透过这部早期作品，我们依稀可见未来的加尔文——一位熟练地掌握人类语言的修辞学家，而他将用这样的语言来传达上帝的话语。加尔文经常会在文章中穿插一些特别贴切的例证、漂亮的措辞、雅致的表达方式或者仔细斟酌过的合适字眼（他甚至偶尔会挑剔塞涅卡散漫的风格）。他热情地关注交流是否自然流畅，听者和说者、作者和读者之间是否能够沟通，这些都能在整部作品中获得证明。盎格鲁—撒克逊人可能不喜欢"修辞"这个术语，却更愿接受"交流理论和技巧"这样的表达方式。不过，两个术语指的是同一个原则，加尔文早在 20 岁出头就证明他掌握了这个技能。在他日后的改革斗争中，这门学问成为他夺得卓越胜利的武器。

虽然一些注释学家认为塞涅卡的注释，蕴含了改革巨树生命的小小芥菜种，然而这个论断可能仅适用于加尔文所运用的方法，而不适用于这些方法所带来的结果。在这部作品中，他首先考虑的，显然就是措辞而不是实质内容，在这样一部内容无趣，又模仿他人的作品中，对措辞的注重也许是最新颖独创的元素了。在作品中，我们发现加尔文通过对语文学的解释，然后用语法和修辞解释词语之间的关系，确定一个词或词组的意思。更加精细的解释，是通过列举其他古典资源中的术语和词组的相近用法，同时也从塞涅卡其他作品中援引举例。作品中对拉丁文术语和词组的高明解释比比皆是，令人印象深刻的希腊词语的词源说明点缀其中。这部作品给人的总体印象，就是作者是一个非常关注词语和语言的人，虽然相形之下，这些语言和词语所传达的观念似乎已退居其次。如果说加尔文对其严谨创作的成果显得缺乏兴趣，可能也是因为此刻的他过分关注方法，忽略实质。加尔文同样耐心地注意如何使自己的文章溶入文学和历史的背景之中，这一点使他的讲道和圣经注释工作更为成熟。不过，在后面的这些工作中，加尔文显得对实质更加关注、着迷，甚至迷恋。加尔文对圣经内容表现出一种明显的投入和实实在在的关注，这显然是他写作塞涅卡注释时那种呆板的探究所缺乏的。

1532 年 5 月中下旬，加尔文离开巴黎前往奥尔良。他的目的大概是要完成他的法律学习。在 1533 年 5 月至 6 月间，他在奥尔良的皮卡第大学（Picard Nation）担任年度代理视察官（*substitut annuel du procureur*）。[20]虽然对于这个职位的确切性质并不清楚（好像是名誉行政职务），但是授予的任期却跨越 1532 到 1533 整个学年。那一学年后，加尔文回到自己的故乡努瓦永：他在 1533 年 8 月 23 日参加了一个大教会的会议。[21]两个月后，他出现在巴黎。

1533 年的巴黎

在许多方面，巴黎的情形映射出加尔文第一次在那里学习时的情形：那就是对任何疑似信义宗（Lutheran）的观念，或任何有疑问的正统存在强烈的敌意。[22]1530 年 4 月 30 日，神学院（the faculty of theology）把"没有希腊文、希伯来文或其他类似的语言，将无法正确理解圣经"的说法谴责为可耻的造谣。[23]人们普遍认为这个决定旨在削弱那些阅读皇家学院（Collège Royal）作品的读者的权威，这个学院［包括纪尧姆·比代、尼古拉斯·科普、皮埃尔·丹尼斯（Pierre Danès）以及弗朗索瓦·瓦塔博（François Vatable）］后来成为法兰西学院（Collège de France），一个坚持经院哲学老路的大学、人文主义的堡垒。1532 年 2 月 1 日，神学院声讨了艾蒂安·勒·科特（Etienne Le Court）提出的一系列颠覆性教义，包括他提出的"现在上帝的愿望是圣经要用法语写，妇女接管主教的职责，主教接管妇女的职责，妇女要传讲福音，而主教和小姑娘们要一块说闲话（*broderont*）"。[24]神学院觉得这远远超越了他们对正统的理解。

然而，从 1528 到 1535 年，是神学院非常艰难的时期。1532 年，长期公开批判神学院的让·杜·贝莱（Jean du Bellay）被指定为巴黎主教。这段时期，神学院和巴黎最高法院之间发展成冷战状态。国王和神学院的关系也很紧张。神学院在亨利八世的离婚问题上败给了法兰西斯一世，而且警觉地注意到随着国王母亲的去世，具有新教思想的纳瓦尔王后玛格丽特（Marguerite of Navarre）对法兰西斯的影响日渐加深。在玛格丽特的保护下，福音使者杰拉德·鲁塞尔（Gérard Roussel）在 1533 年的大斋期（Lent），招聚了大批的群众听讲道。不久之后，其他的传道人开始模仿他的风格和主意。1533 年 3 月 29 日，因为担心鲁塞尔的影响力，神学院指令六名成员讲道，以反对"信义宗错误和邪恶的教条"。[25]这个行动只取得非常有限的胜利，却使得神学院在巴黎教区牧师的授权下，设置了一个智囊团，目的是为起诉鲁塞尔的异端邪说打好基础。那一年的 4 月，鲁塞尔的讲道受到一些听众非比寻常的注意。然而，国王却意识到这一异端审判，很可能也意味着将对鲁塞尔的资助人玛格丽特不利（她当时正怀孕）。1533 年 5 月 13 日，国王下令驱逐在巴黎的神学院理事（faculty syndic）诺埃尔·贝迪埃（Noël Bédier）和鲁塞尔的某个批评者（理事一职是 1520 年 5 月 5 日设立的，因为人们认为担任院长和副院长高级职位的任职者工作效率低下。贝迪埃应邀担任理事，有效地管理神学院。他实质上担任这个职位直到 1533 年）。

64

这一行动被认为是对神学院决定性的打击。然而，神学院很快选举出一个新的理事，而且在 10 月公开谴责玛格丽特的诗作《罪恶的心镜》（*Miroir de l'âme pécheresse*）。他们争辩说印刷商没有按最高法院的规定将作品提交给神学院审核，许多人会认为，这似乎是有意报复国王。[26]在 10 月 1 日，纳瓦尔学院（著名的神学院大本营）演出的学生剧使更多人抱有这种想法并深信不疑。在剧中，纳瓦尔的玛格丽特被刻画成一个对读圣经发狂的家庭主妇。加尔文在给他的"兄弟和好朋友，奥尔良律师弗朗索瓦·丹尼尔先生（François Daniel）"的一封信中，将这些事件娱乐消遣了一番。[27]在这封信中，加尔文很隐蔽地，密谋般地提到"M. G."，其赞赏的语气表现出加尔文对杰拉德·鲁塞尔先生的福音观点是抱同情态度的[28]，因此也表明加尔文与鲁塞尔所参与的温和改革至少在一定程度上站在同一战线上。

所以，1533 年 10 月底，围绕巴黎的改革氛围，流露出若干冲突迹象。神学院不论是对信义宗还是对人文主义都保持着一贯的敌对态度；然而，它的力量好像临时消减了。另一方面，国王也许由于日益倾向于接受纳瓦尔的玛格丽特的亲福音观点，因而显得似乎十分欢迎温和改革主义者的观点，如勒菲弗尔和他的弟子鲁塞尔等人的观点。这些人虽然热情而明显地关注天主教会的灵性光景，但他们认为自己被召是要从内部做更新教会的工作，他们并不是后人所理解的"改革者"。[29]那些赞成改革的人也许容易被这些正面的迹象所诱惑，而没有注意到更多的不祥信号所传达出的强硬的反福音运动的气氛。1533 年秋，新近当选为巴黎大学校长的尼古拉斯·科普[30]选择以教会需要改革和内部更新，作为他就职演说的主题。结果表明这是一个灾难性的判断错误。

万圣节演说

1533 年 11 月 1 日，科普按照惯例发表了标志着新学年开始的演说。自从 1580 年西奥多·德·贝扎（Théodore de Bèze）在日内瓦领导编纂工作，并发表权威性的《法国宗教改革时期教会史》（*Histoire ecclésiastique des églises réformées au royaume de France*）之后，人们谈及加尔文在巴黎的那段时期，就会说这个演说是在"马蒂兰教堂"（church of the Mathurins）发布的，这已成为传统的说法。[31]虽然按惯例演说确实应在圣马蒂兰（Saint-Mathurin）三一修道院的小礼拜堂进行（这里也是神学院定期召开会议的地点），但 1533 年的会议地点，事实上是在法兰西斯会（Franciscan Observantines）的小礼拜堂，当地人把法兰西斯会修士称为束腰绳修士（Cordeliers），因为他们腰上系着一条打结的绳索。〔1533 年 12 月 9 日，罗德里格·曼里克（Roderigo Manrique）写给路易·伟（Luis Vivés）的信，清楚记载了这次会议。[32]这也解释了为什么束腰绳修士会第一个声讨科普的演说，否则人们会对此感到困惑。〕

演讲引起了轰动。[33]虽然它的提议是温和的〔反映了与杰拉德·鲁塞尔观点相似的法布理西安（Fabrisian）态度]，神学观点是派生的（有些是从伊拉斯谟和路德那里吸取的，然而保持了很多传统的天主教元素，比如圣母马利亚的祈祷），但是听众还是认为演讲内容放纵、具有攻击性。反应强烈是一个历史事实，然而，强烈程度却令人费解，因为演说词中没有任何迹象表明作者遵循着当时的改革原则。事件发生的一个月内，曼里克用文字描述了此次演讲在巴黎各个阶层所激起的愤怒。[34]纳瓦尔的玛格丽特为支援科普而介入此事，却徒劳而返。[35]科普之前的前任校长是葡萄牙学者安德里亚斯·德·戈维亚（Andreas de Gouveia）。11 月 19 日，他接替科普出任校长。第二天，科普被要求前往大理院（parlement）。虽然当时他还在巴黎，但是他并没有在大理院出现。[36]12 月 13 日，法兰西斯一世从里昂写信，生气地下令逮捕那让科普从巴黎逃脱的失职官员。[37]

这个就职演说还存留两个副本：第一个出自加尔文的手笔，有几页丢失了；第二个是一份 16 世纪的手稿，包含就职演说的全部内容，但有几处不恰当的语法反映了这是一个不知来源的粗糙文本。[38]将第二个文本的笔迹与科普于 1534 年 4 月 5 日写给马丁·布塞（Martin Bucer）的信比较，显示了完整的版本是科普本人所写的。然而，这与演讲的原始版本却有所出入。首先，手稿的用纸是一种来自上莱茵兰地区（Upper Rhineland），也许就是来自巴塞尔的纸张（表明科普是在 1534 年被流放到当地时写就的）；斯特拉斯堡的档案保管员让·若特（Jean Rott）发现一封德国人文主义者迈科尼乌斯（Myconius）在 1539 年 11 月 9 日，从巴塞尔写给斯特拉斯堡同事的信，纸张上的鲜明水印和斯特拉斯堡文件第三、四页上的水印，是一样的。其次，研究两个现存版本之间的文字差异可以发现两个版本都是已丢失原件的副本，日内瓦的那份文件更好一些。

加尔文在 1533 年 11 月的中下旬也选择离开巴黎去往某地。[39]在12 月初，他觉得可以回去了[40]，但是为什么加尔文在科普事件之后觉得必须逃离巴黎呢？没有什么同时期的资料能说明他是科普煽动性演讲稿的作者，或者与其有任何蛛丝马迹的牵连（德·贝扎于 1575 年出版的加尔文传记修订本中首次暗示这篇演讲稿是由加尔文亲自操刀的，但无确实证据）。在一定程度上，问题并不难回答：科普事件后，当局采取行动至少对付了50位对"信义宗"抱同情态度的人，加尔文如果留在巴黎，毫无疑问将不能幸免。然而，还有一个更大的可能性：加尔文确实为科普写了演讲稿。这个可能性的证据虽然只是提示性的，但并非含糊不清。如果确是加尔文写的，那说明他往后的风格，在当时尚未成型。将演讲稿算在加尔文头上，实在有损加尔文在文学和神学上的名誉。演讲稿显明了某些神学态度，但并不是这位改革者后来所持有的态度。然而，在更早的时期，当加尔文看起来是赞同较温和的法布理西安改革观念时，没有什么特别原因可以排除他持有这样的神学立场。无论如何，问题依旧存在：为什么加尔文要亲自抄写演讲稿？它与加尔文有什么联系，值得他亲自动笔？文件的存在至少说明在加尔文的思想中，这个演讲稿肯定是与他自己的信仰结构有联系的，甚至反映了他的信仰结构。

　　然而，有关加尔文信仰结构的中心问题牵涉到他从人文主义到改革者的转变。他从何时脱离了温和的法布理西安改革方案，转而采用和他的名字紧密相连的更加激进的改革方式？是什么想法使他作了这个决定？要回答这些问题，我们就要看看加尔文的"突然转变"——一个似乎翻天覆地的决定（因为它如此突然，并且影响深远），这个决定使加尔文义无反顾地走向改革事业。

注释

[1] 这个词组是德·贝扎的创造：*OC* 21.121-122。搬到奥尔良的日子存有争议，关于这方面的讨论，参见 Parker, John Calvin, pp. 189—191。

[2] *OC* 21.29，54，121.

[3] A. E. McGrath, *Intellectual Origins of the European Reformation* (Oxford/New York, 1987), pp. 125—127.

[4] 关于近期对文艺复兴时期人文主义性质的研究，参见 McGrath, *Intellectual Origins of the European Reformation*, pp. 32—68。

[5] P. O. Kristeller, *La tradizione aristotelica nel Rinascimento* (Padua, 1972)。

[6] 同上，'The European Diffusion of Italian Humanism', 载于 *Renaissance Thought II: Humanism and the Arts* (New York, 1965), pp. 69—88。

[7] P. Bietenholz, *Der italienische Humanismus und die Blütezeit des Buchdrucks in Basel* (Basle, 1959).

[8] R. Stupperich, 'Das Enchiridion Militis Christiani des Erasmus von Rotterdam', *ARG* 69 (1978), pp. 5—23.

[9] 此后发生的事，参见 *McGrath*, *Intellectual Origins of the European Reformation*, pp. 122—139。

[10] Hall, '*Calvin*, *the Jurisconsults and the Ius Civile*'.

[11] G. Kisch, *Humanismus und Jurisprudenz: Der Kampf zwischen mos italicus und mos gallicus an der Universität Basel* (Basle, 1955), pp. 9—76.

[12] 关于加尔文可能受到的影响，参见 R. Abbondanza, 'Premières considérations sur la méthodologie d'Alciat', 载于 *Pédagogues et Juristes* (Paris, 1963), pp. 107—118。

[13] 草稿参见：*OC* 10a. 125-146。

[14] Grislis, 'Calvin's Use of Cicero in the *Institutes* Ⅰ: 1—5'.

[15] 参见 *OC* 10b. 16-17, 19-20。

[16] *OC* 10b. 19-20, 20-21。参见 Battles and Hugo, *Commentary on Seneca*, pp. 387—391。

[17] 请注意这个大胆的建议（*OC* 5. 32）：'errat tamen Erasmus'。

[18] J. Boisset, *Sagesse et sainteté dans la pensée de Calvin* (Paris, 1959), p. 248.

[19] 加尔文在后期的职业生涯中，也以类似的方式大量引用早期教父的著作。例如 Hermann Bodius 的 *Unio Dissidentium* 一书，在 1527—1602 年经常被翻印，加尔文很可能从中或从类似书籍中引用了一些早期教父的著作。

[20] Doinel, 'Jean Calvin à Orléans'.

[21] Lefranc, *La jeunesse de Calvin*, p. 200.

[22] 后续情况参见 Bourrilly and Weiss, 'Jean du Bellay, les protestants et la Sorbonne, 1529-1535'。

[23] Duplessis d'Argentré, *Collectio judiciorum* 2/1, p. 78.

[24] Duplessis d'Argentré, *Collectio judiciorum*, 2/1, pp. 96—97。"Broder" 也正好与 "embroider" 之意相同。

[25] Paris, BN MS N Acq Lat 1782 fols 259v-260r.

[26] Paris, BN MS N Acq Lat 1782 fols 265v-269r, 暗示神学院坚持自己并未主动批判该诗作，他们争辩说责难之所以发生是因为她的出版商未能遵守现行的规则。对于这些事的不同解释，参见 F. M. Higman, *Censorship and the Sorbonne: A Bibliographical Study of Books in French Censured by the Facul-*

ty of Theology of the University of Paris，1520-1551（Geneva，1979）。

[27] *OC* 10b. 25-26. "pridie Simonis" 应该解释为 "圣西门节前夜"，即 10 月 27 日。后来，科拉顿的传记（*OC* 21.123）提出加尔文在此期间住在巴黎大学霍地学院（Collège de Fortet）（*Gymnasium quod Fortretum vocant*）。

[28] Ganoczy，*The Young Calvin*，pp. 77—78.

[29] A. Renaudet，*Préréforme et l'humanisme à Paris pendant les premières guerres de l'Italie 1496-1517*（Paris，rev. edn，1953），p. 210.

[30] 根据 Du Boulay，*Historia Universitatis Parisiensis* vol. 6，p. 238，他于 10 月 10 日就职。

[31] 例如：Wendel，*Calvin*，p. 40。

[32] H. de Vocht，*Monumenta humanistica Lovaniensia*（Louvain，1934），pp. 434—441，尤其是 p. 438。

[33] 演讲原文参见 Rott，'Documents Strasbourgeois'，pp. 43—49。

[34] 关于书信的全文及大量注释，参见 De Vocht，*Monumenta*，pp. 430—458。

[35] 这出自 Jacques Colin 于 12 月 11 日给让·杜·贝莱（Jean du Bellay）的一封信；参见 Bourrilly and Weiss，'Jean du Bellay, les protestants et la Sorbonne'，pp. 218—219，n. 3。

[36] 参见 Manrique：De Vocht，*Monumenta*，p. 440。

[37] Paris，Archives Nationales MS X 1537 fol. 29r.（国王很可能将科普和皮埃尔·科努混淆了，"Recteur" 应该念作 "docteur"。参见 Rott，'Documents strasbourgeois'，p. 35，n. 39。）请注意早先对最高法院的命令，要求积极公诉 "该定罪的信义宗"（fols 28v-29r）；在国王的头脑中，科普和这个组织有明确的关系。

[38] 细节参见 Rott，'Documents strasbourgeois'。

[39] 在他于 1534 年 1 月 18 日给弗朗索瓦·丹尼尔的信中，似乎暗示了这一点：*OC* 10b.15-16（1532 年的出版日期显然不正确）。

[40] 见加尔文 1533 年 12 月 27 日给丹尼尔的信：*OC* 10b. 11-12。

4

从人文主义者到宗教改革家： 归信

　　基督教信仰的核心主题，是指这样一个概念：大罪人可能往往透过一次富戏剧性的归信（conversion）得蒙拯救，而不再刚愎自用。保罗和奥古斯丁这两位西方基督教奠基者都曾拥有过这种被后世视为典范的归信经历。[1]然而，所谓"归信"，重点并不只是思想或者内心突如其来的改变，慎重而确切来说，所谓"归信"是指在这种重大转变的背后，我们可以看到上帝的手。归信就是归向上帝，并由上帝完成。保罗在前往大马士革路上的经历（使徒行传 9：1—19），表明保罗与后来的早期基督徒圈子，皆清清楚楚地感知上帝对明显没有前途、冥顽不灵的人的影响力。保罗（或者大数的扫罗，我们在这阶段应当这样称呼他）自认为自己义无反顾应与基督教誓不两立。而他随后的转变却又是如此巨大强烈，以至于保罗只能认为那是由于上帝的插手和干预。

　　在宗教改革运动越发势不可挡之际，人们日益倾向于认为中世纪天主教会和被掳后的犹太教（post-exilic Judaism）最糟糕的几个方面很相似。天主教岂不是也教导人靠行律法称义吗？而这不正是保罗眼中犹太教最大的神学误区吗?[2]一方面，中世纪天主教和犹太教有相似之处，另一方面，福音主义和新约基督教也有相似之处。保罗正好象

征着犹太教走向基督教的重大过渡，因此他的归信也可以对应于一个
在 16 世纪与自己的天主教背景一刀两断，从而笃定、坚决地投身于宗
教改革运动的人。16 世纪 20 年代或 30 年代，没有人生来就是福音派
信徒：一个人若要成为福音派信徒，就必须下定决心与过去断绝关系，
就像基督教最早期的犹太人归信基督教的经历一样。奥古斯丁笔下坚
定的归信经历，感染了宗教改革运动家。奥古斯丁逐渐从异教迷信中
觉醒（在宗教改革运动家看来，事实就是如此），最终坚决地改变人生
方向，全然接纳福音；宗教改革运动家走出中世纪教会的宗教迷信，
重新发现福音，这两个信仰历程难道不是很相似吗？

　　"归信"一词因此大大暗示并意味着基督教历史长河中的重大事件
与标准模式。加尔文就像一个谴责个人崇拜的人一样，很少提及自己
的宗教历程。他的著作当中，实际上只有一段话可能如实地记录了他
决定与自己的过去一刀两断，那就是 1557 年的《〈诗篇〉注释》（*Com-
mentary on Psalms*）中的序言。[3] 从他将自己与中世纪教会的决裂描写
成"突如其来的归信"（*subita conversio*）来看，他无疑认为自己的归
信与上述震撼人心的归信经历别无二致。"归信"指的不仅是个人内心
的宗教经历，也指人对于宗教组织的忠诚方面发生外在的、看得见的
彻底变化。加尔文在描写自己作为宗教改革运动家的使命是如何发展
而来时，声称自己曾经"是如此全心全意地迷信教皇"，以至于除了上
帝的作为之外，没有什么能解救他脱离这样的境地。[4] 他是如此"冥顽
不灵"，无法迈向自由，甚至可能甘于沉溺在天主教信仰那舒适又熟悉
的泥潭之中。他以一系列简洁的比喻，将自己的境况描绘成固步自封、
不能甚至也不愿获得自由。如果他想要从中世纪晚期的宗教迷阵中得
释放，那么外来的干预是必要的。他运用一个骑马的比喻，将上帝在
此阶段对他所做的比喻成骑手透过缰绳来引导马的方向。"最终，上帝
借着他的护理这一无形的缰绳［*frenum*］改变了我人生的方向……透
过一次突如其来的归信［*subita conversione*］使我顺服，上帝驯服了一
颗长久以来冥顽不灵的心。"[5]

　　加尔文此处的措词阐明了他的神学思想与他对自己的宗教经历的
理解。上帝在字里行间都被刻画成主动的一方，而他则是被动的一方。
上帝采取行动，他则承受这些行动。苏黎世的宗教改革家茨温利

(Huldrych Zwingli) 在 1519 年所写的一首诗中，也表达了类似的认
71　知。茨温利在诗中追忆由于一场瘟疫使全城深受其害，当时自己危在
旦夕。他是生是死完全悬于上帝之手。茨温利叙述，自己感到彻底无
能为力；他不再是自己灵魂的船长，而是上帝手中的小玩意、有待塑
造的泥土、有待破碎的器皿。[6]结果，上帝的护理与全能这两个概念在
茨温利的思想中占据中心地位，有着生死攸关的重要性。令他奄奄一
息的疾病使上帝的护理这一概念更显活力并有重大意义。护理不再是
某种抽象的概念，而是令茨温利最终起死回生的一种不可忽视的力量。

　　加尔文叙述自己归信时那简短又艰涩的文辞，既表明事实又高深
莫测。它清楚地表明加尔文认为自己已被上帝拣选，获得颇为明确的
能力、在颇为明确的地方蒙召以侍奉上帝，尽管关于这个能力和地方
至今仍没有详细说明。[7]我们必须强调的是，加尔文对神圣使命的认
知，决不能视为是加尔文自高自大的表现：从他对人与上帝相交的条件
的理解，就可看出他不可能有这种自高自大的态度。年轻的加尔文附
和路德因信称义这一教义的核心思想：上帝呼召那些不义的、被人唾弃
的、一蹶不振的、世人眼中既愚蠢又软弱的人。从人的标准来看，蒙
上帝呼召几乎标志着一个人的彻底失败。加尔文对自己归信经历的记
述，和他对保罗的归信经历的评价之间有重要的相似之处。[8]这点表明
加尔文认识到这两个事件在历史与宗教方面有着相似之处。

　　然而，谜团依然存在。诚然，加尔文对自己归信的记述所引发的
谜团，与所解开的谜团一样多。"上帝的护理"使用的历史媒介和人
类媒介是什么？加尔文对自己使命的认知和他的归信之间有什么关
系？加尔文是在归信之前、归信期间还是归信之后察觉到自己蒙召成
为福音使者以侍奉上帝？1557 年版的《〈诗篇〉注释》序言中惜墨如
金的叙述，表明这两者可能是同时发生的。然而，难道不可能是年事
已高的加尔文将长时间发生的事件压缩成一个瞬间的动态事件吗？年
迈的路德在回顾自己归信 30 余年后，在信仰上顿悟的伟大瞬间时，
显然在本质上压缩了历史。在信仰上的顿悟实际上可能历时若干年，
72　从文辞中看来却仿佛是透过一次震撼人心的光照就已形成。[9]难道就
真的没有可能，加尔文是由于记忆被理论影响，或被奥古斯丁或保罗
的模式影响，而做了同样的事？

卡诺奇（Ganoczy）以某些理由表明，加尔文提及的"突如其来的归信"，并不是对其早年生涯的历史叙述，而是对其早年生涯的神学评论。[10]有很多很好的理由足以让我们看到，加尔文有意以自己的人生作为例子，从而证明一种普遍现象，即上帝介入人的生活虽然只在霎时间，但却会带来决定性的影响。加尔文没有暗示，也一直没有明确地说明特定的时间顺序。"突如其来"（subita）一词包含无法预料、无法预知、无法控制的意味，而这些都是晚年的加尔文眼中上帝工作的主要方式。谈到自己的归信，加尔文无意从历史的角度来告诉我们他的归信经历，只是希望向我们说明他与基督教世界中那些伟大的"重生"人物别无二致，上帝改变了这些男男女女的人生轨迹，好使他们大大地服侍他。

尽管如此，如果想要揭开加尔文"突如其来的归信"之谜，不管诉诸历史的成功率多么有限，但试图这么做还是不可避免的。虽然加尔文显然很不愿意阐明他的这段经历何时出现于人类历史长河之中〔他显然比较喜欢"从永恒的角度"（sub specie aeternitatis）来探讨这个问题〕，但是探究加尔文一生中的这一阶段，却十分符合上述令人欲罢不能的自传式回忆所描述的转变模式。

正如前文所提，加尔文在 1533 年 11 月科普（Cop）事件的余波中不得不离开巴黎。当时，他还是一个温和的法布理西安宗教改革运动家。我们不清楚他在哪里避难。实际上，他在 12 月的某天回到巴黎。然而，由于城中的情况不断恶化，加尔文认为不露面是明智之举。1534 年初，加尔文在昂古莱姆（Angoulême）的教士兼克莱克斯（Claix）的教区长路易·杜·蒂利特（Louis du Tillet）的家乡圣东日（Saintonge）定居。杜·蒂利特谨慎地接待了他的朋友，显然是基于加尔文对文学有着人文主义式的热爱，而不是基于其宗教观。根据一份近现代资料，杜·蒂利特家族在昂古莱姆拥有一所几千册藏书的图书馆。[11]当时，加尔文已完成但未发表的著作《灵眠》（Psychopannychia），驳斥了重洗派关于人死时灵魂进入睡眠状态的教导。这本著作展现了早期基督教作者的精确，而且还是第一手资料，这意味着加尔文当时曾使用一所功能优良的图书馆。其他文献表明加尔文在昂古莱姆期间曾接触一些具有宗教改革思想的人。1572 年圣巴多罗买大屠杀（Saint Bartholomew's Day Massacres）的遇难者之一皮埃尔·德·

拉·普莱斯（Pierre de la Place），于 1550 年左右致信加尔文，信中尽在回忆两人在昂古莱姆的深厚交情。[12]

虽然如此，没有证据证明加尔文此刻已经与自己后来口中的"教皇迷信"一刀两断。在这一关头，加尔文已有宗教改革的思想。虽然他与法国教会中的许多人看法一致，却没有迹象显示他与这教会已一刀两断。正如弗洛摩德·德·雷蒙德（Florimond de Raemond）所说，加尔文"仍然戴着天主教的面具"，"他讲道、祷告或者敬拜都没有违背天主教的习俗"[13]。此外，《灵眠》也不包含反天主教的内容。我们甚至很难在这本著作中找到蛛丝马迹，说明作者不久前才相信自己原先持守的天主教习俗是有错误的。

尽管如此，努瓦永教堂会议档案文件中有一条简明的记录，也许可以表明加尔文人生的分水岭。1534 年 5 月 4 日，加尔文辞去拉热辛教会牧师一职，这一职位已由一位新的享有圣俸的人接任。[14]辞职这件事，标志着加尔文与天主教教会的决裂。也许加尔文决定辞职，是因为他恍然醒悟什么才是宗教真正的本质，他当下认识到拉热辛教会是既腐败又违背福音的教会，这使他再也无法允许自己享用这样一所教会的圣俸。这种说法在一定程度上可能是对的，但遗憾的是，加尔文本身以及其早期传记作者皆绝口不提这件事。如果这件事因为公然说明加尔文与天主教会一刀两断，所以对他们而言意义非凡的话，那么他们自始至终不寻常地绝口不提此事，就必须得到解释。无论如何，假定加尔文此时已下定决心，与拉热辛教会割断剩余的长久联系，由此说明加尔文的"归信"在他辞职不久前发生，这是言之成理的。然而可悲的是，这也只是一个推测而已。

一些较近期的加尔文传作者，基于努瓦永教堂会议档案中记录了加尔文辞职一事而作出的有分量的解释，可能是因为误读了三周以后发生的事件。5 月 26 日的努瓦永教堂会议档案记载了一个名叫"让·科文"（Iean Cauvin）的人由于在三一主日（Trinity Sunday），在教会里造成骚乱而遭监禁。[15]这会不会是加尔文因为不满当时的教会而公开抗议呢？这个人于 6 月 3 日被释放，两天之后再度入狱。然而，这样解释此事，看来是出于错误地判断了这个人的身份。努瓦永公告上清

清楚楚地记录遭监禁的"加尔文"有个别名叫穆迪（Mudit）。[16]换言

之，这份公告上写着"别名为穆迪的让·加尔文"（*Iean Cauvin dict Mudit*），是为了区分这位加尔文与短短三周之前曾在这座城市的编年史上留下重要印迹的加尔文。值得注意的是，加尔文曾于1545年写信给一位同事，信中他指出因为自己从未遭监禁而赞美上帝。[17]如果加尔文真的曾经因为犯了这么不合情理的罪行，而遭当权者囚禁，那么反对加尔文的努瓦永人不可能绝口不提这件事。

我们不清楚加尔文在努瓦永之后发生了什么事。科拉顿（Colladon）提及他在纳瓦尔王后玛格丽特的宫廷渡过一段时间，随后在巴黎和奥尔良也住过一段时间。[18]根据科拉顿所说，加尔文在巴黎时曾打算与米歇尔·塞尔维特（Michael Servetus）见面。我们叙述加尔文后来在日内瓦期间，塞尔维特是将会提及的一个重要人物。基于加尔文在巴黎时处境危险，所以他们事先约好在位于圣安东尼街（Rue Saint Antione）的一个安全地点见面。然而，遗憾的是塞尔维特没有出现。[19]不过，加尔文与塞尔维特大约20年后还是在日内瓦见面了。

同年秋末，福音运动的处境因为告示事件进一步恶化。纳沙泰尔（Neuchâtel）著名的改革派小册子作家安东尼·马科特（Antoine Marcourt）的举动震惊全国。10月18日星期天清晨，法国所有醒目的位置上皆张贴着猛烈抨击天主教弥撒的匿名告示。[20]在巴黎和某些乡镇，一些虔诚的天主教徒在去做弥撒的路上，被许多小型海报触怒，这些海报宣称"教皇制度下的弥撒带来可怕、巨大、令人不堪忍受［叫人忍无可忍］的弊端"。那些驻足阅读这四段辛辣尖刻文字的人，轻而易举就能看出它们对现有教会几乎毫不掩饰的威胁。福音主义一夕之间被视为"造反之人的宗教"[21]，它造成了扰乱法国社会与破坏现状的威胁。迄今为止，政治机关虽然捍卫正统的天主教，但他们却明显缺乏热忱。如今经常有人认为政府机关的举措是为了维护政治和社会的稳定。新的同盟出现了，新的联盟结成了：一夜之间，在巴黎，成为福音派信徒与承认自己是福音派信徒变成一件愚蠢的事。成为一个福音派信徒，就会被视为破坏分子，甚至是卖国贼。

法兰西斯一世可能是被告示触怒的读者之一。那个星期天，在昂布瓦斯城堡中一觉醒来的法兰西斯一世，在卧室外面发现了一张告示。保安措施的不足与这张告示的宗教性内容可能同样惹怒了他。法兰西斯一世就回到巴黎，开始疯狂地迫害一切涉嫌支持福音主义的人。然而，即便是在他抵达巴黎之前，逼迫之火已经点燃。

从这些事件与加尔文回想自己的宗教定位当中，我们可以看出一种典型模式，即人对宗教的认知是从"认同"过渡到"虔诚"。[22]加尔文从这些事件中充分认识到自己形成中的宗教观点的重要性。这些观点不是在象牙塔中构思出来或争论的观点。相反它们带有倾覆帝国与城市之虞，并导致加尔文四面楚歌。加尔文的存在与其宗教信仰密不可分。在他自己与他人眼中，他的观点塑造了他。生命与思想、人与观点的合而为一，无疑始于他漂泊的年日。正是那时候，个人身份、神学及行为融为一体。

鉴于 1534 年 10 月的事件，加尔文认为离开巴黎是明智之举。科普已经在瑞士的巴塞尔市找到避难所，当时这座城市的为人称道之处就在于它既是文学中心，也是支持福音主义者的安身之地。[23]这次行程的花销不菲；加尔文此行与朋友杜·蒂利特同行，杜·蒂利特毫无怨言地负担了行程的费用。两人途经斯特拉斯堡，大约于 1535 年 1 月抵达巴塞尔。虽然加尔文现在很安全，但接下来他该往何处去？这次被迫流亡期间，他会做什么呢？

以马丁努斯·卢奇安努斯（Martinus Lucianus，变换"Caluinus"英文字母顺序而来）为笔名的加尔文，适应了流亡生涯。巴塞尔和斯特拉斯堡一样，都是讲德语的城市。对德语几乎一窍不通的加尔文，社交与文学交往的对象只限于那些说拉丁语或法语的人。曾经是主要的人文主义学术中心的巴塞尔大学，此时已经没落。因此，没有加尔文可以轻易接触到的学者圈。当时肯定或可能与加尔文有联系的人包括伊里·库如（Elie Couraud）、皮埃尔·卡罗里（Pierre Caroli）、克劳德·德·费雷（Claude de Feray）、纪尧姆·法雷尔（Guillaume Farel）、皮埃尔·图森（Pierre Toussaint）和皮埃尔·维若特（Pierre Viret）。[24]鹿特丹的伊拉斯谟曾经是世界文学界不可忽视的力量，闭门不出、身患重病的他在布赖斯高地区弗赖堡（Freiburg im Breisgau）度过五年，于 1535 年 5 月回到巴塞尔。伊拉斯谟于 1536 年 6 月去世；没有任何迹象显示伊拉斯谟与加尔文曾经私下会面。

尽管在巴塞尔的生活有种种限制，但加尔文还是充分利用他在这座瑞士北部城市的时间。他的流亡之地成了瞭望台，从那儿他能够观测各处发生的事。他能知道在日内瓦市发生的戏剧性事件，如宗教改革运动家维若特的中毒事件、福音派讲员轻而易举就胜过他们的天主教对手的那一场公开争论、200 人议会（Council of Two Hundred）于 8 月 10 日废除天主教的弥撒。在这里，加尔文也可以获悉在法国发生的悲剧事件，如他的朋友艾蒂安·德·拉·福尔热（Etienne de la Forge）于 1535 年 2 月 16 日被判处火刑，活活烧死。[25]加尔文可以看到福音派信徒被说成是带有煽动性与企图造反的重洗派（Anabaptist），不配与同为福音派的杰出的德国新教徒相提并论。[26]这在当时是极其敏感的指控：1525 年的农民战争（Peasants' War）让德国新教团体认识到重洗派作为激进的社会势力有多危险。重洗派最近在扬·范·莱顿（Jan van Leyden，1533—1535）的领导下占领了明斯特（Münster），这次事件最终通过武力围攻才结束。此次事件让德国新教团体证实了自己对重洗派的看法无误。正如德国王公认为处决重洗派是合情合理的，法兰西斯一世也觉得自己有绝对的权力处决国民中伪装成宗教改革运动家的煽动分子。

这就是法兰西斯一世强而有力的理由。他在巴黎担任主教的哥哥、自己的外交官纪尧姆·杜·贝莱（Guillaume du Bellay）的建议下，巧妙地利用这个理由。这种说法触怒了加尔文，尤其是因为他才刚写了一篇反对重洗派的论文。暗示福音派信徒其实志在政治而非宗教的说法，深深伤害了加尔文："这就是我发表《基督教要义》的理由"（Et ce fut la cause qui m'incita à publier mon *Institution de la religion Chrestienne*）。[27]加尔文对政治一窍不通，但却精通学术、头脑精明，因此他还是决定去做他唯一可做的事，那就是奋笔疾书（时间会证明加尔文的特性的确如此）。

虽然这部著作赶不及在 1535 年秋天的法兰克福书展上面世，但还是在同年的 8 月 23 日完成。[28]人们往往认为第一版的《基督教要义》（*Institutes*）是为了法国的福音派信徒而写，从而坚定他们对自身信仰的看法。虽然这种用意的确很可能激发加尔文开始构思《基督教要义》，但是我们却必须承认我们不清楚加尔文什么时候开始撰写这部著作。事实上，我们只要不看"前言"（prefatory letter）中的所有外交辞令和细枝末节，那么这部著作的最终形式就是为了截然不同的特定读者而写的：有关当局宣称他们迫害福音派信徒，是因为这些信徒与德国的重洗派别无二致。《基督教要义》的主旨就在于证明这种宣言愚蠢透顶。法国宫廷传出的言论目前在德国广为流传，这些言论激怒并刺痛了加尔文。因此他撰书强烈抨击那些将福音派比作"重洗派和煽动分子"的人。他提出的"极尽敬虔与人所必须认知的关于救恩论的一切事"，是为了证明那些宗教改革运动家的观点的正统性，从而使人不再相信那些为了政治目的（法兰西斯一世需要德国王公的支持来反对神圣罗马帝国皇帝查理五世），而设法把宗教改革运动家说成异端分子与极端分子的人。

然而，实际上这部著作带来的效果，大概与加尔文所预期的截然不同，但却未必让他大失所望。我们会在第 7 章与第 8 章详细探讨《基督教要义》。而在这阶段，我们只需指出单凭《基督教要义》，就可奠定加尔文作为享有盛名的宗教作家兼思想家的地位。

加尔文大概是在修改《基督教要义》的校样后，动身前往意大利的费拉拉市（city of Ferrara）。可能是当时的费拉拉公爵夫人——纳瓦尔王后玛格丽特的堂亲，她的福音主义观点吸引加尔文来到此地。一些法国福音派信徒显然认为费拉拉公爵夫人的宫廷，是告示事件余波中的安身之地。当中包括诗人克莱门·马罗（Clement Marot），他由一位名叫让内（Jehannet）的人陪同。让内是受难日（4 月 14 日）当天发生的一件事的中心人物。这件事危及许多在费拉拉宫廷避难的福音派信徒的地位，随时有在这宫廷掀起反对福音派浪潮的威胁。

整个宫廷及其随从（包括让内，也可能包括加尔文）聚在一起，参加受难日尊崇十字架的传统仪式。正值仪式的高潮，让内大步走出教堂，很显然是为尽可能吸引众人注意他的离去。被人盘问其反常与失态的举动时，让内宣告自己是福音主义的支持者，言下之意显然是在告诉宫廷里其他不知情的人：公爵夫人收容了许多同样支持福音主义的人。加尔文确信自己的处境有性命之虞，于是在前往法国之前（根据科拉顿所言）回到巴塞尔。[29]1535 年 7 月 16 日颁布的库西敕令（Edict of Coucy）允许宗教流亡者回到法国，条件是他们必须在六个月内摈弃自己的观点。[30]加尔文趁这个机会回到法国处理剩余的家务事。一份现存的 1536 年 6 月 2 日的代理权告示上写着："常驻巴黎的法律系毕业生（*licencié ès lois*）约翰·加尔文"，给他弟弟安东尼（Antoine）权力安顿努瓦永的家务事。[31] 7 月 15 日，加尔文离开巴黎的险境，启程前往斯特拉斯堡。

不幸的是，在法兰西斯一世与罗马皇帝之间的战争中，参战军队的调动导致直接通往斯特拉斯堡的道路危机四伏。加尔文不得不往南迂回取道。他在一座城市逗留了一夜，这座城市就是日内瓦。

注释

[1] 见 P. Fredricksen，'Paul and Augustine：Conversion Narratives，Orthodox Traditions and the Retrospective Self'，*Journal of Theological Studies* 37（1986），pp. 3—34。

[2] 必须强调的是，这种普遍看法是出自对晚期犹太教和中世纪后期天主教的称义观的误解：参见 A. E. McGrath，*Iustitia Dei：A History of the Christian Doctrine of Justification*（2 vols. Cambridge，1986），vol. 1，pp. 70—91；E. P. Sanders，*Paul，the Law and the Jewish People*（Philadelphia，1983）。

[3] 偶尔也有人提出，《复萨多雷托书》（*Reply to Sadoleto*）可能含有关于加尔文归信的线索。这本著作中，两位福音派信徒描述他们的归信。他们其中一位是牧师，另一位是平信徒。对于一些作者而言，这些并不是公式或范例，而是反映了加尔文的个人经历：Doumergue，*Jean Calvin*，vol. 1，p. 347；Wendel，*Calvin*，pp. 38—39。为了回应这种看法，我们必须指出这部著作的文体是戏剧虚构（dramatic fiction）体裁。在萨多雷托（Sadoleto）的原著中，一位神父和一位平信徒抱怨福音主义的古怪与另类。这部原著迫使加尔文使用相同的文体来撰写《复萨多雷托书》。根据我们对加尔文生平的了解，《复萨多雷托书》并没有暗含任何自传性的内容，也没有显而易见的自传性内容。

[4] 本文此处概述了 *OC* 31.21-24。

[5] Parker，*John Calvin*，p. 193 提出，根据加尔文对塞涅卡（Seneca）的注释一书，"subita" 应当译为 "始料不及"。这本注释中，加尔文的看法如下："'subita' 指的不仅仅是突如其来（repentina），而且也指始料不及（inconsiderata）。"参见 Battles and Hugo，*Commentary on Seneca*，pp. 55—56；Parker，*John Calvin*，pp. 193—194。然而，加尔文在这阶段只是在阐明 "subita"

一词不寻常的含义。这是因为塞涅卡认为 "*subita*" 一词更重要的含义是 "未经事先考虑"，而非 "突如其来"。假定绝大多数的归信都是未经事先考虑和始料不及的，那是合理的。这与加尔文反复提及的 "*subita conversio*" 相呼应。虽然如此，归信却不一定是 "突如其来" 的，因为归信可能会持续一段时间才能完成。

[6] A. Rich, *Die Anfänge der Theologie Huldrych Zwinglis* (Zurich，1949)，pp. 104—119.

[7] 卡诺奇（Ganoczy）精妙地分析了加尔文对上帝呼召的认知，见 Ganoczy, *Young Calvin*，pp. 287—307。

[8] Sprenger, *Das Rätsel um die Bekehrung Calvins*，pp. 36—41 作了鉴别和分析。原文见 *OC* 31.21 和 48.199-202。

[9] McGrath, *Luther's Theology of the Cross* (Oxford/New York，1985)。路德的回忆始于 1545 年，即他去世之前的那一年，本文描述的事件发生于 1513—1519 年之间，可能主要发生于 1515 年。

[10] Ganoczy, *Young Calvin*，pp. 252—266.

[11] De Raemond，*Histoire*，pp. 883—885.

[12] *OC* 13.681. 德·雷蒙德（De Raemond）列出许多和加尔文在那时期有深交的人（尽管他错误地声称加尔文在昂古莱姆住了几年）；De Raemond, *Histoire*，pp. 883—885。

[13] De Raemond，*Histoire*，p. 889.

[14] Lefranc，*Jeunesse de Calvin*，p. 201 引用了这份文献。

[15] Ibid，p. 201.

[16] 参见 Doumergue，*Jean Calvin*，vol. 7，p. 575。

[17] *OC* 12.68. 关于加尔文于 1536 年 4 月从意大利回家的路上途径奥斯塔河谷（Val d'Aoste），遭宗教审判所（Inquisition）囚禁的说法（例如 Dankbaar，*Calvin*，pp. 42—43），无法透过同时期的作品得到确认。

[18] *OC* 21.57.

[19] 加尔文曾提及 1554 年那一次胎死腹中的会面计划：*OC* 8.481。

[20] G. Berthoud, *Antoine Marcourt，réformateur et pamphlétaire du 'Lire des Marchands' aux placards de* 1534 (Geneva，1973)，pp. 157—222。对告示事件的精确描写见：pp. 287—289。

[21] D. R. Kelley, *The Beginning of Ideology：Consciousness and Formation in the French Reformation* (Cambridge，1981)，pp. 13—19.

[22] 两者之间的区别见 R. O. Allen and B. Spilka，'Committed and Consensual Reli-

gion', *Journal for the Scientific Study of Religion* 6 (1967), pp. 191—206。

［23］详情参见 H. R. Guggisberg, *Basel in the Sixteenth Century* (St Louis, 1982)。

［24］P. Wernle, *Calvin und Basel bis zum Tode des Myconius* (Tübingen, 1909), 4 页；更多资料见 Plath, *Calvin und Basel in den Jahren 1552-1556*。

［25］1557 年, 加尔文对这件事仍然记忆犹新：*OC* 31.24。

［26］特别参见法兰西斯一世于 1535 年 2 月 1 日写给德国新教王公的信：Herminjard, *Correspondance des réformateurs*, vol. 3, pp. 250—254。

［27］*OC* 31.24 (这句话的法语版本比拉丁语版本更能清楚地表达话中意思).

［28］"前言" 上的日期是 "加尔文于 9 月 10 日"(10. Cal. Septembris)。在让·欧柏因 (Jean Oporin) 协助编辑工作之下, 巴塞尔的印刷商托马斯·普拉特 (Thomas Platter) 与巴尔塔萨·拉修斯 (Balthasar Lasius) 花了不少时间刊印这部著作, 因此此书直到次年 3 月才得以出版。

［29］*OC* 21.58.

［30］N. M. Sutherland, *Huguenot Struggle for Recognition* (New Haven/London, 1980), pp. 30—31, 336.

［31］Lefranc, *La jeunesse de Calvin*, p. 205.

5

日内瓦： 第一阶段

　　谈到加尔文，就会谈到日内瓦。加尔文塑造了日内瓦，而日内瓦也塑造了加尔文。加尔文与他所选定的城市之间的共生关系，是历史上最伟大的共生关系之一。加尔文偶尔会因为这种关系的密切性而生气，也因此常常觉得尴尬：他抱怨不了解情况的人，多次将日内瓦市议会的行为归咎于他。[1]尽管他在这个城市第一阶段的服侍时间不长，而且在很多方面可以说是灾难性的，但是，他随后的归来可说是取得了胜利，标志这座城市进入一个全新又重要的历史阶段。然而，令人奇怪的是，许多加尔文的传记作家却不重视日内瓦。他们并没有完全忽略日内瓦，只是他们对待日内瓦如同爱德华时代的传记作者，他们记载大英帝国建基者与先锋的事迹，但是这些人的妻子，他们却当作次要的，认为她们对帝国的建立影响甚微，只值得体面地一笔带过，而这种着墨也与他们的主旨关系不大。然而，日内瓦却不应该受到这种对待。想要理解加尔文，必须将他看成一个付诸行动的人，而不是一个建造与历史无关的思想空中楼阁的人，我们必须看看引发并塑造加尔文大部分思想的这座城市。加尔文的一些思想之所以得以发展，是因为加尔文考虑了日内瓦的情况。如果本章暂时看起来似乎暗示日内瓦比加尔文更重要，那么部分原因在于要纠正现存的加尔文传记中严重的失衡现象。

　　我们可以用一个例子来解释想要陈述的观点。加尔文在 1541 年所
著的《教会法令》（*Ordonnances ecclésiastiques*，见第 113 页），对于日
内瓦教会的秩序作出规定。从几个方面而言，这是加尔文对已有的日 80
内瓦架构所作出的深思熟虑且明智的务实反应。《教会法令》认可侍奉
的第四个职分是执事。在中世纪结束前，人们一直认为执事不过是学
徒身份，是授予教士身份之前的一个适当的过渡。然而加尔文坚称执
事应该是一个单独的平信徒职分，有特别的一套功用，并有自己相应
的责任。加尔文对执事特定角色的坚持，建基于新约的经文：在对《使
徒行传》6：1—6 做注解的时候，加尔文将执事与使徒关心穷人的责任
（*cura pauperum*）联系在一起。[2]

　　这个观念可能确实有圣经作为基础，然而实施方式却是彻头彻尾
的日内瓦式的。[3]加尔文规定应该有五位执事，其中四位是执行者
（*procureurs*），一位是医院监管（*hospitallier*）。事实上，加尔文不过
从宗教的角度认同了日内瓦公立医院（*Genevan Hôpital-Général*）所
做的工作。日内瓦公立医院建立于宗教改革之前，主要从事社会福利
工作。[4]这个慈善机构将本城中不同的救助机构整合在统一权威之下，
最终使它们搬进同一座楼，就是以前的圣克莱尔女修道院。他们指定
六个人负责城内救助穷人的事工，其中五个人是执行者，负责社会福
利的一般事务，另一位是医院监管，专门监督管理医院事务。加尔文
赋予执事的教会职务的观念，只是为已经存在的世俗的日内瓦机构赋
予了宗教权威。这清楚地说明了日内瓦如何影响了加尔文，就像加尔
文影响了日内瓦一样。

宗教改革成为一种城市现象

　　欧洲宗教改革的一个主要特征，在于这种宗教改革很大程度上是
一种城市现象。在德国，65 座自由的帝国城市中，超过 50 座对宗教改
革作出了正面的反应，只有五座城市选择完全忽略宗教改革。在瑞士，
宗教改革发源于城市（苏黎世），通过城市展开公开辩论并传播出去，
包括瑞士的联邦城市（如伯尔尼和巴塞尔）以及与它们有盟约关系的

其他中心（如日内瓦和圣盖尔）。法国的新教运动主要是城市运动，扎
81 根于里昂、奥尔良、巴黎、普瓦蒂埃（Poitiers）及卢昂（Rouen）等
大城市。为什么宗教改革对于 16 世纪的城市具有如此大的吸引力？这
是一个经常被提出的问题。

人们提出了一些理论来解释这种现象。本底特·莫勒（Berndt
Moeller）认为，15 世纪城市内部的社会关系日趋紧张，对帝国政府或
罗马教廷（papal curia）等外界政体越发依赖，二者破坏了城市居民的
集体意识。[5]莫勒认为，通过接受信义宗宗教改革，这几座城市能够恢
复对集体身份的认同，包括拥有共同的宗教团体，居民共享宗教生活。
令人瞩目的是，莫勒让我们看到路德信徒皆祭司的教义对社会的隐含
意义，这一教义打破了城市社会中某些传统的阶层差别，激发了集体
一致性的意识。莫勒认为路德的思想，是文化欠发展的德国东北部地
区的必然产物，那里缺乏德国西南部较发达地区的复杂性。路德来自
一个小城镇，那里缺乏同业公会的组织结构与大城市的社会性冲动，
因此他发展出的神学几乎不可避免地偏向于注重内心，着眼于地方而
不是城市，没能顾及团体的规章制度和城市组织机构。由于路德不了
解当时的城市思想，他所形成的神学自然难免深奥、主观、关注内省
的个体而不是团体的复兴与训导。布塞和茨温利的神学却正相反，它
们直指城市存在的现实。布塞和茨温利将他们的教会论（ecclesiology）
建基在城市团体与教会团体的历史性联系上，而路德不得不将他的教
会论建基于恩典这一抽象概念上，而这却存在割裂城市统一的危险。

托马斯·布雷迪（Thomas Brady）提出了第二个解释，这个解释
主要基于他对斯特拉斯堡的分析。[6]布雷迪主张斯特拉斯堡决定接受新
教是阶级斗争的结果，其中贵族（patricians）和商人形成的统治联盟，
82 相信唯一能够保持他们社会地位的方法是与宗教改革联盟。城市的执
政者将宗教改革作为一种保持既定利益的巧妙手段，因为这些利益正
受到广泛抗议运动的威胁。布雷迪指出其他很多城市都存在类似的
情形。

16 世纪宗教改革吸引城市的第三种解释围绕因信称义的教义。在
1975 年发表的一份研究报告中，史蒂文·奥兹门特（Steven Ozment）
认为新教之所以吸引大众，根本原因来自这条教义，与中世纪后期天

主教的忏悔系统及相关的"半帕拉纠"式的称义教义相比，因信称义使人们摆脱了二者所带来的心理压力。[7]他辩论道，在城市的人群中，这种心理重担最为巨大而明显，因此新教也最受欢迎与支持。奥兹门特认为本底特·莫勒过分夸大了路德和西南部的神学家之间的不同。早期的宗教改革者传播同一条信息，这个信息可以总结为将个体的信徒从中世纪末期宗教所施加的心理重担中解救出来。无论他们有什么不同，布塞、茨温利和路德等宪制的宗教改革家关心着共同的问题，那就是要宣布借着恩典因信称义的教义，因此消除了神学上对赎罪券、炼狱和圣徒代祷的需要，也减少了众人对它们的关注。

上述三种理论都很重要，它们大大激发了人们更具体地研究新教在宗教改革初期在城市中的发展。[8]同样，每一种也显示出自身的欠缺之处，这正是那些大而化之的概括性理论所不可避免的。例如在日内瓦的个案中，我们会看到日内瓦最终与信奉新教的伯尔尼联合，并采纳茨温利式的宗教改革（Zwinglian Reformation），导致这一结果的社会冲突并非源自阶级差异，而是源自同一阶级内部因支持萨伏伊（Savoy）还是瑞士联邦［Swiss Confederacy；或海尔维第联邦（Helvetic Confederation）］而发生的分歧。支持萨伏伊（pro-Savoyard）的马木路克派（Mammelukes）和支持伯尔尼的（pro-Bernese）艾格诺派（Eiguenots）都来自同一社会群体，拥有共同的经济、家庭与社会利益等明显特征。同样，奥兹门特认为人们广泛关注因信称义的教义，但是在苏黎世、圣盖尔和日内瓦等许多属于瑞士联邦或与联邦结盟的城市中，情况却并非如此。奥兹门特忽视了许多瑞士宗教改革家对这个教义所抱有的明显的迟疑态度。[9]

然而，对若干城市的研究发现，宗教改革的发源与发展有着一些共同特征，这些城市包括奥格斯堡（Augsburg）、巴塞尔、伯尔尼、科尔马（Colmar）、康斯坦茨（Constance）、爱尔福特、法兰克福、汉堡、吕贝克（Lübeck）、梅明根（Memmingen）、乌尔姆（Ulm）和苏黎世。确定这些共同特征有助于我们了解它们如何带动日内瓦的宗教改革。

首先，这些城市中的宗教改革明显是在某一种呼求变化的广泛压力之下产生的。纽伦堡（Nuremberg）是一个罕见的例子，在这里没有强烈的群众抗议或要求，城市议会却实行了宗教改革。16 世纪早期城市人口中的不满情绪并不一定仅仅体现在宗教层面上。社会的、经济的和政治的不平，在当时明显的整体动荡局面中无疑不同程度地呈现出来。市议会在应对这种广泛压力时，通常会将其引导到与自己的需要与目的相吻合的方向上。这种微妙的操纵显然旨在拉拢与控制潜在而又危险的大规模抗议运动。城市宗教改革的一个较显著特点是，引进新的宗教思想与实践，通常并不改变现存的城市政权机构[10]，这就说明市议会有能力在回应广泛的民众压力时，不用对现存的社会秩序作出激烈的改变。

以日内瓦为例，16 世纪 20 年代要求与瑞士联邦联合的民众呼声很高。许多因素导致了这种压力的形成，但没有一个可算作宗教性的因素。如果说有一个主导因素的话，那就是许多重要的市民渴望摆脱萨伏伊王室的恶劣影响。和当时很多城市一样，日内瓦渴望以瑞士的城市为楷模，获得完全的独立[11]（日内瓦直到 1815 年才加入瑞士联邦）。16 世纪 20 年代，动荡的日内瓦所关注的焦点是政治自由，而非任何宗教方面的特别考虑。

然而，16 世纪 30 年代早期，一个重要的宗教因素介入进来，最终
84 成为主导因素。与伯尔尼的联盟导致日内瓦日益同情福音派的观点。市议会被迫对此压力作出反应，同时避免与萨伏伊之间发生潜在的灾难性的军事冲突。通过 1534—1535 年的一系列外交活动，市议会智胜萨伏伊王室的代表，既避免了与王室决一死战，又增强了自身的权威，微妙地推动了福音派的传播。直至 1536 年 1 月，萨伏伊才对外交手段失去耐心，从而转向武装干预。

第二，宗教改革在城市内部的成功，取决于一系列历史偶发事件。接纳宗教改革可能给城市的结盟关系带来灾难性的变化，通常它与那些坚持天主教的地域或城市之间，在军事、政治及商业上的条约或关系都会因此遭到破坏。作为城市经济支柱的贸易往来可能会因此遭遇致命的打击。圣盖尔的宗教改革之所以成功，部分归因于该城的亚麻制造业并未因决定接受宗教改革而受到任何显著的不良影响。[12]同样，一个既接近天主教城市［例如美因茨（Mainz）］又接近信义宗领地［例如萨克森（Saxony）］的城市（例如爱尔福特），不能冒险卷入与任

何一个利益方的军事冲突，这种冲突可能对自身独立带来致命的威胁。[13] 此外，决定引进宗教改革可能导致城市内部出现严重的不团结，这种不团结可能使城市容易受到外部影响的攻击，这正是爱尔福特市议会于 16 世纪 20 年代决定停止宗教改革的主要考虑。

对日内瓦来说，最主要的历史偶发事件是天主教萨伏伊王室的存在，以及其与该城紧密的联盟。如果宗教改革要成功，就要消除这个王室对宗教改革的发展所构成的在政治与军事上的主要威胁。在 1532—1535 年，日内瓦逐渐与福音派基督教联合，最终引起萨伏伊于 1536 年 1 月作出军事反应。如果日内瓦与 16 世纪 20 年代就委身于福音派的伯尔尼之间没有军事联盟，这场军事冲突将使得日内瓦完全被压倒。日内瓦坚决地委身于宗教改革之后，支持福音派的金融机构（尤其是巴塞尔的金融机构）也为日内瓦提供财政资助。结果就大大胜过了想要维持天主教的外来压力，使得宗教改革可以继续进行。然而，另外一种历史偶发事件使情况变得复杂：在历史危急关头向日内瓦伸出援手的伯尔尼开始索债。日内瓦没有选择自己的宗教改革之路的自由，它必须采纳伯尔尼的宗教思想与实践。

第三，宗教改革家到达一座城市传福音，人们便立刻决定接受宗教改革的原则，这种既浪漫又理想化的想法相当不现实，我们必须摒弃。在宗教改革的全部过程中，从最初决定实行宗教改革，到随后确立宗教改革的性质与步伐，都是市议会在掌权。茨温利在苏黎世的宗教改革进程比自己期望的慢得多，这是因为市议会在关键时刻采取了谨慎的方法。[14] 布塞在斯特拉斯堡采取行动的自由也受到类似的限制。正如加尔文将要发现的，当宗教改革家越过市议会公布的政策或决定时，市议会完全能够将他们从自己的地盘驱逐出去。

事实上，城市议会与宗教改革家之间的关系是共生的。宗教改革家借着提出一个基督教福音的一致异象，以及其对一个城市的宗教、社会和政治结构与实施有何含义，足以预防潜在的革命恶化成混乱不堪的局面。人们重返天主教的怀抱或极端的重洗派运动的颠覆行为不断造成威胁，这点使宗教改革运动家的存在必不可少。必须有人为宗教改革运动提供宗教性的指引，因为这个运动若不受约束、缺乏方向，就可能会陷入混乱并给城市现有的权力结构及其掌权者带来重大而又难以接受的后果。同时，宗教改革家也要顺服在权柄之下，他行动的自由受到执政者的限制。执政者嫉妒宗教改革家拥有的权柄，在规划宗教改革事项时，执政者往往比宗教改革家有更多的考虑，包括对自身经济与社会影响的考虑。宗教改革家与市议会之间的关系因此变得很敏感，易于破裂，而真正的权力永久地落在市议会的手中。

以日内瓦的例子来看，市议会和宗教改革家（最初是纪尧姆·法雷尔和加尔文，之后是加尔文自己）之间发展出一种微妙的关系。日内瓦的市议会对自己得来不易的权威与自由，既相当在意也很警惕，它下定决心不让宗教改革家的暴政来代替天主教主教的暴政。1536 年，日内瓦脱离萨伏伊取得独立，尽管伯尔尼试图殖民日内瓦，但日内瓦基本保持了独立。除非受到巨大的经济与军事压力，日内瓦不愿对任何人俯首称臣。因此，加尔文的行为受到严格的限制。加尔文 1538 年被逐出日内瓦，这证明政治权力牢固地掌控在市议会的手中。我们将要证明加尔文是"日内瓦的独裁者"这个观念完全缺乏历史依据。然而，缺了加尔文，市议会发现自己无力应对日益恶化的宗教局面。从社会的实用角度与宗教的现实角度考虑，议会召回了他们的宗教改革家，允许他继续宗教改革的工作。日内瓦需要加尔文，正如加尔文需要日内瓦一样。

脑海中继续保持这些观察，我们现在将思考日内瓦宗教改革的第一阶段。甚至在加尔文偶然来到这座城市之前，宗教改革的程序就已经开始了。事情的发生本身就是一个引人入胜的故事。尽管我们已经触及故事的一些方面，这个故事仍然需要详细述说。

加尔文之前的日内瓦

宗教改革运动之前，日内瓦是一座日益衰落的主教制度城市。它的繁荣很大程度上取决于每年一度的四个国际贸易交易会，交易会始于 1262 年，分别在主显节（Epiphany）、复活节（Easter）、彼得圣日（Petertide）与万圣节（All Saints' Day）召开。这些交易会吸引了相当多的商人，他们来自莱茵河流域（Rhine）、多瑙河流域（Danube）、意大利北部、勃艮第（Burgundy）及瑞士联邦。[15] 这些交易会如此重要，以至于美第奇银行（the Medici bank）认为值得在日内瓦开设分行。[16]然而，情况在百年战争末期发生巨变。路易十一世（Louis XI）在里昂附近建立了一些享受特权的商品交易会，刻意把会期与日内瓦的交易会期完全重合，以此和自己在该地区内唯一的对手竞争。很快，日内瓦开始衰落，美第奇银行感到风向改变，就见风使舵地将其业务从日内瓦转移到里昂。

宗教改革运动前，城市的事务由附近的萨伏伊王室管理。[17]这种控制可以追溯到 13 世纪，日内瓦的主教于 1265 年将市长（*vidomne*）这一职务委任给萨伏伊家族，并赋予萨伏伊权力，以挑选不同的人来负责城市平信徒的民事与刑事司法。从 1287 年起，市长居住在罗讷河（Rhône）一座岛上的前主教城堡中。随着 15 世纪萨伏伊家族势力增长，它对于城市事务的影响也与日俱增。日内瓦周围许多乡村地区与村庄都属于萨伏伊或萨伏伊所指定的人。最重要的是，1449 年伪教皇（antipope）费利克斯五世（Felix V），即第一任萨伏伊公爵，阿玛迪斯八世（Amadeus VIII）放弃了他的教皇头衔，却保存了该职位的许多特权，就这样萨伏伊家族有效控制了日内瓦主教教区。从那时起，日内瓦的主教就成了萨伏伊王室的傀儡，显然不需要具备履行宗教义务的能力：1451 年，新指定的主教（阿玛迪斯八世的孙子）的年龄只有八岁。

因此日内瓦的现世与属灵的统治者，实际上长期不在日内瓦。他尽管有相当大的权力，然而由于他的缺席，权力通常由他命定的人来代为行使，主要是教区议会和由 32 位成员组成的主教座堂教士团。不过主教也允许城市中的平信徒选举一些官员来参与当地的管理工作，这些官员中最重要的可能是市政官，他们是每年一度由全体成年男性市民选举出来的四位平信徒。市政官除了有权审理一些犯罪案件之外，还有权组建小议会（*Petit Conseil*），它由 12 到 25 位公民组成，负责维持城市的日常事务。

16 世纪来临之际，日内瓦只是围绕萨伏伊这颗太阳旋转的众多小行星中的一个。即便日内瓦的民众对现状十分不满，他们的抗议却十分谨慎，几乎无声无息。然而，变革之风已经吹起。日内瓦城内，萨伏伊的影响正在削弱；日内瓦之外，瑞士联邦在政治与经济上的影响正逐渐明显起来。

图 5.1 1530 年的日内瓦主教教区

日内瓦摆脱萨伏伊的独立运动的端倪，始于 1482—1490 年。主教制度的一段空白期使得主教座堂教士团扩展了它的权力，并强化了城市的身份意识。日内瓦的商人认识到如今一年一度的四个商品交易会能否顺利召开，很大程度上取决于瑞士与德国的商人，因此他们大力支持与瑞士联邦发展更紧密的关系。随着城市内部出现分化，日内瓦的局势紧张起来。弗朗索瓦·博尼瓦尔（François Bonivard）率领 86 位日内瓦人来到瑞士的弗里堡（Fribourg），并于 1519 年 1 月 7 日成为弗里堡公民。接下来的一个月，日内瓦没有取得萨伏伊政权的许可就与弗里堡建立联盟。萨伏伊施加的压力导致这次联盟于 4 月被取消；四个月之后，日内瓦一方的联盟发起者被当众处死。尽管遭到有形的镇压，亲瑞士派不久后再度重组。1519 年的市议会记录称这个团体为阿古努斯（*aguynos*），1520 年的市议会记录则称其为艾格诺派（*eyguenots*）。

这个术语的引入值得关注。当时人们并没有这样称瑞士，而是称其为"联邦"。在瑞士德语中，联邦一词是 *Eidgnoss*，这在日内瓦方言中简直无法发音。（日内瓦方言更接近萨伏伊语，与法语的差异比较大；16 世纪，法语对于大部分日内瓦人而言是陌生的外语。）艾格诺派

(*eiguenot* 或者 *eyguenot*) 反映了日内瓦人试图再造"联邦"这个术语。在后来的历史演变中，这个术语变得很有意思，因为法语中的胡格诺派 (*huguenot*) 正是从这个术语中延伸出来的，也许经由萨伏伊语中的 *enguenô* 或者后来日内瓦语中的 *enguenot* 转变而来。[18]

12 月 4 日，独立城市洛桑（Lausanne）加入联邦，与瑞士城市伯尔尼和弗里堡成为同盟国。和日内瓦一样，洛桑是萨伏伊管辖下的沃州（Pays de Vaud）地区的主教制度城市。这个条约的消息传到日内瓦，引起相当广泛的关注。很快，一些亲瑞士的商人来到伯尔尼和弗里堡，与这些城市商讨相似的条约。尽管当时日内瓦主教皮埃尔·德·拉·伯温试图否决这一条约，但是伯尔尼于 1526 年 2 月 7 日同意了这一条约。亲萨伏伊的马木路克派披戴冬青树叶，如同威尔士人披戴韭叶一样，此刻他们对自己的同胞艾格诺派万分恼怒（艾格诺派喜欢披戴公鸡毛，作为他们效忠于不同对象的表征）。然而主教意识到未能阻止这个条约，已经损害了自己在萨伏伊王室中的地位，因此，他决定放手一搏，转而支持与伯尔尼结盟，以博取艾格诺派的同情。这是一系列毁灭性行动的第一步，与其说刻意，不如说是偶然，主教在接二连三的事情上放弃权力，使之落入市议会的手中，到 1530 年，市议会实质上已经成为城市的法律主宰。

直至这一阶段，在日内瓦与瑞士的亲密关系当中，宗教事务仍是完全不见踪影，但现在情况却改变了。这个重要的转变主要源于茨温利在苏黎世的宗教改革。尽管他在苏黎世的宗教改革活动早在 1519 年就已开始，然而 1523 年 1 月 29 日的大辩论（Great Disputation）把宗教改革带入一个新阶段。大约六百多人聚集一堂，听茨温利讲解并辩护他的宗教改革观点和实践，他所面对的是由康斯坦茨主教选出来的天主教对手。听完辩论之后，市议会投票决定采纳茨温利宗教改革的"核心原则"。这是瑞士宗教改革进程中的里程碑，因为这次辩论确立了一个至关重要的原则：独立城市可以先听取辩论，然后投票决定自己是否采纳宗教改革。

五年以后，伯尔尼展开一场类似的辩论（Gemeinschwörung）。茨温利、布塞和斯特拉斯堡的人文主义者沃尔夫冈·卡皮托（Wolfgang Capito）以及其他人，有力地陈述了福音派的观点，以至于市议会投票

90   决定接受茨温利的宗教改革。这个决定对日内瓦无比重要，因为在
1526 年与日内瓦结盟的伯尔尼信奉天主教。然而，从 1528 年 1 月起，
它变成了福音派。值得注意的是，日内瓦的另一个同盟国弗里堡依然
属于天主教派，这使得局势紧张起来，最终于 1534 年达到顶峰。伯尔
尼此时已经成为沃州地区一支重要的军事力量，也在进行一场旨在传
播茨温利宗教改革的十字军东征。

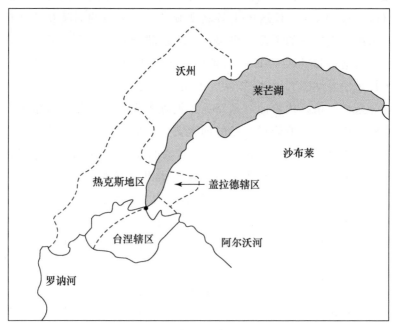

图 5.2　日内瓦及周边环境，1500—1535 年

　　1532 年，日内瓦的事态发展迅速。拜访日内瓦的一些德国商人带
来的信义宗出版物在当地立刻赢得市场。[19]信义宗的标语牌（placards）
开始在当地教会流传。宗教改革派的神学家纪尧姆·法雷尔带着伯尔
尼的安全通行证抵达日内瓦，开始在城中传播福音派观点。他的宣传
收效显著。弗里堡对日内瓦城内日益高涨的福音派影响提出抗议，并
且威胁日内瓦若不采取措施遏制福音派的影响，弗里堡将与之断绝同
盟国关系。1533 年 4 月 10 日，格林·缪特（Garin Muète）按照法雷
91   尔宗教改革后的仪式，公开举行圣餐，地点选在法堡殿（Faubourg du
Temple）的艾蒂安·达达（Etienne Dada）花园，随后每天都重复几

次这样的圣餐仪式。[20]当年 5 月，日内瓦城内爆发天主教暴乱，弗里堡越发警觉起来，并要求日内瓦流放法雷尔。考虑到自己对于福音派的伯尔尼的承诺，日内瓦市议会犹豫不决。伯尔尼市议会注意到这种局面所带来的契机，于 1533 年 12 月 31 日命令皮埃尔·维若特火速赶到日内瓦，以协助法雷尔。[21]维若特于 1534 年 1 月 4 日抵达日内瓦。

日内瓦市议会决定效法苏黎世和伯尔尼的模式，让法雷尔与天主教对手公开辩论，以确定基督教福音派与天主教派孰优孰劣。与巴黎神学院联系甚密的多米尼克会（Dominican）神学博士盖伊·弗里迪（Guy Furbity），应邀代表天主教一方。公开辩论定于 1534 年 1 月 27 日，辩论的核心是教皇权柄的问题。然而，天主教代表指出法雷尔只是瑞士联邦的傀儡，之后的辩论就陷入一片混乱。辩论本身的结果并不清楚，只是人们想当然地认为宗教改革派胜利了。让恩·德·鞠赛（Jeanne de Jussy）在其回忆录《加尔文教义的根源》（*Le levain du Calvinisme*）一书中，记录了这一既生动又具讽刺意味的事件。让恩·德·鞠赛在辩论发生时刚到圣克莱尔（Sainte-Claire）修道院不久。这座修道院坐落在通向日内瓦中心四人堡（Bourg-de-Four）的弗迪安街（Rue Verdaine），后来成为我们前面提过的日内瓦公立医院，负责管理宗教改革后城市的社会福利事业。弗里堡对于局势的发展十分愤慨，就此和整个事件完全脱离关系：5 月 15 日弗里堡终止与日内瓦的同盟关系。突然之间，日内瓦只剩下一个保护者，就是属于新教（Protestant）的伯尔尼，而伯尔尼给钱才办事的风格，早已名声在外。根据结盟协议条款，日内瓦不得不为伯尔尼所提供的任何帮助付款。金融与政治的危机看来已是不可避免。

在危机产生的过程中，受伯尔尼保护的法雷尔和维若特不断给日内瓦市议会施加压力，要求它全盘接受宗教改革，而不是部分、零星地接受。市议会稍作让步，他们于 1535 年初夏，宣布废止天主教的弥撒。日内瓦主教于 8 月 22 日将日内瓦全城市民逐出教会，以此作为报复。天主教神职人员和宗教人士立即撤离日内瓦，来到萨伏伊统治的阿讷西（Annecy）寻求庇护。日内瓦市议会接管了教会土地和财产，废除了传统的领主权和神职建制。为了表示蔑视，他们甚至于 11 月 26 日开设了自己的公众造币厂。城市的新币上印着响亮的口号，这个口号将在整个宗教改革运动中回响：黑暗之后是光明（*post tenebras lux*）！

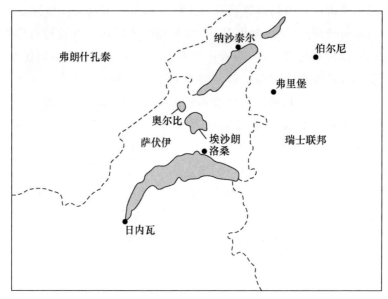

图 5.3　1535 年的瑞士联邦与萨伏伊领地的边界

　　萨伏伊对于事态的发展如今有了高度警觉，并用马基雅维利式的方法予以回应：外交行不通，便动用武力干涉以获得结果。1536 年 1 月前，日内瓦全线被长期围攻，与外界的一切联系都被切断。日内瓦毫无办法，只得向伯尔尼求助。伯尔尼出手之余没有忽略这个局面带来的可能性：显然伯尔尼可以借此拓展自己的政治影响力。1477 年查理公爵率领的勃艮第人（Charles the Bold and the Burgundians）战败之后，瑞士联邦一直渴望向西部萨伏伊的领域扩大自己的影响。在勃艮第战争中，伯尔尼和弗里堡各自联合兼并了萨伏伊领地中大面积的地域。[22]伯尔尼占领艾尔拉（Erlach）、奥尔门茨（Les Ormonts）、艾格勒（Aigle）和贝城（Bex）。弗里堡则占领了伊冷斯（Illens）。伯尔尼和弗里堡这两个小行政区又联手占领了茂拉特（Morat）、格朗松（Grandson）、奥尔比（Orbe）和埃沙朗（Echallens）。瓦莱州（Le Valais）乘萨伏伊势单力薄之际，占领了位于威特罗兹（Vétroz）和马松格兹（Massongez）之间的莱芒湖（Lac Léman）东南的罗讷河河谷

（Rhône valley）。

　　对奥尔比和埃沙朗的占领尤为重要。尽管从面积上而言它们显得微不足道，然而，它们却深入萨伏伊的腹地。自从 1477 年以来，伯尔尼人（Bernese）就认为到兼并沃州的时候了。16 世纪 30 年代早期，奥尔比成为该地区推广新教的中心。[23] 皮埃尔·维若特就来自奥尔比，后来成为该地区宗教改革运动的核心人物。日内瓦的求助似乎为占据萨伏伊领地及其他领地提供了合理的借口。伯尔尼、弗里堡和瓦莱州便开始利用这样的局面。

　　伯尔尼的军队向西出击，将洛桑收归己有，洛桑曾于 1525 年与伯尔尼和弗里堡确定盟国关系。这次伯尔尼占领整个沃州，日内瓦周边所有地区都已沦陷，其中包括热克斯地区（Pays de Gex）、台涅和盖拉德辖区（Ternier and Gaillard Bailiwicks）。这就在日内瓦和其前主人萨伏伊之间形成了一条伯尔尼占领的防线。最终，伯尔尼人占领了位于莱芒湖南岸的沙布莱（Chablais）西部地区。与此同时，弗里堡占领了埃斯塔瓦耶（Estavayer）、罗卡圣德（Roment-Châtel-Saint-Denis）、苏皮埃尔（Surpierre）、维森斯（Vuissens）和圣欧班（Saint-Aubin）。瓦莱州也将自己的领地拓展到沙布莱东部地区。

　　2 月 2 日，伯尔尼人进入日内瓦。三天之后，真相大白，他们的目的并非只是将日内瓦从萨伏伊手中解放出来，而是使日内瓦依附于伯尔尼。伯尔尼占领军向日内瓦要求萨伏伊过去所享受的同等权利。到了 2 月 17 日，局面有所改变。伯尔尼放弃了原来的要求。出于某种原因，日内瓦并没有陷入与洛桑同样的不幸命运，而是以服从某些条约为前提，获准保持独立。也许伯尔尼人注意到附近野心勃勃的法国军队，出于担忧而不过分扩张自己的领地。

　　日内瓦共和国因此举行开国大典，同时也不得不面对因为独立战争耗费了相当大的开支所带来的金融危机。原本无人重视的防御工程得到重新修建，郊区被夷为平地，其上的居民被搬迁，并且雇用了大批士兵，而这一切构成了战争期间的开支。此外，还要为伯尔尼提供的援助付款。日内瓦的司库克劳德·佩特斯（Claude Pertemps）借助于一个强有力的"世俗化"运动，得以应付这笔开销，在这个"世俗化"运动中，日内瓦市议会没收了所有教会财产和日内瓦城内的一切税收。日内瓦坚定不移地投身于宗教改革之后，福音派的大量财政资助也源源来到。[24]除此之外，凡在 1534—1536 年从日内瓦逃跑，现在又想回来的市民必须缴纳罚款。[25]事实上，为日内瓦独立战争买单的是那些失败者。

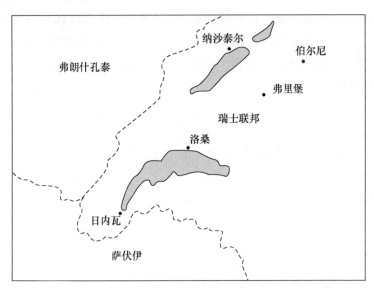

图 5.4　1536 年的瑞士联邦与萨伏伊领地的边界

　　法雷尔此时向日内瓦市议会施加压力，要求它明确地采纳宗教改革。他的要求获得积极的回应：5 月 19 日，小议会（Little Council）决定召集"大型会议，征询民意，是否愿意按照宗教改革后的信仰生活"。[26]不到一周之后的 5 月 25 日，日内瓦公民公开集会投票，发誓"按着福音的法则和上帝的道生活，废除所有的教皇弊端"。就这样，日内瓦结束了宗教改革的第一阶段。日内瓦共和国的独立保持了 250年，直到 18 世纪末的最后十年，法国革命军最终侵略并占领日内瓦。

　　日内瓦公民的宣言似乎已经开创了一个宗教改革的教会。但是事实上，它只是形成了一个具有宗教改革意识的真空教会，意愿多过行动。抛弃天主教容易，建造教会体制与秩序的新系统就没那么简单了。没有明确的宗教神学思想，不但不可能迈出实质性的一步，而且很可能落入混乱状态。随着约翰·加尔文的到来，法雷尔相信自己已经找到了他与日内瓦所需要的人。然而，加尔文是如何来到日内瓦的呢？

加尔文抵达日内瓦

加尔文的《基督教要义》（*Institutes*）为他带来名声的过程是缓慢的。1536 年夏天，他从法国到斯特拉斯堡时，决意不提该著作：

> 那里没有人知道我就是此书的作者。在这里，和在其他地方一样，我都不提及这个事实，而且打算继续这样做，直到纪尧姆·法雷尔最终将我留在日内瓦。他不是用劝说与争论将我留下，而是用可怕的咒诅，如同上帝从高天之上伸出手，加在我的身上，阻止我前行。我原打算去斯特拉斯堡，然而，最直接的道路却因战争而中断。我决定快速取道日内瓦，在城中停留不超过一个晚上。不久之前，教皇制度（*la Papauté*）已经被我提及的那位先生与皮埃尔·维若特废除。然而，局面距离稳定还很遥远，在日内瓦城中存有分歧，市民中存在严重而又危险的派系之争。就在那时，一个已经恶意叛乱并且回到教皇体制下的人发现了我，并且广而告之。就这样，对促进福音充满热情的法雷尔出面极力挽留我。我告诉他我有一些私人的研究工作，因而想保持自己的自由，他发现自己的要求不被接纳，便发出咒诅，如果我在如此需要我的情况下离开他们、拒绝给他们支持与帮助，那么就愿上帝咒诅我的闲适和我所追求的潜心钻研。这些话令我震惊、感动，以至于我放弃了原本打算好的行程。然而，我十分了解自己的羞怯，因而不愿意承担任何特定的职责。[27]

就是这样，1536 年 8 月加尔文被说服留在日内瓦。法雷尔在加尔文身上看到什么，我们不得而知。

起初，加尔文似乎不太适应日内瓦福音运动面临的一些挑战。由于性格内向又偏爱思考，他在 16 世纪 30 年代的日内瓦政治肉搏战中，没有显示出什么潜在价值。他完全缺乏教牧经验，而且对城市的政治和经济生活现状也几乎一无所知。加尔文也许在学问的世界里游刃有余，然而，日内瓦共和国的需要却颇为不同。加尔文在日内瓦最早的职责与他的气质性情十分相符：他无需牧养教会，也不需要和市议会联络，甚至不需要讲道，他的职责只是一名教师或一名对公众讲授圣经的讲师。[28]

加尔文在日内瓦最初的几周因此平静无事。然而，他很快就被推上显要人物的位置。年初占领洛桑的伯尔尼人现在希望将新领地的民众转变为福音派，从而加强他们的控制。根据以往的经验，达到这一目的的方法，就是在当地组织公开辩论。伯尔尼人抓紧时间在 1536 年 10 月的前两周组织了公开辩论。[29]然而，讲法语的洛桑人让讲德语的伯尔尼人感到，陈明自己的观点并使对方完全信服不是一件容易的事。伯尔尼市议会，即日内瓦市议会记录中所称的伯尔尼先生（Messieurs de Berne），邀请法雷尔与维若特陈述宗教改革的观点。法雷尔与维若特决定带上加尔文。

提交辩论的有十篇文章。[30] 1536 年 10 月 1 日，洛桑与伯尔尼辩论得出的结论宽泛地说明了宗教改革的要点。虽然辩论对手只是当地的天主教神职人员代表，法雷尔与维若特还是觉得辩论十分艰难。10 月 5 日，加尔文终于介入[31]，他在辩论中力挽狂澜。一位天主教发言人声称福音派藐视早期教父（即公元 1—5 世纪的基督教作家），且认为早期教父在教义方面并不具备权威。加尔文在圣东日（Saintonge）对早期教父著作的潜心学习，给他留下不可磨灭的印象。他站起来，宣布这位天主教神职人员的指控并不属实：福音派不仅比天主教更尊重早期教父，也更了解早期教父。加尔文显然完全凭着记忆，却旁征博引早期教父的作品，并且能说出他所引用内容的出处，这就使得天主教对手的指控失去可信度。他引用西普里安的话时，甚至能具体指出引用自哪一封信（"在他书信集的第二册，第三封信里"），对克里索斯托（Chrysostom）的引用则更精确（"在第 21 篇讲道的中间部分"）。[32]加尔文的介入产生了轰动，更扩大了福音派已经享有的优势。

如果我们更仔细地看加尔文引用的经典，我们对他的学术造诣就会有更加乐观的评价。加尔文引用早期教父的作品时，脱离上下文，并经常省略那些不支持自己观点的部分。然而，在洛桑，天主教神职人员却没有能力驳倒他（时间会证明，其他地方的辩论也将一样）。[33]洛桑辩论会之后，加尔文作为雄辩家与宗教辩论家而名声大振。必须承认，加尔文确实配得上这样的称呼。也许更重要的是，洛桑的成功使加尔文意识到自己拥有的能力比自己以前想象的更多。加尔文于 11 月 10 日向市政官及小议会的其他成员递交的《弗伊信条》（*Confession de la Foy*），正反映了他的自信。法雷尔与维若特对加尔文表现出来的尊重也反映了他们对这位年轻同事的新态度。1536 年年底，加尔文被任命为日内瓦教会的传道人和牧师。[34]

需要强调的是，1536 年日内瓦福音派神职人员不过是城市公务员（事实上，加尔文很可能从来没有得到真正的神职任命，而仅仅得到市议会的许可）。福音派神职人员和过去的天主教不同，他们在城市里没有权力和财富，事实上，他们甚至不是日内瓦公民，也无缘接触城市的决策群。宗教改革之后，日内瓦的神职人员通常是来自法国的外来人员，不是日内瓦当地人，这种状况在城市内部也造成了一定的紧张局势。皮埃尔·维若特虽然来自日内瓦周边地区，如今称作苏柔曼（Suisse Romande）的地方，但他也不是日内瓦公民。1555 年第二次革命之后，福音派神职人员确实在日内瓦共和国的国内与国际事务中占据主导地位；然而，这些未来的角色与地位在 1536 年的下半年时，还无影无踪。[35]加尔文不过是个小公务员，得到日内瓦的宽容接纳。而掌管新生共和国宗教事务的是市议会，不是加尔文，也不是法雷尔或维若特。

因此，一旦日内瓦城中的政治联盟发生变迁，这些神职人员的地位就变得岌岌可危。自 1535 年起，法雷尔本人却成为日内瓦内部分裂的焦点，至少可以说是很不幸的事。1537 年之前，支持和反对法雷尔的派系就已经形成。前者称为纪尧姆派或法雷尔派（Guillermins 或 Farets），由米歇尔·斯普（Michael Sept）领导，后者叫阿提古兰派或阿提考兹派（Articulants 或 Artichauds），由日内瓦民兵总司令让·菲利普（Jean Philippe）领导。

1537 年初，对宗教改革家而言前景颇为乐观。四位市政官都来自纪尧姆派，他们也都是法雷尔的知己。事实上，他们中的一位甚至连初选的八位候选人名单都没进就当选了。宗教改革家趁着日内瓦先生（Messieurs）（对市政官和小议会的总称）的宗教改革热情仍然高涨，提出一系列宗教改革举措。1 月 16 日，牧师们自发地向日内瓦先生递交了一份关于教会条例的非正式草稿，旨在建立"一个秩序井然、管理有素的教会"。[36] 这些关于教会体制的论述（*Articles sur le Gouvernement de l'Eglise*）确立了牧师眼中五件美善的圣事。圣餐应该以敬虔神圣的方式经常举行，然而，考虑到"百姓的软弱"，牧师们愿意妥协，接受一月一次圣餐作为教会的常规。为了保持敬虔，牧师们提议有必要实行"纠正并处罚性的禁领圣餐"（换言之，可以听讲道，却不可以领圣餐）。[37] 他们还要求建立一个独立于民事法庭之外的教会惩戒法庭，来审理这类不敬虔的案子。另外还要吟唱《诗篇》、教导年轻人学习宗教改革后的信仰并且对他们公开考核，同时也提出有关婚姻的新条例。当年 11 月，为了考察年轻人的学习，还特地将《弗伊信条指南》（*Instruction et confession de la Foy*）更名为《信仰问答》（*Catéchisme*）以供学习。事实上，在前一年的 11 月，加尔文已经请求日内瓦先生，要求日内瓦的每一位居民（habitant——即合法居住的外侨）能不折不扣地遵守 21 条《信仰信条》（*Confession of Faith*）。我们不清楚加尔文为何仅仅要求像他和法雷尔这样的居住者这样做，他们在日内瓦的选举中没有投票权，也没有权力申请公职。最可能的解释是为了从日内瓦清除那些同情旧宗教的外国人。然而，1537 年 1 月的条款要求"日内瓦所有的公民（citizen）和侨居者（inhabitant），并该地区所有的国民"都应该确定自己效忠这一信条。

看起来在 1537 年底之前，加尔文和法雷尔所梦想的新耶路撒冷已经基本建成。然而，事实上强烈的反弹却已经发生。日内瓦的宗教改革也许改变了民事与教会的结构与实践，然而，它未能、也不能改变人性。加尔文与法雷尔的举措并不太受欢迎，反对法雷尔的派系发现自己因此势力大增。日内瓦人不愿意被迫参加布道会，更不喜欢受到逐出教会的威胁。对于逐出教会的做法，就连支持法雷尔的派系也犹豫不决：1537 年 1 月，执法官要求凡想参加圣餐仪式的人都可以参加。日内瓦先生拒绝成立任何可能威胁到执法官权力的法庭，而且想到与伯尔尼签订的一年举行四次圣餐的条约，他们也拒绝每个月领一次圣餐的做法。此外，日内瓦人讨厌实施他们认为严厉的、墨守成规的措施，认为这些措施与日内瓦 1536 年宣布得到的新自由相抵触。不可避免的结果产生了：1538 年 2 月 3 日，当选的四位市政官敌视加尔文和法雷尔，他们在宗教信仰和实践上采取了亲伯尔尼（pro-Bernese）的路线。紧接着六位纪尧姆派人士因为被指控参与政治阴谋而遭小议会停职。

3月份，局势更加紧张。一系列的事件破坏了加尔文在日内瓦城中的权威。神职人员被禁止参与任何形式的政治活动。[38]同时，仿佛为了强调到底由谁控制日内瓦，市议会变本加厉，规定从此以后日内瓦宗教事务的处理方法采用伯尔尼模式，而不是加尔文和法雷尔所提出的方案。[39]现在的日内瓦处处仿效伯尔尼。市议会对日内瓦易受伤害的处境十分关注，而且注意到迄今为止仍然独立的洛桑的命运，因此没有什么胃口和他们的"解放者"举行宗教辩论。一个月后，伯尔尼先生致信给加尔文和法雷尔，要求他们遵从伯尔尼的模式。[40]加尔文和法雷尔先是含糊其辞，接着明确抵抗，市议会的怒气积聚到复活节（4月21日）时，他们终于失去耐心，将加尔文和法雷尔从日内瓦流放出去。

100

1538—1541 年在斯特拉斯堡的流亡生涯

加尔文似乎花了一段时间才接受了自己真的不可改变地从日内瓦被赶出来的事实。他起初试图回归默默无闻的生活，重新拾起他1536年被迫放弃的学术追求。他回到巴塞尔一事，充分证明了这一说法。更关键的是，他投身全职侍奉的信念动摇了。上帝是否真的呼召他在教会里侍奉？从日内瓦被流放，使加尔文质疑自己从前对上述呼召的理解（更确切地说，是对上述呼召的确信）。[41]这种疑惑因杜·蒂利特（du Tillet）的一封信而加剧，因为信中暗示上帝没有呼召加尔文从事任何侍奉。[42]

加尔文意识到自己的困难之一在于缺乏经验，而且天真，正如他在日内瓦的经历所反映的。尽管他积极否认自己在日内瓦做过什么错事，他也清楚地承认本来可以而且应该用不同的方式处理某些事。[43]加尔文的个人危机很快就自行解决了。10月20日，加尔文致信杜·蒂利特，开篇就坚决声明自己不再怀疑上帝呼召他全职侍奉，他写道："主已经给我更确定的理由，使我确信这个呼召的有效性。"[44]对于蒙召的新的确信似乎来源于他在斯特拉斯堡期间新的侍奉领域及写作活动。

日内瓦在欧洲只是偏僻小城，而斯特拉斯堡却是主要的中心之一。在约翰·施图尔姆（Johann Sturm）的带领下，斯特拉斯堡已经获得日内瓦这类小城市不敢奢望的国际声望。宗教改革已经在斯特拉斯堡开展了一段时间[45]，因此这里为年轻的加尔文提供了一个稳定的而非开拓性的侍奉环境。尤为重要的是，斯特拉斯堡为加尔文提供了他一直缺乏的两样东西，就是牧养教会的经验与政治经历。斯特拉斯堡的宗教改革领袖马丁·布塞在自己身边聚集了一群追随者，例如沃尔夫冈·卡皮托。劝加尔文搬到斯特拉斯堡的建议，7 月份就提出了，加尔文直到 9 月才接受这个提议。尽管斯特拉斯堡和巴塞尔一样也是讲德语的城市，然而在其境内有相当多的法语居民。加尔文的职责就是牧养这些已接受宗教改革的法语会众。很明显，会众对他讲道和侍奉的正面反应，帮助他恢复了对自己能力的信心。[46]

如果加尔文对搬到斯特拉斯堡存有疑虑，这些疑虑很快也就被打消了。除了一方面之外，他生活的各个方面都获益匪浅。加尔文有机会陪伴布塞和他的同事去沃尔姆斯（Worms）和雷根斯堡（Ratisbon）参加国际会谈，从中获得最高层次的教会外交经验。从斯特拉斯堡安全的观测台上，加尔文能够看到德国境内教会与政府之间关系的弊端，这也许是路德给宗教改革留下的最有害的遗产。加尔文注意到政府如何支配教会，因此着手设计另外的模式。在约翰·施图尔姆新建的学院，加尔文能够发挥自己作教师的恩赐。他也能够开始实施自己早先要求日内瓦教会实行的那些举措，当时没能办到的，现在可以尝试并从中总结经验教训。布塞已经自主采纳了加尔文提出的许多举措，如吟唱《诗篇》，年轻人必须学习信仰问答，只有那些忠心的人才能参加圣餐仪式。

加尔文的不如意，和他的经济状况有关。加尔文生活拮据，在斯特拉斯堡那段时间，加尔文似乎不得不变卖一些藏书。[47]加尔文在 1543 年写道，他觉得需要为自己 1539 年版的《基督教要义》缺乏详细的引文而道歉（该书于 1538 年 10 月左右在斯特拉斯堡完成）。加尔文解释，他当时手头只有奥古斯丁的一卷书，因此引文不得不借助记忆。[48]

尽管缺乏书籍，加尔文在斯特拉斯堡的著述还是十分可观：《基督教要义》的新版本于 1539 年 8 月问世，稍后不久，法语版《基督教要义》于 1541 年横空出世。《复萨多雷托书》（*Reply to Sadoleto*）于 1539 年 10 月发表，针对这位显赫的议会外交官所发出的批判与诱导，加尔文为日内瓦宗教改革的基本思想作出辩护。（萨多雷托给日内瓦人的信也揭示了日内瓦面临回归天主教的潜在威胁，而加尔文在日内瓦的对手却无力对抗。）与此同时，加尔文完成了第一部重要的释经书，即《〈罗马书〉注释》，并于次年出版。1541 年出版了《简论圣餐》（*Short Treatise of the Lord's Supper*）。哪怕不经意地看看这些著作，例如新版《基督教要义》，我们都会发现加尔文的表达更加清晰，视野更加开阔，这都归因于他学识的增长与对制度更宽广的认识，而这一切都来源于他在斯特拉斯堡带领教会的第一手经验。1536 年的作品中模糊而概括性的陈述已经消失不见，代之以精确的细节、清晰的方向及彻底的现实主义思考，这正标志着一个思想家已经摸准了这个真实世界的人类社会和制度的脉搏。到 1541 年，加尔文已经积累了大量管理教会的实践经验，并且深入思考了教会、公民政体和纪律的理论，在这点上他深受布塞的影响。只在 1538 年的日内瓦时的加尔文头脑中存在的归正教会与团体，已经变成具体有形的现实。过去抽象的理论及纯粹的白日梦已经让位于实际而又具体的经验。

102

　　加尔文没有离开流亡之地的意思。1540 年 7 月他已经获得斯特拉斯堡的公民身份，次月他接受布塞的建议，与当地一位叫依蒂丽·德·波尔（Idelette de Bure）的寡妇结婚。没有任何压力可以促使加尔文离开斯特拉斯堡，事实上，他在学术与社会上的声誉与日俱增。但日内瓦的情况却已经改变了。早在 1540 年 10 月，试探性的建议就已传到斯特拉斯堡：加尔文愿意回日内瓦吗？

重返日内瓦

　　日内瓦 1539 年的选举缺乏成效，因为它未能把法雷尔和加尔文的对手从具有影响力的职位上完全清除，同时依然不给法雷尔和加尔文的支持者任何权力。伯尔尼和日内瓦的关系开始恶化。1536 年，为结束伯尔尼对日内瓦的占领，两城签订了条约，条约中一些隐晦不清的条款却使两城交恶。明显反对法雷尔和加尔文，却支持让·菲利普（Jean Philippe）的让·吕林（Jean Lullin）率领一个三人代表团到伯尔尼，试图解决问题。伯尔尼人坚持用瑞士德语谈判，让·吕林声称自己完全能够理解这种语言。一系列的条款达成了。因他们所谈判的条款而得名的阿提古兰派（Articulant）似乎已经确保了自己的统治地位。

103

然而，两个月后，伯尔尼人周到地为他们的盟友提供了一份法语译本的条款。日内瓦人大惊失色：让·吕林对瑞士德语的理解比任何人想象的还差。条款立即受到批判，让·吕林接到命令，回伯尔尼重新商谈1536年的条约。然而，让·吕林却拒绝了。1540年4月，伯尔尼人开始施压：于1539年"得到澄清"的1536年条约必须得到全面彻底的实施。日内瓦城内暴动随之而来，同时要求逮捕阿提古兰派，他们现在差不多被公认为伯尔尼人在日内瓦的代言人。伯尔尼要求日内瓦人对阿提古兰派温和一些，这就更加强了众人对他们的这种印象，于是三个人都在缺席的情况下被判了死刑。在接下来的暴动之后，让·菲利普和他的支持者之一被逮捕并被处决。反对法雷尔的派系因为伯尔尼的关系受到致命的打击，不再是日内瓦的重要政治势力。

1540年10月，亲法雷尔的派系已经控制了日内瓦。法雷尔与加尔文不在时所发生的事情已经证明了宗教改革与自治之间、道德与士气之间相互依存的关系。尽管市议会主要关注的是城市的独立与士气，然而，他们也逐渐意识到法雷尔提出的宗教议程是不可规避的。[49]亲法雷尔的派系也许对宗教改革或维护公德并没有多大兴趣，然而日内瓦共和国的生死存亡，看起来却悬在他们身上。他们首先采取的举措之一就是召回法雷尔和加尔文，希望能够恢复法雷尔1536年的宗教改革。法雷尔和加尔文的敌人已经被铲除，他们现在能够安全回到日内瓦。邀请似乎主要是向法雷尔发出的。然而，法雷尔现在住在纳沙泰尔，并且受雇于伯尔尼人。法雷尔没有回日内瓦的打算，即便他准备回去，他的伯尔尼雇主也不打算让他离开，以免伯尔尼与日内瓦之间的关系进一步恶化。加尔文起初也没打算回日内瓦。然而1541年2月，法雷尔说服了犹豫不决而又不情愿的加尔文。同年9月13日，加尔文再度踏上日内瓦的土地。1538 年离开的那位没有经验而且冲动的年轻人，现在已经变成一位经验丰富、深谙世事的老练的教会组织者。加尔文在日内瓦的第二阶段，将最终见证加尔文在城中的权力较量中占据决定性的上风。然而，这还是相当遥远的事。加尔文准备重归日内瓦的时候，等待他的却是一道虚假的曙光。

注释

[1] *OC* 8. 416.

[2] *OC* 48. 117-118.

[3] Kingdon，'Deacons of the Reformed Church'.

[4] 见 Kingdon，'Social Welfare in Calvin's Geneva'。

[5] B. Moeller，*Imperial Cities and the Reformation* (Philadelphia，1972).

[6] T. A. Brady，*Ruling Class*，*Regime and Reformation at Strasbourg*，*1520-1555* (leiden，1977).

[7] S. E. Ozment，*The Reformation in the Cities*：*the Appeal of Protestantism to Sixteenth Century Germany and Switzerland* (New Haven，1975).

[8] P. Broadhead，'Popular Pressure for Reform in Augsburg, 1524-1534'，刊于 W. J. Mommsen (ed.)，*Stadtbürgertum und Adel in der Reformation* (Stuttgart，1979)，pp. 80—87；H. von Greyerz，*The Late City Reformation in Germany*：*the Case of Colmar* (Wiesbaden，1980)；W. Ehbrecht，'Verlaufsformen innerstädtischer Konflicte in nord- und westdeutschen Städten im Reformationszeitalter'，刊于 B. Moeller (ed.)，*Stadt und Kirche im 16. Jahrhundert* (Gütersloh，1978)，pp. 27—47；同前，'Köln, Osnabrück, Stralsund：Rat und Bürgerschaft hansischer Städte zwischen religiöser Erneuerung und Bauernkrieg'，刊于 F. Petri (ed.)，*Kirche und gesellschaftlicher Wandel* (Cologne，1980)，pp. 23—64；Guggisberg，*Basel in the Sixteenth Century*；S. Jahns，*Frankfurt*，*Reformation und schmalkaldischer Bund* (Frankfurt，1976)；E. Naujoks，*Obrigkeitsgedanke*，*Zunftverfassung und Reformation*：*Studien zur Verfassungsgeschichte von Ulm*，*Esslingen und schwäbische Gmünd* (Stuttgart，1958)；H. -C. Rublack，*Die Einführung der Reformation in Konstanz* (Gütersloh，1971)；同前，'Forschungsbericht Stadt und Reformation'，刊于 B. Moeller (ed.)，*Stadt und Kirche im 16. Jahrhundert* (Gütersloh，1978)，pp. 9—26；R. W. Scribner，'Civic Unity and the Reformation in Erfurt'，*Past and*

Present 66（1975），pp. 29—60；同前，'Why was there no Reformation at Cologne?'，*Bulletin of the Institute of Historical Research* 49（1976），pp. 217—241；H. Stratenwerth，*Die Reformation in der Stadt Osnabrück*（Wiesbaden，1971）；G. Strauss，*Nuremberg in the Sixteenth Century*（New York，1966）；W. Wettges，*Reformation und Propaganda：Studien zur Kommunikation des Aufruhrs in süddeutschen Reichstädten*（Stuttgart，1978）。

[9] A. E. McGrath，'Justification and the Reformation：The Significance of the Doctrine of Justification by Faith to Sixteenth-Century Urban Communities'，*ARG* 81（1990）.

[10] W. Becker 强调的一点，*Reformation und Revolution*（Münster，1974）。

[11] 受瑞士欺压的德国常常不现实地将瑞士视为公民自由的典范：T. A. Brady，*Turning Swiss：Cities and Empire，1450-1550*（Cambridge，1985）。

[12] H. C. Peyer，*Leinwandgewerbe und Fernhandel der Stadt St Gallen von den Anfängen bis 1520*（2 vols：St Gallen，1959-1960）.

[13] Scribner，'Civic Unity and the Reformation in Erfurt'.

[14] N. Birnbaum，'The Zwinglian Reformation in Zurich'，*Past and Presents* 15（1959），pp. 27—47.

[15] Borel，*Les foires de Genève au XVe siècle*.

[16] Bergier，*Die Wirtschaftgeschichte der Schweiz*，pp. 293—299.

[17] Monter，*Calvin's Geneva*，pp. 29—63 及其中的参考书目可以提供许多有用的信息。

[18] 参见 W. Richard，*Untersuchungen zur Genesis der reformierten Kirchenterminologie des Westschweiz und Frankreichs*（Berne，1959），pp. 41—53。

[19] Ammann，'Oberdeutsche Kaufleute und die Anfänge der Reformation in Genf'.

[20] van Berchem，'Une prédication dans un jardin'.

[21] Herminjard，*Correspondance des réformateurs*，vol. 3，pp. 125—126.

[22] 军事战役的详情参见 *Histoire militaire de la Suisse*（4. vols：Berne，1913-1917）各处。

[23] F. J. C. Gingins la Sarra，*Histoire de la ville d'Orbe et son château*（Lausanne，1855）.

[24] M. H. Körner，*Solidarités financières suisses au XVIe siècle*（lucerne，1980）.

[25] Monter，*Genevan Government*，pp. 11—14.

[26] 详情参见 *OC* 21. 200-202。

[27] *OC* 31. 24（在较长的法语版文本之后）.更简洁的拉丁版文本指出加尔文所说

的"研究"有些许矫饰之嫌。

［28］*OC* 21.30.

［29］*La Dispute de Lausanne* 1536：*La théologie réformée après Zwingli et avant Calvin*（Lausanne，1988）.

［30］*OC* 9.701-702.

［31］*OC* 9.877-884. 他还在 10 月 7 日短暂地介入辩论：*OC* 9.884-886。

［32］*OC* 9.879，890.

［33］参见加尔文于 1536 年 10 月 13 日从洛桑给弗朗索瓦·丹尼尔（François Daniel）写的信：*OC* 10b.64。

［34］Dankbaar，*Calvin*，p.49.

［35］Kingdon 所强调的一点，'Calvin and the Government of Geneva'，p.58。

［36］*OC* 1.369-370.

［37］*OC* 1.372-373.

［38］*OC* 21.222.

［39］伯尔尼的仪式需要保留被法雷尔废弃的浸礼池、婚礼、无酵饼和几个宗教节日（圣诞节、复活节和五旬节）。

［40］*OC* 10b.185-186.

［41］加尔文 1538 年 7 月 10 日和 10 月 20 日给杜·蒂利特（du Tillet）写的信很能说明这个问题：*OC* 10b.201，221。

［42］该信写于 1538 年 9 月 7 日：*OC* 10b.242-244。

［43］注意 1538 年 9 月给法雷尔的信，这里他说自己"没有经验、粗枝大叶、疏忽并犯错误"：*OC* 10b.246。10 月 1 日写给"日内瓦的忠诚者"的信语气与此非常相似：*OC* 10b.253。

［44］*OC* 10b.270-272。

［45］详情参见 Brady，*Ruling Class*，*Regime and Reformation at Strasbourg*；M. U. Chrisman，*Strasbourg and the Reform*：*A Study in the Process of Change*（New Haven/London，1967）；同前，*Lay Culture*，*Learned Culture*：*Books and Social Change in Strasbourg*，*1480-1599*（New Haven/London，1982）.

［46］注意加尔文在新事工的开始阶段给法雷尔的信：*OC* 10b. 247。

［47］Pannier，*Calvin à Strasbourg*，pp.39—40.

［48］*OC* 6.336.

［49］Höpfl，*Christian Polity of John Calvin*，pp.129—131.

日内瓦：力量的巩固

正如拜伦（Byron）在《贺拉斯的启示》（*Hints from Horace*）中所说，重复的故事难以引起新的兴趣。人们对加尔文第二次来到日内瓦期间的苦难经历，已耳熟能详，在此没有必要重复。有关那段时期的大量传说，反映出 19 和 20 世纪许多人对加尔文的强烈反感。[1]其中或许有一两点值得注意，它们显明了"日内瓦的大独裁者"的观念，已深深根植于流行的宗教与历史著作中。我们在本书中所要强调的是，虽然这一观念不完全是凭空捏造的，但却是对史实的严重歪曲。

奥诺雷·德·巴尔扎克（Honoré de Balzac）在《人间喜剧》（*La Comédie Humaine*）中告诉我们，加尔文于 1541 年返回日内瓦之后，"处决随即开始，加尔文组织起自己的宗教恐怖活动"。也许巴尔扎克在尽情发挥诗性情怀之际，将加尔文与罗伯斯庇尔（Robespierre）混为一谈。无论怎样，日内瓦从未出现过恐怖统治，加尔文也从未煽动过这样一场运动，更不用说控制或领导了。从他返回日内瓦直至去世，日内瓦只发生过一次因宗教过犯而引起的处决，而且，我们会看到加尔文参与此事的程度极其有限。为败坏加尔文的名声，当代的奥尔德斯·赫胥黎（Aldous Huxley）毫无根据地声称，在"加尔文对日内瓦实行高压神权统治时期，一个儿童因斗胆打父母而被当众斩首"[2]。首先，日内瓦的档案（无可挑剔的详尽）中没有任何有关此事的记录；

其二，日内瓦的刑法和民法中也没有任何依据支持类似的诉讼，更不
用说如此严酷的惩罚；其三，日内瓦刑法和民法的内容和执行，与加
尔文毫无关系。虽然加尔文身为职业律师，偶尔参与起草日内瓦的立
法；例如，1543 年左右，他受邀起草一些有关城市巡逻者的法律，但
是这些不是**他的**法律，而是城市的法律。

其四，赫胥黎对"神权统治"（theocratic rule）这一词组的盲目使
用值得商榷。的确，加尔文的政治思想常被视为蕴含深远的神权意
义。[3]然而，我们有必要澄清这个概念的微妙含义。它通常暗指这样的
一种政体，即政治权力被神职人员或属教会的权力机构支配；在此意
义上，加尔文显然从未成功地在日内瓦建立神权统治，事实上他也从
未有此企图，尽管赫胥黎的铺张陈词与之相悖。不过，"神权统治"还
有一种含义，更加来自神学和词源学层面：所有权柄都被视为由神而来
的这样一个政体。[4]加尔文对政府，尤其是处于日内瓦局势之中的政府
的理解，可视为后者意义上的彻底的"神权统治"，而不含这个词的威
胁意义。然而，这两种含义，都认为上帝间接参与管理秩序与政府的
各样事务：上帝或以神职人员为媒介，或通过根源于他的政治权柄观念
的本身加以参与。

可能加尔文当时以为自己是以胜利者的姿态凯旋而归，接掌日内
瓦的宗教改革。如果他曾经抱有这样的幻想（但文献证据显示他并无
此念头），那么它也会在几个月之内被无情地粉碎。可能那时确实有过
一段蜜月期，议会似乎给了他充分的自由去改革日内瓦教会的结构。
然而，这段时期比较短暂。加尔文的计划屡屡遭到狡猾的议会阻
挠——议会真正关心的，是维护、加强自己对城市的控制。16 世纪 40
年代后期，形势越发明朗，加尔文根本没有得到必需的政治地位，以
达成他的目标。随着自由派［Libertins，与阿米·佩林（Ami Perrin）
联合的党派，又称佩林派（Perrinists）］占据优势，市议会日益反对加
尔文。结果，市议会的行为就像颠倒的米考伯先生（Micawber）[5]，总
是寻机拒绝。加尔文事业受挫之外，又遭遇个人悲剧。如我们先前所
知，他在斯特拉斯堡娶了一名寡妇依蒂丽·德·波尔。他们的独生子
出生不久就夭折了。[6]1545 年，他的妻子身染重病，经受病痛时断时续
的折磨之后，于 1549 年 3 月去世，留下前一次婚姻所生的两个孩子给

加尔文抚养。加尔文的支持者似乎很多，但朋友却极少；丧亲之痛使他变得孤独凄凉。[7]直至 1555 年，他似乎严重缺乏城市权力阶层的支持。要了解这种局面是如何出现的，我们必须先考察当时日内瓦的组织构成。

加尔文与日内瓦政府

如果有哪个 16 世纪的政体可以与希腊城邦相提并论，那么非日内瓦莫属。弗朗索瓦·博尼瓦尔将他编的纪尧姆·波斯特尔（Guillaume Postel）研究古雅典地方官的法语版著作，献给日内瓦的小议会（*Petit Conseil*），表明他看到这古代与现代两个城邦之间的某些相似之处。日内瓦的领土因为一些顾虑而受到严格制约，这些顾虑包括自然地理条件、军事谋算和政治野心，而它们时而互相对立矛盾。事实上，16 世纪的日内瓦是个围在防御城墙之内的小城市，城墙坚固与否的可靠性很值得怀疑（因而长期消耗地方财政来加固城墙）。市政府沿袭了在一些法国大城市建立起的成熟模式。[8]自从次等自由民（the Second Bourgeoisie）出现之后，日内瓦政府的基本结构采取了以下形式。[9]

1526 年起，日内瓦的居民被分为三大类。公民（*citoyen*），指出生（继而受洗）于日内瓦，并且父母已是日内瓦公民的人。统治机构，即小议会（*Petit Conseil*），全部由公民组成。那些在日内瓦城之外出生的人分为两类。拥有（或通过购买、协商获得）自由民（*bourgeois*）身份的居住者，有资格每年集会并选举为政府官员，且可以入选 60 人议会（the *Conseil des Soixante*）或 200 人议会（the *Conseil des Deux Cents*）。严格说来，自由民没有入选小议会的资格。剩下的居民（*habitant*）有效拥有合法的外地居留者身份，但没有选举权、不允许携带武器，也不可在市内担任公职。不过有一个特例：居民可以成为牧师，或在高等学院（*haute école*）任教——条件是日内瓦出生的公民中无人能履行这样的义务。直至 1559 年，加尔文本人一直属于这最后一类人。

60 人议会的功能十分模糊，它似乎不过是 14 世纪架构的残余，在加尔文时期的日内瓦碌碌无为。200 人议会设立于 1527 年，原因是总议会（the *Conseil Général*）遭遇困难：总议会可追溯到日内瓦人口还十分稀疏的年代，当时召聚所有本地出生的公民商议决策并非难事，但事实证明总议会已成为原始而笨拙的政府工具。加尔文时期，总议会通常每年召开两次，目的也已事先严格限定：2 月选举市政官，11 月确定玉米和酒的价格。参照伯尔尼和苏黎世等城市的样本，日内瓦引进 200 人议会作为折衷，既保留了具有广泛代表特征的总议会，又避免了召聚大批公民的不便。

如前所说，日内瓦政府的核心机构是小议会（也称为 the *Senatus*，*Conseil Ordinaire*，*Conseil Estroicte*，或简称为 the *Conseil*）。"日内瓦市政议会"（Genevan city council）这个不太严格的称呼，应该就是指这个小型议会，其成员被称作"日内瓦先生"（Messieurs de Genève）或领主（*Seigneurie*）。该议会由 24 名男性公民组成，其中包括四位市政官。几乎公共事务的每个领域都受到日内瓦先生的严格审查，他们对于掌控城市生活的任何方面都决不疏忽。对于日内瓦这样的小城而言，独立于当时强大的邻邦几乎是不可能的；但正是由于小议会在保留和行使权力时的嫉妒和精明，才使日内瓦有 250 年得之不易的独立。日内瓦的主权维持到 18 世纪 90 年代，一直到法国大革命的军队为扩大影响范围，而入侵日内瓦为止（也可以说，这一事件对 1815 年日内瓦决定加入瑞士联邦颇有影响）。16 世纪的日内瓦对选举权的严格限制，反映出城市中对外来人可能影响其事务的普遍担忧。通过将公民身份及选举和任职的权力限制在特定的本地公民范围内，议会有效地阻挡了外国人对城市施加政治影响的企图。

加尔文就这样被阻挡于城市的决策机构之外。他不能参加选举，不能竞聘公职。1541—1559 年，他在城市中的地位只是居民。与其后的日内瓦名人让-雅克·卢梭（Jean-Jacques Rousseau）不同，加尔文从未登上这样一个位置，使他有资格用令人艳羡的"日内瓦公民"（*citoyen de Genève*）几个词装点著作的扉页。1559 年 12 月 25 日，他的名字终于载入前日内瓦共和国的自由民名册（*Livre des bourgeois de l'ancienne République de Genève*）[10]；虽然日内瓦最终授予加尔文自由民身份，这座与他名字联系如此紧密的城市却将他永久排除在公民阶层以外。他只能通过讲道、磋商以及其他形式的合法劝导间接影响日内瓦。尽管加尔文的道德权威有很大影响力，但是他缺乏民事审判权，缺乏强迫别人按照他的意愿行事的权力。加尔文可以也的确做了催促、劝诱、恳求；然而，他却无法发号施令。

加尔文作为"日内瓦独裁者"的形象与已知史实毫无关联。斯蒂芬·茨威格（Stephan Zweig）将加尔文描述成使用铁腕统治不幸的日内瓦人民的专制领导者，这也许更多出自茨威格的想象和反独裁的立场。他更有可能是把自己了解的罗伯斯庇尔、希特勒和斯大林的形象与加尔文糅合起来，而非实际反映出 16 世纪日内瓦的生活。市议会无意将来之不易的权力和特权拱手让人——更不用说是一个没有选举权、可被随意解雇和驱逐的外国人。除了教会法庭（the Consistory）和牧师圣职公会（the Venerable Company of Pastors）之外，日内瓦的法律和民事规章的产生、形式及公认的适用范围均不出自加尔文之手。市议会自始至终保留其对宗教事务的领导权。加尔文在城市事务中的权威完全是个人的、道德层面的。这一点也可以从他死后，他的继任者遭遇到重重阻力而获得证明。

1553 年 3 月，加尔文的地位已摇摇欲坠。一个反加尔文的联盟占
110 据了多数政府席位。1552 年 2 月的选举中，他的老对手阿米·佩林当选第一任市政官，而且其余三席市政官中的两位，是佩林的支持者。佩林的连襟皮埃尔·狄索（Pierre Tissot）成为市护卫队的领导（lieu-tenant）。1553 年，佩林派（俗称自由派）控制了小议会。至此他们觉得可以挑战独属加尔文的领地——教会纪律。依据 1541 年的《教会法令》（Ordonnances），教会纪律被约定为牧师的权限，通过教会法庭执行。日内瓦教会仿效伯尔尼的模式，将四个圣餐纪念日在一年当中均匀分布——圣诞节、复活节、五旬节和 9 月。这使得一位法国人不禁挖苦说，这样的安排似乎是模仿里昂一年四次的贸易集会。[11] 随着 1553 年复活节圣餐礼临近，市议会要求教会法庭提供一份被革除教籍的全部人员名单，并要求——注明理由。其含义显而易见：议会自认为有权审查所有与教会惩戒有关的判决。这无异于推翻了 1541 年的《教会法令》，或至少也是对法规的反面解释。但加尔文本以为《教会法令》已经解决了教会惩戒执行权的归属问题。

几个月后，一个新决定进一步削弱了加尔文在日内瓦的地位：禁止牧师（包括日内瓦公民身份的牧师）进入选举市政官的总议会。众多加尔文的支持者就这样被轻而易举地剥夺了被选举权。此后不久，议会又插手一起教会事务，再度侵犯加尔文日益缩小的权力范围：鞠赛（Jussy）牧师弗朗索瓦·布尔科恩（Francois Bourgoin）调任日内瓦之后，却被议会所提名的人士取代。1553 年 7 月 24 日，加尔文提出辞职，被议会拒绝。[12]不过稍后出现的新威胁分散了双方对权力斗争的关注——塞尔维特事件。要了解加尔文在此事件中的作用，我们有必要考察一下在市议会垄断司法之前教会法庭的职能。

教会法庭

如果说《基督教要义》（*Institutes of the Christian Religion*）是加尔文宗教改革运动的肌肉，那么他的教会组织就是骨干。加尔文结束斯特拉斯堡的放逐返回日内瓦之后，旋即制定了确立日内瓦教会架构与身份特色的《教会法令》（*Ecclesiastical Ordinances*，1541）。他深信需要建立一个有组织、有纪律的有序教会，因此着手制定管理教会方方面面的细则。[13]必须看到，建立一个符合自己目标的教会组织是加尔文事工的一个最重要方面，这也使我们更有理由将他与列宁相比。二者都十分清楚组织体制对于延展各自革命的重要性[14]，并在建立的行动上毫不耽延。

对比信义宗和加尔文主义在西欧与北美建立的不同情形，可能会帮助我们更好地理解教会结构对加尔文主义在全球发展的重要性。信义宗的发展通常借助君主和王侯的支持，他们对路德"两个国度"（Two Kingdoms）的教义分派给他们的重要教会功用，或许略知一二。尽管加尔文明白赢得君主支持的潜在益处（他特别希望得到法国宫廷的支持），但加尔文主义总体上已受到君主和已有教会的双重阻挠，因此不得不在敌对的环境中生存前进（如 16 世纪 50 年代的法国）。在这种情况下，加尔文主义者团体的生存就只能依赖于一个强大、井然有序，能在敌对环境中生存的教会。与信义宗的同僚相比，加尔文主义者的教会中更加复杂的组织结构证明他们能够抵御更恶劣的局势，这个结构也使加尔文主义在看似走投无路的政治局面中，能有充足资源使自己取得进展。

加尔文的教会职能系统中最具特色也最有争议的部分，就是教会法庭。这机构于 1542 年成立，包括（每年由法官选出的）12 位平信徒长老，和所有牧师圣职公会的成员（1542 年有 9 位，1564 年有 19 位）。这个团体每周四聚集，目的是维持教会秩序。这一机构的起源不太清楚，似乎仿效了当时已有的婚姻法庭[15]，如苏黎世的婚姻裁判所（*Ehegericht*）。其雏形实际上在加尔文流放斯特拉斯堡期间就已在日内瓦建立。[16] 当然，教会法庭早期的活动重心之一集中于婚姻问题——教牧和法律都感到棘手的一个难题；它的活动相当程度上反映出已有婚姻法庭（大多带有世俗特征）的角色。

教会纪律问题令改革后的瑞士各城的权贵们烦心不已。如果说在 16 世纪 30 年代，某个普遍模式已占据上风，那就是茨温利的观点，他认为教会纪律当归世俗立法机构管辖。[17] 在接替茨温利的亨利希·布林格（Heinrich Bullinger）任内，苏黎世视革除教籍为民间事务，应由法官而非神职人员处理。[18] 巴塞尔也对单纯由教会掌握革除教籍的权力的合宜性，持严肃的保留态度。[19] 如果说伯尔尼在某种程度上是个例外，那是因为它根本不会革除其教会成员的教籍。[20]

教会与世俗立法机构对立的理论起源，可追溯到 1530 年的巴塞尔。约翰·厄科兰帕迪乌斯（Johann Oecolampadius）曾在巴塞尔市议会面前，力陈民事与神职权限之间的根本区别。他认为有必要建立一个教会法庭，主要任务是对付罪（sin），而世俗的司法则继续处理各类刑事犯罪。[21] 前者应有权革除过犯者的教籍，以鼓励他们改过自新，避免扰乱教会的合一和生活。巴塞尔市议会表示异议，此事就此搁浅。

然而，设立专门教会法庭的想法在 16 世纪 30 年代赢得支持。尽管马丁·布塞在 1530 年 10 月 19 日写给茨温利的信中，表示反对教会法庭[22]，但不久他似乎又改变了立场。这有可能反映出布塞对茨温利的疏离，原因是后者于 1531 年 2 月 12 日所写的信，他指责布塞为政治私利而出卖福音真理。[23] 1531 年，布塞支持在乌尔姆市设立由平信徒和牧师共同组成的教会法庭，处理教会惩戒方面的事务。1534 年 2 月，激进分子占领明斯特，这使斯特拉斯堡市议会认识到，如果斯特拉斯堡（那个时期被誉为激进分子的避风港）要避免重蹈覆辙，不步明斯特后尘，就必须强化教会纪律和正统信仰。然而，市议会否决了布塞设立专门教会法庭的主张，使得教会纪律的控制权仍牢牢握在市政当局的手中。[24]正是布塞的想法，而非斯特拉斯堡的惯例，激发了在此逗留的加尔文的想象力。[25]1537年1月，由法雷尔和加尔文为建立日内瓦教会而共同起草的条款，几乎预先涵盖了1541年《教会法令》的方方面面——但明显缺少教会法庭部分。[26]这就说明，正是在加尔文逗留斯特拉斯堡期间，有关教会法庭的想法才渐渐发展成形。

加尔文将教会法庭构想成监督、维持宗教正统的一个主要工具。他在斯特拉斯堡的经历告诉他，改革后的基督教世界若要生存下去，关键在于纪律，而教会法庭正是纪律的保障。它的首要功能是对付那些宗教观念偏离并威胁日内瓦既有的宗教秩序的人。由于教牧或道德等其他原因而被视为行为不端的人，也以同法论处。首先，会向这些人指出其错误所在；如果无效，可以采用革除教籍的惩罚作为威慑。不过，这只是纯教会性惩罚，而非民事处罚；教会有权禁止犯事者参加日内瓦一年四次圣餐礼中的一次，但无权对其施加任何民事惩处。嫉妒教会的法庭权力的市议会则坚持，"教会的牧师没有民事管辖权，除了神的话语作为他们属灵的利剑，他们没有别的权力……教会法庭不能减损领主（Seigneurie）日常司法的权威。民事权力必须不受侵犯。"

加尔文死后，教会法庭就失去了方向感，沦为控制社会的粗陋工具，几近荒唐可笑。1568年，两男一女因为"丑行和对婚姻制度不恭"而被革除教籍：他们曾在婚礼后共进早餐，席间新郎将一条面包切成若干薄片，意图以此暗示他与新娘享受性交的次数。1564—1569年，教会法庭共发出了1906条革除教籍的命令。[27]例如，1568年曾有人四次被革除教籍而获得靠不住的名声，因而无缘参加当年的每一次圣餐礼。革除教籍的理由读来十分有趣：殴打妻子和在家里家外的争吵导致的暴力行为，占据教会法庭日常事务的一大部分。赌博、酗酒和通奸在法庭记录中都有涉及，不过不如预计的那样普遍。无论怎样，加尔文赋予教会法庭独特的**宗教**角色，显然已遭侵蚀；随着他的去世，他所创立的这一机构的方向感也消失殆尽。

16 世纪 50 年代早期，有关教会法庭职能的争议，集中在究竟是日内瓦先生还是教会法庭拥有革除教籍的处罚权。依据《教会法令》，加尔文认定这权力毫无疑问属于教会法庭；阿米·佩林领导的反对派则坚持只有市议会有权施行惩罚。于是加尔文和佩林派摩擦的主要原因与教会惩戒问题有关。[28]尽管佩林与他的支持者并不反对宗教改革，但他们却强烈抵制加尔文的惩戒体系［正因如此，他们通常被称为"自由派"，虽然"自由主义者"（Liberal）这个现代名词可能更适合他们］。这个冲突在塞尔维特事件中达到顶峰。

塞尔维特事件

如果市民生活中有哪一部分是市议会下决心大权独揽的，那就是司法工作。日内瓦司法当局在反叛日内瓦主教及其庇护者萨伏伊王室（Duchy of Savoy）之时，就攫取了民事和刑事司法权。我们已经知道日内瓦独立之前，主教权威的象征是市长（*vidomne*）。这位官员连同他的下属占据了罗讷河中央岛上的城堡，提醒人们主教对城市的统治权。1527 年，主教的民事案件审判权转移给城市。随后的几年中，所有司法权威逐渐转给"日内瓦先生"：刑事判决权移交到市政官手上，同时禁止由市内向市外的高等法庭上诉。事实上，高等执法权被视为城市独立的体现。若允许任何外界力量或个人影响日内瓦的司法，无异于侵害其来之不易的城市主权。[29]"日内瓦先生"压根就没打算容许外国人对城市管理的核心工作指手画脚。加尔文也许有权在教会法庭里暂时禁止教会中放纵的成员参加圣餐礼以示惩戒。然而，作为一介居民，他被严格排除在民事与刑事司法之外。记住这一点，我们就可以接着考察，既使加尔文在日内瓦的力量得以巩固，又招致他被诬为嗜血暴君的塞尔维特事件。[30]

比起其他任何事件，以异端罪名来审判处决迈克尔·塞尔维特一事，则更渲染了加尔文身后的名声。[31]学者们为何单单选中处决塞尔维特的事件——认为它比起德国在农民战争（1525）中的失败、围困明

115

斯特（1534 年）结束之后采取的大规模处决行动或罗马天主教在伊丽莎白时代的英格兰所执行的残酷处决政策更值得关注或意义更加重大——原因不甚明了。甚至在后来的 1612 年，英国的世俗部门在伦敦和利奇菲尔德（Lichfield）主教的吩咐下，还当众烧死两个与塞尔维特观念相似的人。法国也采用类似的残酷处决政策：1547 年 5 月至 1550 年 3 月，巴黎有 39 个人因异端罪名而被下令活活烧死。[32]《夏多布里昂敕令》（The Edict of Chateaubriant，1551 年 6 月 27 日）废除了必须先经由议会核准，才能判处异端死罪的要求。从此，低级法院便有权自由处置异端分子。现代人对死刑反感，但 16 世纪的社会并非如此，反而将死刑视为清除不良分子及杜绝仿效者的合法又合宜的方式。日内瓦也不例外：由于缺乏长期监狱（短期犯人在等待判决期间要自己承担被关押的费用），只有两个主要的惩罚形式可供选择：流放和处决。另一个令人想不通之处，就是为什么塞尔维特事件会使人觉得可以彰显出加尔文的可怖。加尔文（及其同时代人）视异端之类的罪行为很严重的罪，因此他默认判处异端分子死刑，这多少说明加尔文有其时代性，而不能说明他是悖逆时代标准的残暴的另类人物。启蒙运动后的作家有充足理由抗议前辈残忍，但是单独锁定加尔文进行批判，则透露出一种几近使之蒙冤代过的选择态度。在加尔文至多只是间接参与事件的情况下，却发出这种批判，并忽略其他人和组织更严重的恶行，这使人不得不怀疑批判者的初衷。塞尔维特是加尔文一生中经历的**唯一**一位因宗教观念被日内瓦处以极刑的人，而同样的处决在当时其他地方屡见不鲜。

116

再者，对塞尔维特的审理、判决和执行（包括处决方式的选择），全部由市议会一手包办，而当时市议会正处在仇视加尔文的阶段。佩林派刚刚夺权，一心想削弱加尔文的地位。他们对塞尔维特的起诉——类似于后十年中发生的对伯尔尼的詹提利斯（Gentilis）的起诉——旨在标榜其无可挑剔的正统思想，从而为削弱加尔文的宗教权威作铺垫。为排斥加尔文参与此事，市议会彻底避开深受加尔文影响的正常教会惩戒工具——教会法庭。然而，事关重要的宗教争议，他们无法完全摆脱加尔文。他最初以间接的第一举报人身份参与此案。之后，加尔文又作了此案的神学专家证人，不过，当时的任何一位正统神学家，无论来自新教还是罗马天主教，都能够充当这个证人。

我们还可以再进一步探究这一点。一些批判加尔文的人似乎认为加尔文的整套宗教系统，因塞尔维特事件而不可置信。然而托马斯·阿奎那（Thomas Aquinas）本人就曾在写作中明确支持对异端分子施以火刑："如果异端者仍旧顽固不化，毫无回转的希望，那么教会应革除其教籍，使他与教会分离，以便他人能够得救，然后将他交给世俗的审判，以死罪将他从世上清除。"[33] 许多现代人完全有理由不接受阿奎那这一点以及其他方面的思想——如维护奴隶制、对犹太人的态度、妇女天生低等的想法[34]，但这并不表示阿奎那的宗教和政治思想可以全盘否定。现代读者可以（也常常）做一定程度的选择，承认阿奎那很多观点受历史的局限，并继续肯定在他那里可以找到宗教及其他思想的丰富来源。我们对待加尔文也应该如此，而且必须如此。我们绝不是说，审判可以判处任何被牵连的人死刑。我们说的是，指出日内瓦市议会和加尔文在托马斯·阿奎那的著作中找到充分的支持，也不一定就是对二者的态度和行为的辩护。但是，如果不能就此原谅加尔文，那么我们也必须把他置于他的背景情况中考虑，那个时代缺乏 20 世纪自由思想的诸多敏感触角，认为处决异端不过是家常便饭。

现代读者或许以为"异端"是指有别于盛行的正统思想的见解——正因如此，应该欢迎它们表现出的创造力和个人自由。必须强调的是，这种十足的 20 世纪的理解方式是 16 世纪的人们完全想不到的。对历史上主要的基督教异端的社会政治学的详细研究表明，那些异端不仅仅牵涉到思想，而是有着相当广泛的社会政治目标。例如，古典后期的多纳徒争议（the Donatist controversy），虽然看上去只涉及关于基督教会本质的一些对立理论，然而争议的源头却在于北非当地的柏柏尔人（Berber people）与罗马殖民者之间的紧张关系。神学问题常常作为一层虚假的装饰，遮盖了许多挑战社会政治现状及其"官方"宗教立场的社会与民族运动。[35] 一般而言，中世纪时期的异端对公众之所以有极大的吸引力，并非反映人们对其宗教思想的兴趣，而是人们对其社会政治含义的感知。一个尤为明显的例子来自胡斯主义（Hussitism），即 15 世纪早期与扬·胡斯（Jan Huss）有关的一场运动。虽然表面上，这运动集中在教会本质等一些抽象的神学讨论上，但是它最主要的实力，在于有效吸引着波

希米亚民族主义及其社会经济的规划。因为胡斯运动存在破坏稳定局势
的潜在力量，天主教会被迫采取快速行动对付异端。此时受到威胁的不
仅是教义，还包括教会的权力。

随着宗教改革莅临西欧各城，异端扰乱安定的倾向日趋明显。从
一开始，宗教改革者（例如路德、茨温利、布塞和加尔文）和宗教改
革的激进分子［如雅各·胡特尔（Jakob Hutter）］之间，就存在紧张
的对峙。前者将宗教改革视为改革者与司法人员在现存社会秩序中，
协同行动的过程，后者则认为真正的宗教改革就是扫除现有腐败的社
会及政治秩序。16 世纪 20 年代，苏黎世市议会深感这类激进因素的威
胁，于是竭尽所能阻止他们在城市中获得影响力。宗教改革的激进派，
又称重洗派（Anabaptism），在宗教方面主要以拒绝婴儿受洗为特征；
然而在社会层面，其观点带有偏激的反独裁色彩，甚至包括共产主义
的重要暗示。明斯特市在 1534 年被激进派控制[36]，这一事件证实了宗
教改革的激进派对现存社会结构造成的严重威胁。尽管新教和罗马天
主教的市议会在很多事上意见相左，它们却一致同意异端威胁其城市
的稳定，甚至生存。明斯特的命运——被迫经过旷日持久的血腥包围
才被夺回——表明异端所涉及的影响远远不止思想而已：它严重威胁城
市的生存。没有一个城市承受得住这种搅扰。1534 年后，斯特拉斯堡
市议会为清除激进派的威胁所采取的极端措施，表明当时人们是多么
重视这一威胁。[37]

日内瓦也不例外。一旦日内瓦当局认定他们当中出了一位偏向宗
教改革激进派的异端分子，他们除了行动以外几乎别无选择，尽管严
格说来，塞尔维特并不受日内瓦司法的管束。塞尔维特选择造访日内
瓦的原因不甚清楚；也许像加尔文一样，他在逃往巴塞尔途中在日内
瓦短暂停留。[38]他已被法国天主教当局宣告为异端，不过他从维也纳的
监狱逃脱，前往日内瓦，并于 1553 年 8 月 13 日被捕。他刚刚发表一部
名为《基督教补正》（*Christianismi Restitutio*）的著作。（也许是刻意
与加尔文的《基督教要义》相抗衡？）该书否定基督信仰"三位一体"
的核心教义和为婴儿洗礼的传统做法。虽然加尔文认为前者严重得多，
但从他抨击塞尔维特的激烈言辞来看（必须指出，这些攻击性的言语
证实了加尔文留给大众的普遍印象，即随着年纪渐长，他变得越发气

量狭小、尖酸刻薄），他对后者的反对却引起市议会的担忧。因为否定婴儿洗礼立刻将塞尔维特与重洗派联系在一起（重洗派的字面意思是"重新受洗的人"），而这个激进的宗教改革派曾在苏黎世、明斯特、斯特拉斯堡和其他地方挑起轩然大波。重洗派废除私有制，主张财产公用，并引进经济平等的原则[39]——简言之，他们对脆弱的日内瓦赖以生存的经济社会秩序构成致命的威胁。市议会几乎毫不怀疑威胁的真实存在。尽管加尔文以个人名义安排了对塞尔维特的指控和逮捕，但却是市议会（尽管对加尔文非常敌视）接手此案并积极起诉塞尔维特。[40]［这令一些外人感到惊讶：沃尔夫冈·缪古鲁斯（Wolfgang Musculus）提及，他相信塞尔维特原先还期望从市议会对加尔文的敌对中渔利。[41]］应该说明的是，加尔文在其后的整个过程中，所扮演的角色是技术顾问或专家证人，而不是起诉人。8月21日，日内瓦当局致信维也纳，询问与犯人有关的进一步信息，特别索要逮捕塞尔维特的"证据、信息和逮捕令的副本"[42]。维也纳天主教当局立即要求引渡塞尔维特到维也纳受审。于是市议会给塞尔维特两个选择：回维也纳或留在日内瓦接受司法判决。有趣的是，塞尔维特选择留在日内瓦。[43]

随着事态的进展，两个明确的选择摆在议会面前：将塞尔维特逐出日内瓦或处决他。举棋不定的市议会向伯尔尼、苏黎世、沙夫豪森（Schaffhausen）和巴塞尔的盟友求教。所有的回答都清楚无误。[44]牧师圣职公会登记簿上的记录显示，1553年10月25日市议会决定如下[45]："在收到巴塞尔、伯尔尼、苏黎世和沙夫豪森教会对塞尔维特事件的意见之后，议会成员判决将塞尔维特押往恰姆佩（Champey），处以火刑。"加尔文也许想起他在巴黎的某些朋友受火刑之苦，因此试图将处决方式改为更仁慈一些的砍头[46]，但没人理睬他。第二天塞尔维特即被处决。日内瓦没有职业刽子手。它的刽子手像狱卒和其他公务员一样是业余的。[47]这次火刑的执行笨拙之极。

1903年，在当年处决塞尔维特的现场竖起一座花岗岩纪念碑。碑文谴责"属于他那个时代的错误"。然而，可叹的是，每一个主要的基督教团体在追溯自己在16世纪的历史时，都会发现其操守记录上溅满鲜血。罗马天主教、信义宗、改革宗和圣公会都曾直接——或像加尔文一样间接地——宣判处决过他们自己的塞尔维特。公正地说，将加

尔文单列出来的做法是不恰当的，好像他是这股邪风的始作俑者或者
特别有力的可耻支持者，而其同辈则大都思想开明，期望废除这一刑
罚一样。1553 年 12 月 11 日，艾蒂安·勒·科特（Etienne Le Court）
因提倡"妇女要传讲福音"及其他言论被卢昂的宗教法庭当众羞辱、
绞死并焚尸，这一案件也许远比塞尔维特事件更加令人不安。或许，
历史学家们当和其他人一样，好好磨一下自己的钝刀了。

塞尔维特事件的后续影响非同小可。日益偏向自由主义政策的巴
塞尔对此事感到震惊。[48]期待更现代的观念的塞巴斯蒂安·卡斯特里
奥（Sebastian Castellio），在巴塞尔写了一本小册子，强烈支持对宗教
事务（以及其他所有事务）采取宽容态度。它促使西奥多·德·贝扎
提出一条极富影响力的政府理论来解释市议会的行为并为其辩护。[49]
塞尔维特事件还将加尔文越发推到新教阵营的前沿，巩固了他作为宗
教作家和思想家的显赫声望：德国及其他地方仰慕他的同行发来一封
封信件，表明加尔文已被新教人士视为纯正信仰的维护者。尽管加尔
文在日内瓦仍十分孤立，但这种情形正开始改变，而这种改变于
1555 年的革命中达到了顶峰，这场革命永远确立了加尔文在日内瓦
这座城市中的权威。

1555 年的革命

塞尔维特事件这个插曲结束后，市议会便重新扮演反对加尔文的
传统角色。1553 年的复活节做出审查革除教籍人员名单的决定之后，
市议会在同年 9 月临近又一次圣餐礼时，越发得寸进尺。被教会法庭
革除教籍的腓力贝特·贝尔特利埃（Philibert Berthelier）上诉不服这
决定。然而，他并未向教会法庭提出上诉，而是将诉状投给由加尔文
的反对派控制的小型议会。这是个精明的举动（暗含议会拥有革除教
籍权威的意味）。议会不失时机地推翻教会法庭的判决，尽管它要求贝
尔特利埃此次默不作声。明目张胆的挑衅终于激怒了加尔文。他坚守
立场，认定只有教会法庭拥有权力将名声败坏并不思悔改的罪人逐出
教会，同时只有教会法庭有权审查革除教籍的判决。此事在 11 月 7 日

提交至 200 人议会辩论，结果以压倒性多数决定将革除教籍的最终决定权判归议会。[50]加尔文似乎终于被议会牢牢地踩在脚下。

　　然而，1555 年发生了剧烈的权力调整。要了解此事的经过，有必要先考察一下当时日内瓦人口的变更情况。1550 年，日内瓦的人口约为 13,100 人，1560 年已达 21,400 人。[51]这一大幅增长的主要原因是大量新教徒难民来此避难。[52]作为持不同宗教观念者寻求安全的避风港，日内瓦已名声在外。这些难民主要来自法国。1549—1560 年，在日内瓦居民名册（*livre des Habitants de Genève*）上登记的 4,776 人中，我们掌握了 2,247 人的具体职业信息。其中 1,536 人（68.5%）是手艺人。[53]1547 年，加尔文提到这些难民中的许多人被迫丢下私人财产，生活境况相当贫寒。[54]不过有些人却相当富裕，受过高等教育，社会地位显赫—— 如罗伯特·埃斯蒂安纳（Robert Estienne）之辈的出版商、杰尔曼·科拉顿（Germain Colladon）等律师，以及劳伦特（Laurent de Normandie）等商人。他们几乎无一例外坚决地支持加尔文。[55]

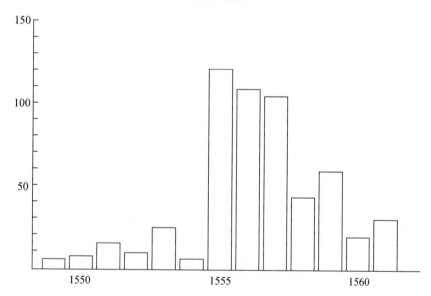

表 6.1　日内瓦自由民名册新增人数统计（1549—1561 年）

　　议会对财政状况的担忧已非一日，此刻似乎突然醒悟，认为可以开发这些富有的外国人的巨大资源。小型议会早就拥有授予个人自由民身份的权力，条件是申请者拥有足够的财富和社会地位。可观的批准费保证城市能从中获益。然而，1540—1554 年间几乎没有多少人获得批准。例如，1554 年只有六个人被授予自由民身份。[56]

1555 年 4 月 18 日，闸门突然打开，小型议会开始接纳合适的（即富裕而有威望的）难民为城市自由民。截至当年 5 月 2 日，57 人获得令人垂涎的自由民身份[57]，同时日内瓦的金库也大大丰盈起来。财政危机也许躲过了，政治危机却接踵而至。因为自由民有权在日内瓦的选举中投票，而且毫不拖延地开始行使这项权力。意识到情况不妙的佩林派试图在 5 月 16 日否决新自由民的选举权，但未获成功。日内瓦的选举机构总议会在 4、5 月会期内，挤满了突然之间获得权力的加尔文支持者。选举圈内的加尔文反对者与支持者之间的微妙平衡被打破，由此反对派大败而归。这个过程持续到 1556 年的选举，那时加尔文的朋友们已接管日内瓦。他终于可以平静地工作，除了料理其他事务，他把思绪转到了自己的祖国——法国的福音事工上。

加尔文成功的缘由

关于加尔文对当时及后世的非凡影响，其宗教改革纲领的评论家和支持者给出的理由未免过于简单化。16 世纪的文献经常提及是上帝福佑加尔文（当加尔文被视为正面人物时），或加尔文与撒旦串通勾结（当加尔文不被人欣赏时）。然而，从一个更加符合历史的角度，我们不妨将加尔文与另一位宗教改革者进行比较，这位改革者在很多方面与加尔文所处的位置相当，也在当地获得类似的成功和名誉，但是却远远未能达到加尔文所取得的国际性成就。因此，我们提议比较加尔文和瑞士东部的宗教改革家约阿希姆·冯·瓦特（Joachim von Watt，1484—1551），他的拉丁化名字瓦狄亚努斯（Vadian）更为人熟知。瓦狄亚努斯的基地在圣盖尔，一个与日内瓦非常相似的城市，位于瑞士联邦偏东的边疆地区。加尔文还在巴黎求学时，瓦狄亚努斯就已将他的城市推上宗教改革之路。那场宗教改革似乎没有流血或诉诸武力就取得了成功：圣盖尔为瓦狄亚努斯所竖的雕像，展示出他手持圣经，入鞘之剑放在身边的形象（而苏黎世的茨温利塑像却是一副剑拔弩张、随时准备行动的样子）。圣盖尔没有塞尔维特之流的纪念碑，反映出当时并没有为了宗教改革的利益而诉诸致命的武力，以及该城对瓦狄亚努斯及其宗教改革毫不含糊的积极接纳姿态。

124　对比加尔文和瓦狄亚努斯，有助于我们识别一些能够解释日内瓦和圣盖尔宗教改革轨迹的潜在因素。对两个城市及其宗教改革者的初步考察，显示了两者之间有很多相似之处。当然，瓦狄亚努斯当时所享有的个人声望和在体制上的合法权威，是远远超出加尔文的。

第一，圣盖尔和日内瓦的城市规模相当，各与海尔维第（瑞士）联邦（Helvetic Confederation）的一个州结盟。[58]两座城市的宗教改革的成功，均部分归功于瑞士联邦中属于新教的各州的支持。瓦狄亚努斯在圣盖尔的宗教改革很大程度上得到苏黎世的政治援助，从而减轻了宗教改革之初的阻力。[59]我们已经知道日内瓦在一些关键时刻曾得到伯尔尼强大的政治军事帮助。两城均有各自的贸易网络，因为日内瓦身为贸易中心，而圣盖尔则是生产优质麻布的龙头。圣盖尔的这一地位尤为重要。除了借助庞大的家庭网络以外，瓦狄亚努斯的个人影响很大程度上是通过商业贸易往来传播出去的，比如他与波兰和匈牙利的贸易交往。

第二，瓦狄亚努斯是国际知名的人文主义学者。他在维也纳大学（当时的人文主义中心）成就辉煌，最终当选该校校长（此外，他还获得医学博士学位，并被聘为诗歌艺术的教授）。此后，他返回家乡圣盖尔继续自己的文学生涯（后来转而倡导宗教改革）。[60]维也纳已经没有他想要征服的学术领域；相反，圣盖尔的政界却给他带来希望，除了继续磨练雄辩的口才，他还可以一展政治家的才能。加尔文几乎算不上人文主义者，也未曾在就读的大学获得任何学术职位。

第三，瓦狄亚努斯是圣盖尔公民，属于该城几个主要的家族之一[61]，同时还是该城七个行会之一的重要成员。1529年，年纪尚轻的瓦狄亚努斯成为圣盖尔的领袖（Bürgermeister：市长），并获得国际上广泛的赞扬。[62]在他去世前的20几年中一直掌握这一权力。长久以来，瓦狄亚努斯身处城市和郊区的权力中心，因而密切参与制定了所有与实施改革相关的决策。而加尔文不过是在年老之际被授予日内瓦自由

125　民身份，他从未成为日内瓦公民。他无法竞聘公职（甚至在1559年12

月之前都无权在选举中投票），终其一生，他也没获得特权进入市议会或直接对其造成影响。

第四，圣盖尔在实施宗教改革的前前后后，始终不曾遭遇到来自公民的重大宗教阻力。这并不意味着整个过程毫无困难[63]，而是说没有遇到专门来自**宗教**方面的阻挠。然而在日内瓦，加尔文的宗教改革不但在他首次逗留该城期间（1536—1538）遭遇了广泛的内部阻挠，而且在他第二次居留日内瓦（1541—1553）的初期也不能幸免。与瓦狄亚努斯相比，加尔文面对的境况要艰难得多。1555 年革命之后，日内瓦才真正算得上是加尔文的权力基地。

基于以上几点考虑，瓦狄亚努斯似乎理应成为更成功的宗教改革家。诚然，如果把成功的标准设为在城市普遍受认同，并且以最少的意见分歧，成功实施改革纲领，那么瓦狄亚努斯是二人中当之无愧的成功者。然而，除非专门研究瑞士地方史，几乎无人知晓瓦狄亚努斯。相反，对于加尔文，我们却可以毫不夸张地认为其享有 16 世纪最响亮的名字之一。这又如何解释呢？

若干相关因素可确定如下。

第一，加尔文与瓦狄亚努斯对"改革"的含义有迥然不同的理解。瓦狄亚努斯认为宗教改革的首要任务是改变生活和道德标准。[64] 在很多方面，这只是一个地方性的改革计划，与特定的地区事务和问题密切相关。然而加尔文却将宗教改革视为对现存体制、做法和信条的挑战——这样的改革计划更加彻底，不仅不受制于地方的具体情况，而且有能力超越所有地理、文化和政治界限。1555 年之后加尔文主义在法国迅速传播，深刻地证明了这一点。加尔文主义拥有一种强烈的传道热情，而这种热情在瓦狄亚努斯对改革目标的理解中，几乎踪迹全无。由于对宗教改革本质的不同理解，二人担当了极为不同的角色。瓦狄亚努斯主要关心如何改变当地的状况，而加尔文的目标，由起初锁定法国，进而扩大至全世界。尽管出于政治现实的考虑，加尔文被迫从日内瓦的具体情况着手，但是他的视野要宽广得多。一旦他在日内瓦的地位得以巩固（1555 年 4 月），他便迅速在法国展开重要的福音运动（最初以秘密的方式进行）。

第二，两人的出版策略差别巨大，反映了他们对自身职责的不同理解。瓦狄亚努斯的著作普遍带有人文主义色彩。除了一个特例以外[65]，他的神学专著，比如《日课经简明指南》（*Brevis indicatura symbolorum*），都以手稿的形式保存在圣盖尔，没有副本。加尔文则努力扩大出版计划，以确保他的宗教观念最大限度地为人所知（见第 7、第 9 章）。

第三，加尔文的受众目标，最初主要锁定为法国人和讲法语的人。1536 年版的《基督教要义》虽然是拉丁文版，但是有迹象表明加尔文已考虑到法国福音主义者的需求和面临的困难。1541 年的法语版，在他的祖国受到特别关注。瓦狄亚努斯的方言著作用瑞士德语写成（且一直以手稿的方式保存，从未出版或流通），因而受众面十分有限——况且其中大部分已经被争取到改革一方。即便瓦狄亚努斯的方言著作流传开来，它们的读者也大多不外乎已经归附宗教改革的人。相反，加尔文的《基督教要义》不但赢得众多读者转而接受他对基督信仰的理解，而且引发了宗教改革并起到举足轻重的作用——先在法国，继而远播他乡。

第四，加尔文的事业使他接触到巴塞尔、斯特拉斯堡和日内瓦的一些主要出版商，所以出版著作对他来说轻而易举。然而，圣盖尔地区的出版商不多，直到 16 世纪中叶才有一位出版商道芬·兰多菲（Dolfin Landolfi），把出版生意从布雷西亚（Brescia）或威尼斯转到格劳宾登[66]（Graubünden）（到底是布雷西亚还是威尼斯不太清楚）。因而瓦狄亚努斯无法简便直接地利用这一正改变着 16 世纪初宗教争议性质的革新技术。

127　　第五，大概出于对圣盖尔当地形势的考虑，瓦狄亚努斯倾向于认为"教会"和"社会"差不多是指同一群人。因此，他对教会的构想极少强调结构和纪律。加尔文十分清楚教会结构纪律的重要性，并设计了一种教会模式，后来证明这一模式非常适合他发动的全球性发展计划。并且，发展是一回事，发展之后能否生存又是另一回事。加尔文主义证明自己有办法在极其敌对的条件下生存，其方式几乎接近于地下活动（16 世纪 40—50 年代，早期的法国加尔文主义与二战中纳粹占领法国时期的法国游击队有许多有趣的相似之处）。改革运动的适应力应大大归功于他所设计的教会组织纪律。他那不亚于列宁的组织天才也许是运动得以在全球扩展的关键因素。

第六，必须提及最后一点，尽管它可能只是主观印象。阅读瓦狄亚努斯著作的读者，无论读的是拉丁文还是瑞士德语，可能更加折服于他对思想的流畅表述，而不是思想本身的质量以及生成、辩明这些思想的说理过程。然而，加尔文的著作（尤其是在斯特拉斯堡期间完成的著作）却显露出作者具有能以创造真正有趣的思想并为之辩护的一流头脑。像鹿特丹的伊拉斯谟一样，瓦狄亚努斯长于表达，但实质内容薄弱；加尔文则二者兼备。改革的进程表明，正是加尔文著作的思想实质，使他吸引了众多的追随者。

以上几点对比远远不够全面，不过它们无疑揭示出加尔文何以更有影响力的一些因素。基于他对改革的具体理解，加尔文认为有可能通过建立合适的机构（如日内瓦学院）和组织（如牧师圣职公会），并利用技术（如印刷术）来获得成功。运动一开始就瞄准了全球，而加尔文的改革理念使他当之无愧地站在运动的最前沿。

但是全球化发展是怎样发生的呢？加尔文不过是生活在日内瓦这个小城邦中的一个人，他那套思想何以在整个欧洲赢得如此广泛的关注、引起如此巨大的反响呢？要了解这些思想所拥有的非凡推动力，最有效的方法也许是追踪这些思想在加尔文有生之年对法国造成的影响。其影响之巨大使得人们曾相信法国将成为第一个采纳加尔文主义教义的国家。因此，我们在考察这一强大的思想入侵时将叙述转向加尔文的祖国（第 9 章）。

不过在此之前有必要暂时打断我们的历史叙述，先来审视一下这些思想本身。加尔文的宗教思想是什么？它们是如何传播的？接下来的两章讨论这些思想以及它们以何种方式呈现于加尔文的时代面前。然而，必须强调的是加尔文的思想本质上并非纯宗教性的，他的影响力还部分来自其政治和经济思想（第 11 章）。"加尔文的基督教观"远不止停留在一套抽象的宗教观念上，还包括更广泛的思想、态度和相当明确的社会结构。注意到这几点之后，我们就可以考察加尔文对基督教本质极富影响力的表述了。

128

注释

[1] Hall，'*The Calvin Legend*'明确推翻了影响力较大的传说的可信度。然而，要

消除这些不实传说对关于加尔文的流行观念的影响，学术界依然任重道远。

[2] A. Huxley, *Proper Studies*, London, 1949, p. 287.

[3] Chenevière, *La pensée politique de Calvin*, p. 178. 参见 Mercier, 'L'esprit de Calvin', pp. 32—37；Choisy, *La théocratie à Genève*。

[4] Chenevière 所强调的一点, *La pensée politique de Calvin*, p. 244.

[5] 狄更斯小说《大卫·科波菲尔》中的人物。——译者注

[6] 稍后一段时期，加尔文的对手曾偶尔嘲笑他没有孩子。他回答说，尽管如此，他在基督的世界里有无数的孩子：*OC* 9.576。

[7] 在一次关于《提摩太前书》某段的讲道中，加尔文穿插了对妻子逝世的回忆，这是这位改革家少数几次公开表露个人情感细节的场合之一：*OC* 53.254。

[8] R. Doucet, *Les institutions de la France au XVIe siècle* (Paris, 1948), pp. 37—56.

[9] Monter, *Studies in Genevan Government*, pp. 85—89.

[10] *Le livre des bourgeois*, p. 266.

[11] N. Z. Davis, 'The Sacred and the Body Social in Sixteenth-Century Lyon', *Past and Present* 90 (1981), pp. 40—70, 特别是 p. 62。

[12] *OC* 21.547.

[13] Höpfl, *Christian Polity of John Calvin*, pp. 90—102.

[14] 关于将日内瓦的改革视为革命之说，见 Kingdon, 'Was the Protestant Reformation a Revolution?'

[15] W. Köhler, *Zürcher Ehegericht und Genfer Konsistorium* (2 vols：Leipzig, 1932-1942).

[16] Höpfl, *Christian Polity of John Calvin*, pp. 94—95.

[17] H. Morf, 'Obrigkeit und Kirche in Zürich bis zu Beginn der Reformation', *Zwingliana* 13 (1970), pp. 164—171；R. C. Walton, 'The Institutionalization of the Reformation at Zurich', *Zwingliana* 13 (1972), pp. 497—515.

[18] 详细讨论见 J. W. Baker, *Heinrich Bullinger and the Covenant：The Other Reformed Tradition* (Athens, Ohio, 1980), pp. 55—140. 不过，1553 年苏黎世当局指出，考虑到当时的具体情况，日内瓦的教会惩戒形式也许并非全无道理：*OC* 14.699-700。然而，在此之前布林格致加尔文的信中显示前者曾施压要求其议会对日内瓦体系不予评判：*OC* 14.697-698。

[19] 见 Sulzer 写给日内瓦教会的信：*OC* 14.711-713。

[20] 见 1553 年"伯尔尼先生"（Messieurs de Berne）的信：*OC* 14.691。

[21] 详见 J. W. Baker, 'Church Discipline or Civil Punishment：On the Origins of

the Reformed Schism，1528-1531'，*Andrews University Seminary Bulletin* 23 (1985)，pp. 3—18。

[22] *Z* 11. 199.

[23] 见 K. Deppermann，*Melchior Hoffmann*（Edinburgh，1987），pp. 279—281。

[24] Chrisman，*Strasbourg and the Reform*，pp. 220—226，pp. 229—232；Deppermann，*Melchior Hoffmann*，pp. 296—311.

[25] Courvoisier，*La notion d'église chez Bucer*，pp. 137—139.

[26] 同时缺少的还有"长老"的理念：布塞的该理念见 H. Strohl，'La théorie et la pratique des quatre ministères à Strasbourg avant l'arrivée de Calvin'，*BSH-PF* 84（1935），pp. 123—140。

[27] Monter，'Consistory of Geneva'，p. 479.

[28] Johann Haller 致布林格的信（1553 年 9 月）为当时的争议提供有力佐证，信中记录日内瓦政要对教会惩戒的敌意：*OC* 14. 625。

[29] 随着专制政体日趋强大，16 世纪法国众城市的司法权威遭到侵害。见 Doucet，*Institutions de la France*，pp. 45—55。

[30] 此时的总检察官（Procureur-Général）职位，其职责大体相当于美国的公诉律师。可以说日内瓦司法的总体框架确立于 1529 年 11 月 28 日，此后虽有些许改动，但作为该城司法系统的基石，一直延续至 18 世纪末。见 Monter，*Studies in Genevan Government*，pp. 61—67。

[31] 有关这点的绝佳研究见 Guggisberg 对塞巴斯蒂安·卡斯特里奥（Sebastian Castellio）公众形象的精彩分析，特别是启蒙运动时期的人们如何看待这个曾批评加尔文对塞尔维特事件所起作用的人物：H. Guggisberg，*Sebastian Castellio im Urteil seiner Nachwelt vom Späthumanismus bis zur Aufklärung* (Basle，1956)。

[32] R. Mentzer，*Heresy Proceedings in Languedoc*，*1500-1560*（New York，1984），pp. 100—101.

[33]《神学大全》（*Summa Theologiae* IIaIIae q. 11 a. 3.）。

[34] 见 P. E. Sigmund，*St. Thomas Aquinas on Politics and Ethics*（New York，1988），xxvi。

[35] 见 W. H. F. Frend，'Heresy and Schism as Social and National Movements'，*Studies in Church History* 9（1972），pp. 37—56。

[36] J. M. Stayer，'Christianity in One City：Anabaptist Münster，1934-1935'，刊于 H. J. Hillerbrand（ed.），*Radical Tendencies in the Reformation*（Kirksville，Mo.，1988），pp. 117—134。

［37］Deppermann，*Melchior Hoffmann*，pp. 296—311.

［38］布林格表示日内瓦重获正统声望是出于上帝：*OC* 14. 624。

［39］见 Stayer，'Anabaptist Münster'，pp. 130—131。

［40］市议会如何公诉其视为于己不利的个人可从对 George Battonat 的伪造罪审判（1552 年）中略见一斑。记载该案的详尽档案见 Naef，'Un alchimiste au XVIe siècle'。

［41］*OC* 14. 628.

［42］*OC* 8. 761，783，789-790.

［43］*OC* 8. 789.

［44］*OC* 8. 808-823.

［45］*OC* 36. 830.

［46］*OC* 14. 656-657. 注意 Höpfl，*Christian Polity of John Calvin*，p. 136 的结论："毫无迹象表明除了快速有效的处决方式之外，加尔文还偏爱过其他的什么处决方式。"

［47］Monter，*Genevan Government*，p. 57.

［48］Plath 记载了巴塞尔与日内瓦的日益远离：*Calvin und Basel in den Jahren 1552-1556*。

［49］Kingdon，'The First Expression of Theodore Beza's Political Ideas'.

［50］*OC* 21. 560.

［51］Perrenaud，*La population de Genève*，37.

［52］难民数目不明。关于难民数量猛增导致人口数需重新修订的说法，见 Monter，'Historical Demography and Religious History in Sixteenth-Century Geneva'。

［53］Mandrou，'Les français hors de France'，p. 665.

［54］*OC* 7. 362.

［55］有关难民引起的加尔文与（反对难民在日内瓦定居的）日内瓦民族主义者的对立，见 Biéler，*La pensée économique et sociale de Calvin*，pp. 107—109。

［56］*Livre des bourgeois*，p. 240.

［57］Ibid.，pp. 241—244.

［58］关于圣盖尔，见 W. Ehrenzeller，*St. Gallischer Geschichte im spätmittelalter und in der Reformationszeit*（3 vols：St Gallen，1931-1947）。

［59］K. Spillmann，*Zwingli und die ziircherische Politik gegenüber der Abtei St. Gallen*（St. Gallen，1965）。

［60］C. Bonorand，*VadiansWeg vom Humanismus zur Reformation*（St. Gallen，

1962）.

［61］见 W. Naef, *Die Familie von Watt. Geschichte eines St. Gallischen Bürgergeschlechtes* (St. Gallen, 1936)。

［62］E. Rüsch, '"Glücklich der Stadt, die einen solchen Bürgermeister hat." Die Gratulationen zur Wahl Vadians als Bürgermeister von St. Gallen', 载于 *Vadian, 1484-1984 : Drei Vorträge* (St Gallen, 1985), pp. 63—76。

［63］见 1537 年 12 月的抗议行动：E. Rüsch, 'Politische Opposition in St. Gallen zur Zeit Vadians', *Schriften des Vereins für Geschichte des Bodensees und seiner Umgebung* 104 (1986), pp. 67—113。

［64］这点与大多数瑞士东部的宗教改革家相同：E. Ziegler, 'Zur Reformation als Reformation des Lebens und der Sitten', *Rorschacher Neujahrblatt* (1984), pp. 53—71。

［65］特例是保存在伯尔尼 Burgerbibliothek 的 *MS 138*，著于 1548 年，主要讨论宗教秩序的改革。它如何从圣盖尔辗转至伯尔尼，原因不甚清楚。

［66］C. Bonorand, 'Dolfin Landolfi von Poschiano：Der erste Bündner Buch-drucker der Reformationszeit', 载于 *Festgabe Leonhart von Muralt* (Zurich, 1970), pp. 228—244。

7

7

7

加尔文眼中的基督教：媒介

"我认识一位幽默的内科医生，他发现了胆管和宗教的关系。这位医生曾说，如果一个人的肝脏有毛病，那么他一定会成为加尔文主义者"〔拉尔夫·华尔多·爱默生（Ralph Waldo Emerson）〕。虽然这种表述很吸引人，但那些试图解释加尔文主义魅力的人，却往往认为是人的理智而非胆管促使人受加尔文主义吸引。德国历史学家卡尔·霍尔（Karl Holl）写道："加尔文主义具有摄人心魄的力量，很大程度上是因为它重视理性。加尔文主义者知道自己相信的是**什么**以及**为什么**相信。"[1]叙述加尔文的宗教思想时，我们应以崇敬的态度来分析加尔文的一生与影响。然而，叙述其宗教思想之前，我们应先讨论加尔文发展和宣扬其宗教观点时采用的媒介。加尔文阐释基督教信仰时，媒介和信息是密不可分的。

上帝劝说的话语

上帝可以借着人类语言与人交流。这是加尔文基督教思想体系中首要的，甚至是不言自明的观点。卡尔·巴特（Karl Barth）在 20 世纪的口号："上帝说话了！主如是说！（*Deus dixit*！*Dominus dixit*！）"，其中含有一种重要的预见。加尔文也有相同的预见。尽管人类语言残缺零碎，但它却足以作为媒介。通过这媒介，上帝能够彰显自己，并能让复活的基督与信徒相见，从此改变信徒的一生。

加尔文宣称人类语言可以表明上帝真的存在。这一说法的背后，潜藏着关于人类语言本质与功用的一个十分缜密之理论。如今，"修辞学"（rhetoric）一词已经演变为"辞藻华丽却言之无物"的代名词。但在 16 世纪，这词却意味着交流的技巧、研究词语的含义以及我们可以如何使用词语。[2] 人文主义运动的兴起，使许多人对词语和文本能以表达与传递人的经验和期待的方式，产生了新的兴趣。加尔文因此得以借助这种知识，明确叙述他对"上帝的话语"这一概念和圣经是"上帝的话语"的看法。加尔文巧妙地运用他的修辞学知识，以至于让人觉察不到修辞学的痕迹。虽然如此，修辞学手法在加尔文的所有著作中却随处可见。对塞涅卡的注释中，加尔文尝试性地应用修辞学；1540 年的《〈罗马书〉注释》（*Romans Commentary*）中，修辞学的运用达到巧妙精细的境界[3]；《基督教要义》后来的版本中，修辞学的应用也许已获得全面发展。

加尔文声称上帝在圣经中以词语的形式向我们启示他的话。但是，词语怎么能够真实地反映上帝的最高主权呢？词语是怎么缩小上帝和罪恶的人类之间的巨大鸿沟呢？加尔文就这问题进行的讨论，普遍被视为他对基督教思想所作的最宝贵的贡献之一。他发展出的概念往往被称为"俯就原则"（principle of accommodation）。[4] 此处，"俯就"一词意指"调整或修改，从而满足情况的需要"。

加尔文主张，上帝在启示之中调整自己，从而适应人的心智的领受能力。上帝描绘了一幅我们能够理解的自画像。加尔文的这种思维模式可以透过一个演说家的比喻来解释。一个好的演说家了解听众的局限，会相应地调整自己的演说方式。如果要达到沟通，就必须填补演说家和听众之间的差距。听众的局限决定演说家如何用词设喻。耶稣使用的寓言充分说明这一点：寓言的措辞和例子（比如以羊和牧羊人为比喻），完全适合巴勒斯坦农村地区的听众。保罗也采用适合其听众境况的概念，他绝大部分的听众来自城市中的商业界与法律界，因此他就从这些领域中取词。[5]

古典时期的演说家不仅教育水平高，而且受过很好的口头训练。然而，他们的听众却一般没受过教育，并且缺乏熟练掌握词语的真正能力。因此，如果演说家要和这些听众交流，那么他必须屈尊俯就他们的水平。演说家必须了解其听众在理解他的用词、比喻和观点时面临哪些困难，以缩小自己和听众之间的差距。加尔文声称，如果上帝要向我们启示他自己，同样地，他就得屈尊俯就我们的水平。上帝屈尊纡贵，从而适应我们的能力。就像母亲或保姆使用一种与成年人交流时所不同的讲话方式，俯就自己来与孩子交流，上帝屈尊纡贵，俯就我们的水平。[6]启示是上帝屈尊纡贵的作为。透过启示，上帝缩小了自己及其能力与罪恶的人类及其小之又小的能力之间的差距。正如任何一个好的演说家一样，上帝了解他的听众，并相应地调整他的用词。

圣经对上帝容貌的描述是这种"俯就"的例子。加尔文指出，上帝常常被描绘成像是有嘴巴、眼睛、手足。[7]这似乎表明上帝是人。这也就是说永恒又属灵的上帝已透过某种方式降为血肉之躯的人〔目前广受争议的问题往往被称作"神人同形论"（anthropomorphism），即以人的形态来描述上帝〕。加尔文认为，考虑到我们贫乏的智力，上帝只好以这种形象化的方式向我们启示他自己。上帝使用一些形象，将自己呈现为拥有嘴巴或手，这是上帝在说"儿语"（*balbutire*）。通过这种方式，上帝屈尊俯就我们的水平，运用我们能够领会的形象。当然，还有更缜密的方式可以描述上帝，只不过我们也许无法理解那些方式。因此加尔文指出，创世及始祖堕落（创世记 1—3）故事中的很多方面（比如"六天"和"空气以上的水"），皆适应相对来说有限的人类智力和人类普遍认可的看法。[8]对于那些认为这种方式不深刻的反对者，加尔文指出这是上帝为了保证福音不受智力障碍的阻隔，以便人人（甚至是头脑简单及没受过教育的人）都能认识并相信上帝。[9]

加尔文用了三个主要的形象，勾勒上帝在启示中适应人的理解能力的观点。上帝是我们的**父亲**，他愿意使用儿语来和我们交流。他调整自己，以适应孩童的软弱和稚嫩。上帝是我们的**老师**，他认识到自己如果要引导我们认识他，那么他就必须屈尊俯就我们的水平。他调整自己适应我们的无知，以便教导我们。上帝是我们的**审判官**，他劝说我们承认自己的罪、悖逆和不顺服。正如人在法庭上的用词是为了落实判决，上帝也同样关心如何使我们认清并承认自己的罪。上帝希望在我们了解到自己确实是远离上帝的罪人时，**他的**判决会成为**我们**

的判决。加尔文认为，唯有在我们认识上帝并认识自己时，我们才能找到真正的智慧：唯有认识到自己是罪人，我们才会发现上帝是我们的救赎主。如此一来，我们才能获得真正的智慧。[10]

道成肉身的教义，说明上帝屈尊俯就我们的水平以适应我们。他成为我们当中的一员。加尔文将这一教义延伸为启示的用语与形象：上帝以我们能理解的词语和图像向我们启示他自己。上帝的关注点和目的是交流，以及弥补作为造物主的他和作为受造物的人之间巨大的沟壑。对加尔文来说，上帝主动屈尊、降格、调整自己以适应我们的能力，表明了他对我们的慈爱怜悯以及对我们的关心。[11]

我们必须先行强调一点：加尔文绝对不认为我们有可能把上帝或者基督教信仰经历简化为词语。基督教不是词语上的宗教，而是经验性的宗教。[12]基督教的核心在于信徒与复活的基督相遇，生命从此发生转变。然而，从基督教神学的角度来看，这种经历发生在词语之后，经历由词语而生，经词语唤起，词语贯穿经历的全过程。基督教以基督为中心，而非以书为中心。如果基督教貌似以书为中心，那也是因为信徒正是通过圣经上的话语和耶稣基督相遇，并因他而获得饱足。圣经是方法，而非目的；是管道，而非管道输送的对象。加尔文重视人类语言，特别是圣经文本，反映出他完全深信唯有在圣经**这里**，唯有通过阅读和默想**这个**文本，才有可能遇上并经历复活的基督。加尔文注重方法，反映出他把目的看得极为重要。如果有人认为加尔文是敬拜书籍的"圣经崇拜者"（bibliolater），那么就暴露出此人对加尔文所关心的事和所采用的方法严重缺乏了解。正因为加尔文认定，正确地敬拜上帝（像他已透过耶稣基督来启示他自己一样）极为重要，所以他才会认为，尊重并正确地解读圣经——唯一能使人充分并真正认识上帝的方法——是如此重要。

加尔文和法语

经常有人认为，17世纪的法语已具备抽象性、指示性和分析性的特征［常被形容为清晰（*clarté*）、符合逻辑（*logique*）的语言］。但我们大可提问，清晰的法语（*la clarté française*）以及法国古典时期[13]

作家（如笛卡尔和帕斯卡尔）的特征，又是怎样形成的？毕竟 16 世纪许多作家［如蒙田（Montaigne）、拉伯雷（Rabelais）、龙萨（Ronsard）］的法语行文显然不怎么清晰。本文拟说明的是：也许可以说加尔文是加速这一重要发展的因素，一方面是因为他参与普及高度复杂的基督教神学，另一方面则是因为他个人对法语的发展所作的贡献。[14]

1510—1519 年，法语宗教文学大量涌现［当时的法语实际上是法国境内一种少数民族的第一语言，而奥克语（langue d'oc）和布列塔尼语（Breton）则列于重要的地方语言之中］。纳瓦尔的玛格丽特撰写的《罪恶的心镜》（Miroir de l'âme pécheresse），主要讲述巴黎大学的丑事（见第 64 页），这篇诗作是法语宗教文学的杰出代表。然而，如果我们仔细查阅这类流行的灵修书籍，我们会发现其中的法语行文，在叙事与默想方面虽然能达到很好的效果，却无法有效地表达缜密的概念以作论证。人类灵魂和耶稣基督之间简单的对话，虽然能提升灵命，也能够激发读者在信仰上做出恰当的回应，但是一旦我们要求论证详细、思路准确清晰、逻辑次序严整，就只能诉诸拉丁语。1500 年左右的法语，根本无法满足思辨学科（无论是政治、法律理论、教义神学或哲学）的需求。拉丁语之所以成为法国知识精英分子主要的交际语，不是因为这些人的世界主义，或者是因为他们有意和大众保持距离，主要是因为当时的法语根本无法满足大多数思辨学科所要求的思路清晰与发展需求。

随着宗教改革运动的到来，一项重大的新发展也出现了。解经、教会组织法和教义神学的复杂一夕之间成为街谈巷议之事。宗教改革运动史上最重要的一刻，是马丁·路德于 1520 年决定从学术宗教改革运动家（以拉丁语向学者们提出辩论）变成大众宗教改革运动家（以德语向更广大群体提出辩论）。针对圣经应当如何解读、教会结构和基督教教义，素来已有既定的看法。这些原有的看法在宗教改革运动期间开始面临重大挑战。宗教改革运动家一次又一次地无视神职人员与神学家的权力，直接越过他们呼吁民众。宗教改革运动家坚决主张：一切必须由民众决定。瑞士宗教改革运动的做法反映了这个基本原则：瑞士的福音派信徒和天主教会先以本地话来公开辩论，接着由公民大会全体成员表决是否接受宗教改革运动。

于是，基督教神学和教会组织法的复杂性成为公众讨论的课题。

因为参与讨论的范围远远超出学术界狭窄的樊篱，所以必须以本地话进行讨论。1540 年，以法语展开神学争论（往往是高度抽象的争论）变得非常普遍。试图记录这种惊人发展的巴黎大学，出版了一系列禁书。关于有多少宗教课题是以法语展开讨论的，这些书记录了许多宝贵信息：1543 年的禁书目录（*Catalogue des livres censurés*）列出了 43本法语书；1544 年的目录则增至 121 本；1551 年，即夏多布里昂法令（Edict of Chateaubriant）[15] 颁发的那一年，禁书目录中的法语书不少于 182 本；1556 年则有 250 本。在 1560—1566 这七年当中，已知的加尔文《基督教要义》法语版本已经不少于 12 个（详情见附表 7.1），它们主要源于日内瓦和里昂，有的则来自远在北方的康城（Caen）。必须强调的是，使用法语进行神学研究的不只是福音派信徒。即便只是对1550—1599 年间巴黎印刷商的产品扫视一眼，我们也能发现反对宗教改革运动的天主教派也撰写了大约 250 本法语神学著作。[16] 支持与反对宗教改革运动的双方都得用法语来进行辩论。如此一来，双方进一步改良了他们用以表达敌对意见的媒介。

因此，用来进行抽象式争论的语言工具——法语，在法国宗教改革运动期间得到锤炼，它的发展在 17 世纪达到巅峰。虽然宗教改革运动本身最终失败了，但却为法语带来决定性的、不可磨灭的影响。一开始在宗教争论中获得的语言技能，被运用到范围更广的争论（法律、政治和哲学）中，这可说是往前跨进了一大步。

加尔文在他可以安心著述的日内瓦，为法语宗教文献做出重大贡献，可以说他在一定程度上促进了法语的进步。法语版《基督教要义》于1541 年出版，是宗教改革运动史和法语发展史上重要的里程碑。这一著作广泛被人视为"法语雄辩术的第一座纪念碑"[17]，并在巴黎引发了近似大恐慌的反响：1542 年 7 月 1 日，《基督教要义》成为巴黎大理院明确压制的书，其中原因不难觉察。清晰的法语在书中随处可见。句子短小，从句相对来说也较少〔诚然，加尔文的句子结构与雅克·杜·佩隆（Jacques du Perron）后来的句子结构出奇地相似，佩隆被视为 16 世纪后期法语文体最优美的作家之一〕。加尔文的每个句子大都会表达一个论点，并经常以连词开始，好让读者既明了句子的动向，也清楚这个句子与前一个句子的关系。例如，在陈述转折原因之前，一个转折连词就会出现以标明转折关系。[18]法语版《基督教要义》完全就是清晰简洁的典范，它挖掘了法语作为抽象式争论的工具的潜力。有趣的是，1541 年版的《基督教要义》不完全是 1539 年拉丁语版的译本，实际上是加尔文考虑到法语的局限及其可能的读者这两个因素，修订拉丁语版原著而成。如果把1541 年版的《基督教要义》，和许多加尔文反对者（他们显然不擅长法语）的严重拉丁语化的法语译本加以对比，就会发现这一版的《基督教要义》更加引人注目。

1541 年的法语版《基督教要义》浑然一体、自然流畅、风格优美，在这些方面，后来的法语版（包括 1545、1551、1660 年版）无一能与之相媲美。虽然 1560 年版的《基督教要义》在全面性和神学思想的敏锐度上十分杰出，但它还是缺少第一个法语版本中的许多文学价值。比起高雅的风格，晚年的加尔文似乎更注重准确地表达自己思想中的神学本质。[19]

想要精确判定加尔文作为法语作家十足的重要性，可以将他与我们谈论过的另外两位福音派作家纪尧姆·法雷尔和皮埃尔·维若特进行比较。在 1542 年的《提要》（*Sommaire*）中，法雷尔表扬加尔文1541 年版的《基督教要义》是"杰作"：但是法雷尔自己的风格却很晦涩，有时甚至异常难懂。不幸的是，维若特的风格也是如此，他于1544 年完成的《基督教驳论》（*Disputations chrestiennes*）足以证明这一点。法雷尔和维若特对长句子（平均说来，维若特的句子长度是加尔文句长的两倍，法雷尔则是加尔文的三倍）与从句（一个句子中，法雷尔可以使用 11 个从句，维若特可以使用高达 18 个从句）情有独钟。这就必然导致他们的风格艰涩难懂。法雷尔和维若特的艰涩难懂和加尔文短小精悍的文风形成鲜明对比。这种对比更突显加尔文作为具有创作能力的法语作家的优秀品质。[20]

《基督教要义》

1536 年 3 月 28 日，马库斯·贝休斯（Marcus Bersius）从巴塞尔写信给瓦狄亚努斯。瓦狄亚努斯是瑞士东部城市圣盖尔的市长，也是主要的宗教改革运动家。一番寒暄之后，贝休斯进入正题：告知瓦狄亚努斯巴塞尔出版社出版的最新书籍。当中，最使人振奋的书籍包括：西塞罗（Cicero）演说评注、厄克兰帕迪乌斯的《创世记》注释、克里索斯托论保罗书信、布塞论《罗马书》。这份书目无论质和量，都让人印象深刻，它反映了巴塞尔日渐成为一个重要的出版中心。这份书目当中，我们可以发现这么一句话："某法国人或别国人所写的教义问答集，献给法国皇帝"[21]。这句简短含糊的描述，是对于树立加尔文声誉的著作的最早的书评之一。巴塞尔印刷商托马斯·普拉特和巴尔塔萨·拉修斯于 3 月初出版了这部著作。它的拉丁语书名为 "Institutio Christianae religionis"，英语书名则一般称为 "Institutes of the Christian Religion"。[22]

这部作品的拉丁语译名有些问题。"Institutio" 一词很容易让人以为这部作品与查士丁尼（Justinian）的《法律原理》（Institutes）有相似之处。《法律原理》是古典时期的基本法典，打从加尔文在奥尔良那一段时间起，他就很熟悉这部作品。然而，从结构和内容来看，《基督教要义》和法典毫不相干。伊拉斯谟运用 "Institutio" 一词来表示 "指南" 或 "入门书" [比如他在 1516 年完成的《基督教原理要义》（Institutio prin-cipis Christiani），此书名可能是加尔文为《基督教要义》命名的灵感泉源]。英语单词 "institution" 很可能表达了加尔文关注的另一件事，即回归到一种比中世纪晚期的基督教更真实的基督教形式。加尔文关心的是创立之初的基督教，而不是中世纪发展出来的（在加尔文看来是扭曲了的）基督教。实际上，虽然拉丁原文有多种意思，大多数英文译本还是把这部作品的拉丁语书名译为 "Institutes of the Christian Religion"。

显然，第一版《基督教要义》模仿了路德 1529 年的《小教理问答》（Lesser Catechism）的形式。《基督教要义》的结构和内容，皆表明加尔文如何借助这部德国宗教改革运动家的教学式作品。[23]《基督教要义》的小开本长达 516 页，总共有 6 章，前 4 章模仿路德的教义问答集的形式。然而，加尔文可以比路德更详尽地讨论问题，因为他的著作不是一部必须死记硬背的教义问答集。第 1 章主要解说十诫，第 2 章阐述《使徒信经》（Apostles' Creed）。布塞对加尔文的影响是显而易见的：路德探讨信经的内容有 3 部分（圣父、圣子和圣灵），加尔文则增添了探讨教会这一具有实质性的第 4 部分，他意识到这问题在理论和实践方面都很重要。说明"律法"、"信心"、"祷告"和"圣礼"之后,加尔文添加了更具争议性的两章,讨论"错误的圣礼"和"基督徒的自由"。

第二版《基督教要义》完成于加尔文在斯特拉斯堡时期。[24] 这部作品的拉丁语版于 1539 年出版,篇幅比 1536 年的第一版长三倍,从第一版的 6 章增至 17 章。开篇两章探讨上帝的知识和人类本性的知识,并增加一些资料:三位一体教义、新约和旧约的关系、悔改、因信称义、上帝的护理和预定论的关系、基督徒生活的本质。虽然第二版《基督教要义》保留了第一版《基督教要义》的大部分内容,但这个版本的特色与本质显然已有所改变。它已不再是入门读物,而是基督教信仰本质的明确声明,足以与托马斯·阿奎那的《神学大全》相媲美。加尔文写道:"本书的目的是装备与培训神学生学习上帝的话语,从而使他们能较容易认识上帝的话语,并顺利地实践这些话语。"[25] 换言之,第二版《基督教要义》是圣经导读,是明白既复杂又深奥的圣经所必备的手册和注释。

138

正如加尔文后来所强调的那样,这一点非常重要,正是这点使《基督教要义》成为加尔文宗教思想的首要资源。从这方面看来,加尔文的其他作品(如圣经注释和讲道文章)虽然大有可取之处,但都不如《基督教要义》重要。如前文所述,1541 年出版的法语版《基督教要义》竟然不是从 1539 年的版本直接翻译而来的。尽管 1536 年版的一些资料在 1539 年版当中已被修改,但 1541 年版却涵盖了这些资料。这点促使有人推测加尔文也许原本打算将 1536 年版译成法语[26],但后来他放弃了这个计划,只在 1541 年版中囊括译自 1536 年版的资料,但没有涵盖 1539 年版中修改后的资料。1541 年版有很多细微的改动,这些改动也许可以说是为了照顾预期的读者。这一版删掉了可能比较难懂的学术观点(比如所有希腊词语和出自亚里士多德的引言),添加了读者可能熟悉的额外资料(例如法语谚语和习语)。

另一个拉丁语版本于 1543 年出版,1545 年译成法语。这一版扩展到 21 章,包括探讨教会教义的重要部分。这一部分是该作品最有意义的附加部分。其他细微改变,包括添加了两章探讨立誓和人类传统,也另辟一章论述与天使有关的资料。这一版当中,特别是在探讨教会结构重要性的部分,读者可以发现实际经历显然深远地影响了加尔文的宗教信仰。这一版的优点虽然明显可见,但在 1539 年版中就已清晰可见的缺点，在这一版更是无所遁形，即结构凌乱。增加篇章时，加尔文没有考虑这些篇章对整本书的结构与条理的总体影响。很多篇章极长，加尔文却没有把它们分成小节。1550 年的拉丁语版本与 1551 年的法语版本把全书 21 章进行分段，试图补救这一缺陷。1550 年版也新增了探讨圣经权威和人类良心的部分。然而，根本的缺陷依然存在：1550 年版就像 1543 年版一样，同样是明显的结构松散之作。

意识到有必要从整体上修订这部作品，也意识到自己的时间有限（加尔文晚年的病情一直反反复复），这位宗教改革运动家决定改写全文。加尔文这次添加的资料少之又少，他所添加的资料一般也不怎么吸引人。这反映了加尔文对他的反对者越发容易动怒，且倾向于对他们展开谩骂与贬低。这一版最明显的改变，是所有内容都经过重新编排。这使得之前支离破碎的内容重新有了整体性。整本书的内容如今分为 4 "卷"（*libri*），排列如下：对创造者上帝的认识、对救赎主上帝的认识、参与耶稣基督恩典的方式、上帝召我们与耶稣基督相交所用的外在工具。1551 年版的 21 章如今扩展到 80 章，为了方便阅读，每一章都进一步细分为小节，并分置于 4 卷书之中。加尔文可能采用了1543 年版的四分结构，对内容进行新的划分。另一个可能的解释，是加尔文注意到并采纳伦巴德在其《四部语录》（*Four Books of the Sentences*）中划分内容的四分法。加尔文是否视自己为伦巴德的彼得之后的新教继承人，并视自己的《基督教要义》为伦巴德的彼得的伟大神学教科书的后继？我们不得而知。我们只知道《基督教要义》如今已经稳居新教宗教改革运动中最有影响力的神学著作，使路德、梅兰希顿、茨温利的作品的重要性黯然失色。

1559 年版的《基督教要义》的成功，反映在其卓越的结构上。1521年，梅兰希顿借着他的《教义要点》（*Loci Communes*），确立了信义宗系统神学著作的权威模式。[27] 在初版中它仅仅探讨一些与信义宗宗教改革运动明显有关的课题。然而，为了辩论和教导的需要，渐渐地梅兰希顿不得不扩写此书。梅兰希顿处理这个问题的方式极为有问题：他只管补充额外资料，却不理会这么做将导致全书结构失去整体性。这种编排内容的方式，很快就显露出作品的拙劣不堪与杂乱无章。16 世纪末与 17 世纪的神学争论要求组织严谨的分析，梅兰希顿作品缺乏条理，根本无法达到这一要求。加尔文既有系统又有条理的结构，不仅完好地符合他那一代人的需求，也至少符合下一代人的需要。信义宗从来没有摆脱梅兰希顿的错误窠臼。改革宗神学家在新教思想领域中占据统治地位，这要归功于加尔文最后一版《基督教要义》的**内容**和**结构**。

  20 世纪宗教出版业的一个特点，就是出现宗教畅销书的"导读本"，这类导读本旨在通过总结与阐述宗教畅销书的内容，以增强读者对这些畅销书的兴趣。加尔文 1559 年版《基督教要义》的成功，也催生了类似的副产品：《基督教要义》的"总结"或"概要"。即使在 16 世纪，这部巨著也已经有不少节本在市面上流传，并显然赚得相当可观的利润。[28]1562 年，奥古斯丁·马洛拉特出版了一套《基督教要义》的索引，方便读者查找《基督教要义》中的主题和圣经经文。1576 年，加尔文早期的传记作者之一尼古拉斯·科拉顿出版了另一种版本的《基督教要义》，书中重要章节的页边上都有简洁的内容总结，大大减轻了刻苦学习的神学生阅读此书的烦恼。后来成为伦敦比较重要的宗教出版商的胡格诺派流亡者托马斯·沃特罗勒（Thomas Vautrollier），发行了两本《基督教要义》的导读本。埃德蒙·邦尼（Edmund Bunny）于 1576 年出版的《概要》（*Compendium*），旨在为困惑的学生解释加尔文书中简洁的写作风格和微妙的论证手法。七年后，纪尧姆·德劳（Guillaume Delaune）——自取英文名为威廉·罗恩（Williame Lawne）的胡格诺派流亡者——出版了概括《基督教要义》的《摘要》（*Epitome*），这是一本 370 页的小八开本。除了概述《基督教要义》之外，《摘要》还附有流程图与图表，帮助困惑的读者理解《基督教要义》的复杂结构。这本书不久以后就有了英语译本，书名为《加尔文著〈基督教要义〉缩略本》（*An Abridgement of the Institution of the Christian Religion written by M. Iohn Calvin*）。卡斯帕·俄利维亚努（Caspar Olevianus）、约翰尼斯·皮斯卡托尔（Johannes Piscator）和丹尼尔·德·库洛格［Daniel de Coulogone，又名库罗纽（Colonius）］分别于 1586、1589、1628 年也出版了类似的导读本。通过这些媒介，加尔文的著作变得越来越通俗易懂，读者圈也在不断扩大。

  加尔文主要是透过《基督教要义》的一系列版本，影响了与他同一时代的人。加尔文的主要思想得以传播和传授，几乎完全是因为这部作品。然而，这并不意味着加尔文的声望和影响完全有赖于《基督教要义》。这是因为加尔文也精通写作和演讲，他可以根据不同的目的，用其他三种文学体裁进行创作。这些作品的文学和神学意义相当远大，但应当强调的一点是，它们的**历史**意义就比较小。这是因为 16 世纪时，这些作品的影响力远不能和《基督教要义》的影响力相提并论。承认这一点并不意味着加尔文是一个差劲的传道人或注释家，他的众多作品皆足以说明事实正好与此相反。例如，作为一位圣经注释家，他在当时便能轻而易举拔得头筹。[29]更准确来说，承认这一点其实只是为了认可《基督教要义》在加尔文的年代的出奇成功，以及所带来的惊人影响。

　　最后，本文必须说明信件也是传播加尔文思想的一种工具。人文主义者很早就意识到信件是传播思想和美学观念的重要媒介。信件使意大利人文主义者得以字字珠玑地向阿尔卑斯山北部越发敏于接受新思想的人传播并阐释他们的思想。[30]加尔文则成功地把信件发展成一种宗教和政治宣传形式，将自己的激进观点传遍法国的每个角落。虽然他本人并没有亲临，但他仍然可以与各地支持他的人保持联系，这些地方包括阿热奈、昂古莱姆、布尔日、布里、香槟、格勒诺布尔、朗格多克、里昂、奥尔良、巴黎、普瓦蒂埃、普罗旺斯、卢昂和图卢兹。16 世纪 30 年代到 40 年代，加尔文和中产阶级专业人士阶层如律师、学生和老师等来往密切，他们经常告知加尔文有关国家瞬息万变的宗教形势。[31]透过内容博大精深的信件，加尔文在法国福音派运动发展史上的决定性时刻，成功地奠定并巩固了自己对这一运动的影响。这是因为他的宗教观点和经济观点越来越吸引那些不满的资产阶级。

　　而那些宗教观点究竟是什么呢？探讨了传播加尔文思想的媒介之后，我们现在要来看看加尔文所传达的信息。

表 7.1　截至 1600 年，加尔文《基督教要义》的不同版本　　141

日期	出版地	出版商	语言
1536	巴塞尔	Platter and Lasius	拉丁语
1539	斯特拉斯堡	Vendelin Rihel	拉丁语
1541	日内瓦	Michel du Bois	法语
1543	斯特拉斯堡	Vendelin Rihel	拉丁语
1545	日内瓦	Jean Gérard	法语
1550	日内瓦	Jean Gérard	拉丁语
1551	日内瓦	Jean Gérard	法语

续表

日期	出版地	出版商	语言
1553	日内瓦	Robert Estienne	拉丁语
1554	日内瓦	Adam and Jean Rivery	拉丁语
1554	日内瓦	Philibert Hamelin	法语
1557	日内瓦	Jaquy, Davodeau and Bourgeois	法语
1557	日内瓦	Bourgeois, Davodeau and Jaquy	意大利语
1559	日内瓦	Robert Estienne	拉丁语
1560	日内瓦	Jean Crespin	法语
1560	埃姆登	不详	荷兰语
1561	日内瓦	Antoine Reboul	拉丁语
1561	伦敦	R. Wolfe and R. Harison	英语
1561	日内瓦	Conrad Badius	法语
1561	日内瓦	Jacques Bourgeois	法语
1562	伦敦	R. Harison	英语
1562	康城	Pierre Philippe	法语
1562	不详	不详	法语
1562	里昂	Louis Cloquemin	法语
1562	日内瓦	Jacques Bourgeois	法语
1563	里昂	Sébastien Honorati	法语
1564	日内瓦	Thomas Courteau	法语
1565	里昂	Jean Martin	法语
1565	里昂	Pierre Haultin	法语
1566	日内瓦	François Perrin	法语
1568	日内瓦	François Perrin	拉丁语
1569	日内瓦	François Perrin	拉丁语
1572	海德堡	Johann Meyer	德语
1574	伦敦	Widow of R. Wolfe	英语
1576	伦敦	Thomas Vautrollier	拉丁语
1576	洛桑	François le Preux	拉丁语
1577	洛桑	François le Preux	拉丁语
1578	多德雷赫特	P. Verhagen and C. Jansz	荷兰语
1578	伦敦	Thomas Vautrollier	英语
1582	伦敦	H. Middleton	英语
1584	伦敦	Thomas Vautrollier	拉丁语
1585	爱丁堡	Thomas Vautrollier	英语

续表

日期	出版地	出版商	语言
1585	日内瓦	Eustache Vignon and Jean le Preux	拉丁语
1586	赫博恩	Christoph Raben	德语
1587	伦敦	H. Middleton	英语
1587	爱丁堡	不详	英语
1589	赫博恩	Christoph Raben	拉丁语
1592	日内瓦	Jean le Preux	拉丁语
1593	莱顿	J. P. Jacobsz and J. Bouwensz	荷兰语
1595	莱顿	J. P. Jacobsz and J. Bouwensz	荷兰语
1596	布莱梅	Jean Wessel	法语
1597	伦敦	Richard Field	西班牙语
1599	伦敦	A. Hatfield	英语

本表是对欧洲重要图书馆的藏书调查研究，结合 M·安塔尔·洛克（M. Antal Lökkös）于 1986 年在日内瓦公立大学图书馆（the Bibliothèque Publique et Universitaire）搜集到的资料为依据。洛克搜集资料以纪念《基督教要义》第一版出版 450 周年。McNeill/Battles 译本（《基督教要义》，第 2 卷，1527—1529 年）中的列表并不完整。

143

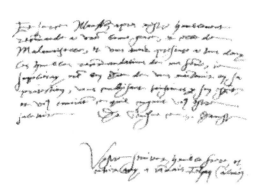

图 7.1　加尔文于 1545 年 8 月 5 日写给 M·德·法莱

（雅克·德·勃艮第）的一封信的部分内容

注释

[1] Holl, 'Johannes Calvin', p. 267（本文作者如是强调）.

[2] 详情见 G. P. Norton, 'Translation Theory in Renaissance France：Etienne Do-let and the Rhetorical Tradition', *Renaissance and Reformation* 10（1974）, pp. 1—13；L. A. Sonnino, *A Handbook to Sixteenth-Century Rhetotic*（London, 1968）.

[3] 精彩分析见 Girardin, *Rhétorique et théologique*。

[4] 以下内容见 Battles, 'God was accommodating Himself to Human Capacity'。

[5] A. N. Wilder, *Early Christian Rhetoric：The Language of the Gospel*（London, 1964）.

[6] *OC* 26. 387-388：'Dieu s'est fait quasi semblable à une nourrice, qui ne parlera point à un petit enfant selon qu'elle feroit à un homme... nostre Seigneur s'est ainsi familièrement accommodé à nous. '

[7] *OC* 29. 70, 356；36. 134；43. 161.

[8] *OC* 23. 17, 20-23, 40.

[9] *OC* 32. 364-365.

[10] Battles, 'God was accommodating Himself to Human Capacity', pp. 20—21.

[11] *Institutes* Ⅰ. xiii. 1.

[12] Balke, 'The Word of God and Experientia according to Calvin'.

[13] 法国古典时期是从 18 世纪后半期到 19 世纪早期。——译者注

[14] 此处的论点是根据以下著作中的观点发展而来：F. M. Higman, 'The Refor-mation and the French Language', *L'Esprit créateur* 16（1976）, pp. 20—36；作者同上, 'Theology in French：Religious Pamphlets from the Counter-Refor-mation', *Renaissance and Modern Studies* 23（1979）, pp. 128—146；作者同上, 'De Calvin à Descartes：la creation de la langue classique', *RHR* 15（1986）, pp. 5—18。

[15] 此法令严厉压制法国的新教徒。——译者注

[16] Higman, 'Theology in French', p. 130.

[17] Ibid. , p. 138.

[18] 详情见 Higman, *Style of John Calvin*。

[19] 这点在 Marmelstein, *Etude comparative* 中多处可见。

[20] 当时的评论见 Pasquier，*Recherches*，1067 页：'Car aussi estoit il homme bien escrivant tant en Latin que François，& auquel nostre langue Française est grandement redevable pour l'avoir enrichie d'une infinité de beaux traicts'。

[21] *Vadianische Briefsammlung*，Letter no. 884.

[22] 这部作品的中文译名为《基督教要义》。——译者注

[23] 详尽的分析见 Ganoczy，*Young Calvin*，pp. 137—168。

[24] Autin，*L'Institution chrétienne de Calvin* 全面分析了各种版本与它们编排内容的方式。Marmelstein，*Etude comparative* 则比较了各个拉丁语和法语版本。

[25] *OC* 1.255.

[26] 比如 Pannier，'Une première *Institution* française dès 1537'。

[27] W. Maurer，'Melanchthons "Loci Communes" von 1521 als wissenschaftliche Programmschrift'，*Luther Jahrbuch* 27 (1960)，pp. 1—50.

[28] 宝贵的书目资料见 Fatio，'Présence de Calvin à l'époque de l'orthodoxie réformée'。

[29] Parker，*Calvin's New Testament Commentaries*；作者同上，*Calvin's Old Testament Commentaries*.

[30] McGrath，*The Intellectual Origins of the European Reformation*（Oxford/New York，1987），pp. 37—38.

[31] Heller，*The Conquest of Poverty：The Calvinist Revolt in Sixteenth-Century France*，(Leiden，1986)，pp. 121—125.

8

加尔文眼中的基督教： 信息

想要了解加尔文，就必须阅读加尔文。正如他的法国故乡的旅游指南，无法取代我们亲自游历这个国家一样，我们也没有其他好办法能代替自己亲自阅读加尔文著作。许多论述加尔文思想的著作，某种程度上会令人有阅读"二手资料"的感觉（诚然，本书也可能如此）。若要理解加尔文的思维模式、分析方式，他运用的类推法、修辞学，以及为了避免读者在阅读时可能会产生的困难和误解而预先采取的防范方法，必须花时间阅读他的《基督教要义》。本章可说是《基督教要义》的导读本。

本章目的正在于导读。它像一幅地图，标示出《基督教要义》的各个组成部分，使读者得以初步了解它们彼此之间的关系。本章旨在提醒读者留心《基督教要义》中某些值得注意的特点。为了帮助读者了解所选各点的重要意义，本章也提供了必要的或适当的背景资料。而最重要的是，本章帮助读者探索，刺激其接触并亲自阅读这部作品。

《基督教要义》 的权威性

若要概述加尔文眼中的基督教，我们认为最简便且最可靠的方法，莫过于找出 1559 年版《基督教要义》的主题。加尔文本人曾明确地说过，《基督教要义》是对其宗教思想唯一权威的解释。这并不是说承载加尔文宗教思想的其他可能资源，比如圣经注释或讲道词，在对比之下显得黯然失色，也不是说我们要轻看加尔文作为圣经注释家与传道人的出色才干。研究加尔文的圣经注释当然也能概述出加尔文的教义，至少某些情况确实如此。[1] 此外，这些圣经注释往往没有急躁的语气，只是偶尔会显得有些笔锋愤慨，而这种愤慨则是 1559 年版《基督教要义》某些章节的特色。加尔文乏味的写作风貌（authorial persona）往往被视为《基督教要义》的主要缺点之一。这种写作风貌也可能反映了加尔文因年迈与疾病，而变得越发沮丧、衰弱。可悲的是，他对待一些反对者，尤其是安德里亚斯·奥西安德尔的挑衅与轻视，在批判他人观点的同时，他也往往向对方进行人身攻击。加尔文与托马斯·阿奎那的对比尤其鲜明：《神学大全》笔调极其冷静，即便是论述在阿奎那看来错谬不堪的观点时也是如此。比起《基督教要义》，加尔文的圣经注释读起来显然比较令人舒服。虽然如此，我们还是应当注意，过于看重这些圣经注释可能带来的两种危险。

首先，加尔文严格地看待圣经注释者的任务，早在他对塞涅卡的注释中，这点就已十分明显。这一点也严重限制了他在圣经解释和神学主张之间，做出重要的诠释学转换的自由。尽管加尔文无意将神学和圣经解释分离[2]，但他却不认为"神学"纯粹意味着"圣经解释"。在他看来，虽然神学"因经文而生"[3]，但严格说来，神学却不是经文注释，而是理解有关经文的解释框架。显然，加尔文在注释经文时，往往认为全面地解释一段经文中全部教义的含义，是不合适的。这在某种程度上反映出他清楚知道我们有必要探讨这段经文的历史、语言学及文学特点。然而，这点也是基于加尔文认定其读者会以《基督教要义》作为他整套神学（因此也是他解经方法）的主要资源。注释可以阐明经文中的细节要点，《基督教要义》则提供一个全面的框架，以帮助读者领会及理解经文的基本要旨。加尔文认为，其圣经注释在某种程度上附属于《基督教要义》，他既然无意以这些注释独立取代《基督教要义》，我们也不能如此看待这些注释。如果加尔文的众多作品中，有一部优于其他作品的著作，可以帮助我们解读经文，而且这也

146

147

是加尔文撰写该书的目的，那么这部作品就是《基督教要义》，而不是圣经某卷书的注释。

其次，加尔文往往通过详细地分析其体系中的各种组成部分之间的相互关系，阐述他的神学，这包括探究可能的难题以及评价与之对立的说法。这种做法尤其是在 1559 年版《基督教要义》的上下文中，真实可见。因此，加尔文思想中的一切细微差异、强调的重点与微妙之处，都可以辨认与评价。不管阅读 1559 年版《基督教要义》中的哪个题目，读者可以确信的是，他或她必定能读到加尔文为了阐明其立场，而提供的必需的核心内容。如果读者想要通过阅读加尔文的圣经注释，透过加尔文对于可能与上述论题有关的经文的解释，找出他的立场，可以肯定，读者无法找到这种全面性。实际上，一个人必须查阅《基督教要义》，才能确定针对某个特定的主题，加尔文思想中的某些重要组成部分是否已遭删略。《基督教要义》的权威性，由此可见一斑。

加尔文的思想结构

人们大都认为加尔文是一个冷漠且毫无激情的人，喜欢把什么都体系化；认为他是一种思想，而非血肉之躯；是一个在思想世界较为自在，但在有血有肉的真实世界与人际关系中，反而不自在的离群索居之人。[4] 人们普遍认为加尔文的思想具有严密的逻辑体系，以预定论教义为核心。虽然这个流行的标志相当有影响力，但它却与现实不符。尽管预定论在晚期加尔文主义者看来十分重要（见第 207—215 页），但加尔文在解释这个概念时却并未如此表明。然而，这种大众化的想法却引发了一个重要问题。首先，我们可以说加尔文的思想是一个**体系**吗？"体系"一词意味着我们基本上假定它是具有统一性的。[5] 它要求连贯一致，但是，加尔文却与人文主义学界一样，非常厌恶打着"体系化"与"一致性"口号的经院神学家。说加尔文将神学体系化，就意味着他与中世纪的经院哲学有某种相通之处，但据我们所知，这与他的态度存有矛盾。这么说也是在表明加尔文与他的文化之间严重脱节。因为他的文化既没有这种思想资源，也毫无任何特殊理由，使

148

人写出"系统神学"这一类著作。[6]因为这种文学类型总被人认为是在保存绝大多数人所鄙视的经院哲学。唯有认为《基督教要义》与加尔文当时年代的圣经人文主义（biblical humanism）相符，而不是完全不相符，我们才能理解《基督教要义》的全部意义。[7]

在其全面性与影响力方面，1559年版《基督教要义》经常被人拿来与阿奎那的《神学大全》（包括512个问题、2669个条目以及超过10,000项异议与回应）作比较。然而，这其实是把两部巨著的浩瀚篇幅、历史影响，与神学上的相似之处混为一谈了。正如对《基督教要义》版本演变的研究所显示出的（第140—145页），加尔文最初构思的《基督教要义》篇幅并不长，在方法论方面也不要求全面性。1536—1559年出版的《基督教要义》，加尔文之所以重新编排其中内容，是出于教学而非方法论方面的考量。加尔文怀的是人文主义之心，而非学者之心——他旨在帮助读者，而不是为自己的思想加一套方法。1559年版的《基督教要义》综合了人文主义教育家的主要优点（即表达清晰、内容全面），使读者按照加尔文希望的理解方式，接触到对基督教信仰要点清楚而全面的阐释。没有任何证据表明，除了表达清晰之外，还有任何主要原则、原理或教义，决定了1559年版《基督教要义》的体裁与本质。这部作品不论结构还是行文，都是文艺复兴所高度重视的演说术（*eloquentia*）的体现。

如果一个分析家假定加尔文的思想含有统一性原则，那么不管他的假定是出于何种理由，他都将先入为主地从加尔文的思想中找出这个原则。这种情况在加尔文研究中大量存在。首先认定加尔文的思想存有统一性原则，然后进一步在其预定论[8]、对上帝的认识的教义[9]、教会论[10]中确定这一原则。较为恰当（也可说是较实际）的研究方法，应当是承认摆在眼前的事实，即加尔文的思想并没有核心教义。[11]真正的"核心教义"这一概念，始于启蒙运动的演绎性一元论，而非16世纪神学。[12]我们也许能找到帮助读者理解加尔文宗教思想的某些核心主题、某些重要的根本隐喻（root metaphor），但若说有个主导加尔文宗教思想的核心教义或原理，则根本不成立。加尔文的宗教思想并没有"核心教义"、"基本原则"、"中心前提"或者"要素"。

然而，加尔文在探讨上帝与人类之间的关系时，显然认为仅有一

149

个典范样式，就是由于道成肉身而变得可能的样式。确切地说，这个样式指的是在耶稣基督这一位格里，神性与人性在没有融合的情况下合而为一。加尔文一次又一次强调以基督论为基础的准则，即"有所不同却又不可分割"（*distinctiosed non separatio*）。[13]这点意味着两个概念有所不同，但却又不可分割。由此可见，"认识上帝"与"认识我们自己"，虽然不可混为一谈，但却不可分割开来。正如道成肉身是这种"对立的联合"（*complexio oppositorum*）的典型实例那样，上帝与人类的关系也处处体现这种相同的模式。鉴于加尔文强调神学的核心是"认识上帝与认识我们自己"（《基督教要义》1.1.1），因此这种样式显然颇为重要。他在著作的字里行间趋向于彻底区分人类与上帝的范畴，但却强调他们的合一。想要将上帝与这世界，或将上帝与人类分割开来，是绝对不可能的事。

这原则在《基督教要义》里处处可见[14]：讲道时，上帝的话语与人类的话语之间的关系；圣餐中的标记与这标记所代表的事物之间的关系；称义过程中信徒与基督之间的关系（即信徒与基督真正地相交，但两者却并未融合成一体）；世俗力量与属灵力量之间的关系。加尔文的思想完全以基督为中心，不仅因为其思想核心是上帝在耶稣基督里的启示，还因为这个启示揭露一种样式，支配加尔文思想的其他关键范畴。只要上帝与人类碰到一起，道成肉身就能阐明上帝与人类之间的关系。如果加尔文的宗教思想有一个中心点的话，那么可以恰当地说，这个中心点就是耶稣基督！[15]

将加尔文的宗教思想界定为一个"体系"并不完全正确，但是这
150 么说绝不是表示其宗教思想缺乏连贯性或内在的一致性。相反，这样的说法只是为了强调一点，作为圣经神学家而非哲学神学家，加尔文有一种技巧，能够将一系列元素纳入其思想的总体结构之中。尽管他可能并未发展出严格意义上的"神学体系"，但他无疑是个系统的思想家，充分认识到有必要确保其思想中各个组成部分之间的内在一致。

加尔文的年代逐渐远去，许多人对方法的关注再度兴起。随着人文主义者开始对方法论感兴趣，思潮也开始出现重大的转变，一个关键的结果就是体系化不再被视为专门用来保存绝大多数人鄙视的经院哲学的方法。在某种程度上，这是基于帕多瓦（Padua）人文主义学派

日益强大的影响力。他们强调方法的重要性（以及亚里士多德对方法论的贡献），在文艺复兴晚期获得越来越多的认同。如果加尔文主义想要维护在思想领域的地位与可信度，那么它就必须以全新的体系化模式，重新塑造自己。16 世纪后期，加尔文的继承者不得不给加尔文的思想套上一个方法，他们发现，用亚里士多德方法论较严谨的逻辑结构来改造加尔文的神学相当合适，这种方法论曾在意大利文艺复兴晚期大受欢迎（第 210—212 页）。这可能促使他人妄下结论，认为加尔文的思想本身含有晚期改革宗神学（Reformed Orthodoxy）的体系化特征与逻辑上的缜密性，并认为改革宗神学对预定论的重视，出自1559 年版的《基督教要义》。本文对此将进行论述（第 206—212 页）。在这一点上，加尔文与加尔文主义之间有细微的区别。总的来说，这种区别标明并反映出思想史上重大的转折点。如果说加尔文的追随者发展了加尔文的思想，那他们也是为了响应新的时代精神，即把体系化与对方法的关注，视为可敬可羡的思想方式。信义宗没有意识到这种思想氛围上的决定性转变有着重大意义。当信义宗作者采用新方法时，过了将近整整一代，而此时加尔文主义在思想方面的优势，几乎已不可动摇。

探讨加尔文思想的主要特色之前，我们或许至少可以识别曾深刻影响其观点的因素。首先必须强调的是，加尔文是圣经神学家，他的宗教思想的首要来源是圣经。读者仔细阅读《基督教要义》之后获得的总体印象，可以在加尔文的圣经注释作品中得到加深，即他视自己为顺服的圣经解释家。然而，文本需要诠释。加尔文毫不犹豫地利用手头上文学理论、文本批评与文献分析的主要新方法，这些都是他从文艺复兴借鉴而来的方法。加尔文是人文主义者，在解释圣经时巧妙运用了文学界的技巧。

虽然加尔文主要关注圣经解释，但基督教传统还是丰富并促进了他对圣经的理解。[16]他毫不犹豫地发展自己最初在洛桑争论（Lausanne Disputation）上捍卫的论点，即宗教改革运动旨在找回早期教会真正的教导，清除中世纪对这一教导的扭曲与站不住脚的补充。最重要的是，加尔文认为自己忠实地阐述了希波的奥古斯丁（Augustine of Hippo）的主要思想。[17]"奥古斯丁完全是我们的！"[18]加尔文十分敬重

151

一些中世纪作家，比如明谷的伯尔纳（Bernard of Clairvaux）。[19]尽管加尔文视中世纪晚期的神学为离题空论，但很显然，他的思想至少采纳了中世纪晚期神学的某些方法与预设。[20]加尔文的唯意志论（voluntarism）与他对逻辑批评法（logico-critical）的巧妙借用，显示出二者的关联。虽然不一定与中世纪某个特定作者或思想学派相似，但却与当时神学的标准思想元素有共通之处。最后，加尔文深受第一代宗教改革运动家的影响，有关这一点的证据比比皆是，比如路德、布塞（他在斯特拉斯堡的朋友）、博学的梅兰希顿，就是其中三位。[21]

想要在有限的篇幅内详细分析加尔文的思想，显然是不可能的。因此，本章拟概述《基督教要义》所呈现出的加尔文眼中的基督教。

1559 年版《基督教要义》：概述

《基督教要义》分为如下 4 卷书：第 1 卷讨论对上帝的认识，特别是创造与护理（providence）的思想。第 2 卷讨论救赎的基础，其中包括论述人的罪，详尽分析救赎主耶稣基督的位格与作为。第 3 卷讨论救赎在个人身上的应用，包括对信心、重生、称义与预定教义的分析。第 4 卷讨论蒙救赎群体的生活，探讨与教会直接相关的各种问题，比如事工、圣礼、教会与国家的关系。

由于《基督教要义》篇幅浩瀚，所以简化其结构的任何尝试都大受欢迎。鉴于此，把《基督教要义》的结构看做三位一体结构，将有助于把握此书：第 1 卷探讨作为圣父的上帝；第 2 卷探讨作为圣子的上帝；第 3 卷探讨作为圣灵的上帝；第 4 卷探讨教会。尽管这种概述能帮助我们理解著作的内容编排，但我们却不应把三位一体结构，看做是加尔文安排内容的原意。例如，他在总结第 3 卷的内容时，就没有提及圣灵。

第 1 卷

《基督教要义》第 1 卷一开始，就探讨基督教神学的基本问题之一：我们如何认识上帝？在探讨这个问题之前，加尔文首先强调"对上帝的认识与对自己的认识是相关的"（《基督教要义》1.1.1）。不认识上帝，就无法真正认识自己；不认识自己，就无法认识上帝。这两种认识"有着千丝万缕的关系"，虽然两者各有不同，但却不可分割开来。这两方面皆不可能孤立存在。若要理解强烈主张入世的加尔文神学，就必须先了解这个原则：既不可将认识上帝与认识人的本性或世界割裂开来，也不可把两者混为一谈。这是一个辩证关系，其基础是上帝与世界，即造物主与创造物之间微妙平衡的相互作用。

加尔文在论述认识上帝为"造物主与世界的至高统治者"时，曾断言透过上帝的创造物（如人类、自然秩序与历史进程）可以大致认识他。这种认识有两大基础，一是主观的，另一则是客观的。第一个基础是上帝植入每个人内心的"对上帝的感觉"（sensus divinitatis）或"宗教的种子"（semen religionis，1.3.1；1.5.1）。上帝在人的心中，赐下一些与生俱来的感觉或预感，让人知道上帝的存在，就好像有关上帝的一些事已经刻在每个人心上（1.10.3）。加尔文明确指出，人生来就能意识到上帝的存在，这带来三种结果：宗教的普世性（如果没有基督教的启示，宗教便沦为偶像崇拜。1.3.1）、良心不安（1.3.2）和奴隶般地畏惧上帝（1.4.4）。加尔文表明，这一切皆可以作为基督教宣教的切入点。

第二个基础是人对世界秩序的感受和思考。审视受造的世界，尤其是人自身，不仅能让人认识到上帝就是造物主，也会让人景仰上帝的智慧与公义（1.5.1—15）。"上帝透过如此美妙优雅的天地构造来启示自己，天天向众人显现，叫人无法对他视而不见"（1.5.1）。阅读《基督教要义》这一部分内容，难免叫人想起某些晚期作者的自然神论（deism），如切尔伯里的赫伯特（Herbert of Cherbury）与艾萨克·牛顿（Isaac Newton）。本文稍后探讨加尔文对自然科学的影响时，将回头讨论这一重要的自然神论。

本文必须强调的是，加尔文绝对没有说只有基督徒能够透过受造世界认识上帝。加尔文声称的是，只要聪颖理性地思考受造世界，任何人都能对上帝有所认识。受造世界是个"剧场"（1.5.5）或一面"镜子"（1.5.11），彰显上帝的存在、本质与属性。尽管上帝本身是不可见也测不透的，但他却透过其创造的可见之物来彰显自己。眼不能见的上帝以创造物为外袍，叫人得以认识他（1.5.1）。

　　加尔文对自然科学（如天文学）赞扬有加，因为自然科学能够深入揭示奇妙的创造秩序，以及该秩序所显明的上帝的智慧（1.5.2）。然而重要的是，加尔文并没有特别借助基督教的启示。他依据的论点，是通过经验观察与推论。如果加尔文引用经文，那也不过是在巩固有关上帝的普遍自然知识，而不是确立这种知识。加尔文强调，信与不信的人（*exteris et domesticis communem*：1.5.6）都有同一种认识上帝的方式。

154　　在说明了普遍启示之后，加尔文强调这种启示的缺点，在此他提及了西塞罗。所有对上帝的自然认识的相关经典著作中，西塞罗的《自然神论》（*de natura deorum*）也许是最有影响力的作品之一。[22] 在上帝与人之间，认识上的距离（epistemic distance）原本已遥不可及，人的罪却使这距离变得更加遥远。我们对上帝的自然知识，既不完备又模糊不清，有时甚至还自相矛盾。上帝的自然知识使人没有任何借口忽视上帝，但这种知识却不足以帮助人完整地了解上帝的本质、特性与目的。有鉴于此，加尔文提出了圣经启示这一概念。圣经不仅重申自然界向人提供的有关上帝的信息，同时也阐明并强化这种普遍启示（1.10.1）。"世界的秩序与所有的创造物皆已清楚地表明了有关上帝的知识，而圣经却更加清楚与仔细地阐释了这一知识"（1.10.1）。唯有透过圣经，信徒才能知道上帝在历史中的救赎行动，而耶稣基督的降生、受死与复活则完成了救赎行动（1.6.1—4）。在加尔文看来，耶稣基督的位格是启示的核心，他是帮助我们认识上帝的中保（1.6.1）。

　　由于人唯有透过圣经的记载才能了解耶稣基督，因此圣经对于神学家与信徒而言，毋庸置疑，有着不可或缺的核心地位。然而加尔文补充道，唯有借着圣灵的默示，人才能正确地解读并理解圣经（1.7.1）。虽然如此，加尔文却并不认为圣经作者只是机械化地在圣灵默示下，逐字逐句地写出圣经。的确，他有时使用的一些形象会让人以为人只是机械地接受默示，例如他称圣经作者为"文书"或"抄写员"，或说圣灵"口授"。尽管如此，这些形象毫无疑问只是比喻，是方便或形象化的说法。圣经的内容的确是上帝的话语，不过这话语却是透过人的形式来表达的。圣经是"上帝话语的表达"（*verbum Dei*），而非"上帝话语本身"（*verba*

Dei）。圣经是上帝话语的**记录**，而非上帝话语的本身。道成肉身无疑与
这观点以及加尔文思想中的其他许多观点有本质上的相同之处：道成肉
身的概念中，上帝与人类共存，但两者却不会吞蚀或消灭彼此。圣经是
透过人类语言形式来表达的上帝的话语。因为是来自上帝的话语，因此
圣经也具有上帝的权柄。

如前文所论，人只有透过耶稣基督才能充分认识上帝，而要认识耶
稣基督，就只有透过圣经。尽管如此，受造世界还是为认识上帝提供了
重要的切入点，并在一定程度上彰显上帝。加尔文阐明了认识上帝的方
式之后，接着探讨人可以认识上帝的哪几个方面。在这一点上，加尔文
不再提及自然界。对于上帝本性的认识，三位一体教义是加尔文首先阐
述的重要方面。在加尔文看来，三位一体是有赖于特殊启示的圣经教义，
不是人可以通过普遍启示或自然界而获得的知识。许多宗教改革家皆认
为三位一体教义带来许多难题，尤其是它那晦涩难解的术语——特别是
"位格"（person）与"本质"（substance）等词汇。马丁·布塞一开始就
发现自己很难使用圣经以外的词汇，来解释上帝教义的各个方面。加尔
文则提出一个原则，即"永远不要试图在上帝神圣的话语之外探寻上帝，
或者在不以其神圣话语为指引的情况下谈论或思索他"（1.13.21）。既然
如此，连圣经也没有完整表述的三位一体教义，我们又该怎么证实它？
加尔文的基本答案是："上帝宣告他的独一性之际，就已经向我们显明他
有三个位格"（1.13.2）。三个位格在神性（Godhead）中虽然各有不同，
但却无损神性的统一（1.13.17）。

正因为加尔文的三位一体教义并不是什么个人独创，所以它才具
正统性，起着捍卫基督神性的护教作用（1.13.22—28）。由于加尔文
强调耶稣基督是我们认识上帝、得蒙救赎的中保，因此他必须在阐述
过程中尽早证实基督的神性。透过这位中保，我们才能获得救恩，并
认识上帝与我们自己。加尔文正是在这基础上建构其体系，因此他必
须证实这个基础牢固可靠。

加尔文在《基督教要义》开篇就宣告："我们的智慧……几乎完全
由两部分组成，即对上帝的认识与对我们自己的认识"（1.1.1）。探讨
了上帝教义的基本特点之后，加尔文语锋一转，讨论一系列与人的本

155

性有关的问题。在下笔千言，离题万里地论述一番天使的本性与习性
之后（1.14.3—19），他接着说到人的本性是"上帝公义、智慧与良善
的最尊贵、最杰出的样本"（1.15.1）。上帝按照自己的形象与样式创造
156　人，并赐下自由意志，但这自由意志却因为人的堕落而遭滥用。上帝赐
给人某种程度的尊贵，使人有别于动物。由于人是按着上帝的形象与
样式而造，因此人可以说是"上帝荣耀的镜子"（1.15.4）。虽然如此，
如我们现在所知道的，人的本性不能完全反映这种荣耀，唯有耶稣基
督完美彰显了这种荣耀。加尔文神学中强烈的基督中心论色彩，其实
一开始就已十分明显：耶稣基督彰显了真正的人类本性。人的本性与耶
稣基督的本性之间，同时有着连续性与不连续性，这表明如果我们想
要让上帝完全恢复我们与他之间的相交，那么我们就必须得到更新。

　　加尔文对造物主上帝的探讨，以阐述护理这一概念作为结束。
1536 年版的《基督教要义》没有专辟一章论述护理，但 1539 年版的
《基督教要义》则把它和预定论放在一起讨论。现在，1559 年版的《基
督教要义》使护理脱离预定论，成为创造论的一方面。为什么？看来
加尔文有意肯定上帝的护理是其创造的延展。创造了世界之后，上帝
继续关爱、指引并支撑世界（1.17.1）。所有被造物皆降服在造物主智
慧与慈爱的掌管之下。

第 2 卷

　　第 2 卷探讨的是认识上帝，"他已显明自己，为我们在耶稣基督里
的救赎主"。尽管我们能够透过创造秩序认识造物主上帝（虽然这种认
识并不完整，而且片面），但若要认识救赎主上帝，就只能通过圣经所
见证的耶稣基督。加尔文论述基督的救赎，是从这救赎的前提开始分
析，即堕落及其后果、律法与福音的关系、圣经中旧约与新约的关系。

　　对于罪性，以及罪性对人的本性所造成的后果，这一部分内容也
许与第 1 卷有少许重复。上帝最初创造的人类，在各方面都是好的。
由于人的堕落（加尔文认为这给人带来了灾难性的后果），人的恩赐
与能力彻底受损。加尔文相信人类是共同一致的，基于这样的看法，
157　他坚持认为全人类皆与亚当一样从恩典中堕落（2.1.7）。人的自由

意志虽然没有遭毁灭，但却因此变得无力抵抗罪。我们"被夺走的不是意志，而是健全的意志"（2.3.5）。因此，人的理性与意志皆被罪污染。有鉴于此，不信上帝既是意志行为，也是理性行为。它并不纯粹是无法透过创造秩序看见上帝的作为，而是蓄意拒绝看见这种作为，并拒绝顺服上帝。

加尔文认为这一点造成了两个层面的后果，这两个层面各有不同但息息相关。在认识层面，人缺乏必要的理性与意志能力，无法透过创世秩序充分认识上帝。在救恩层面，人缺乏得救的必要条件。他们既不想得救（因为罪使他们的理智与意志弱化），也无法拯救自己（因为救恩的先决条件是顺服上帝，但罪却使他们不可能顺服）。有鉴于此，对上帝真正的认识与救恩，必须来自人的境况之外。加尔文有关耶稣基督的中保身份的教义，正是以此为基础。

加尔文接着谈论，为中保的到来所作的历史预备。在他看来，上帝赐下律法给亚伯拉罕及其后裔，是拯救人类的神圣计划（providential strategy）的第一步。加尔文清楚声明，"律法"一词，指的是上帝"借着摩西的手交付人的宗教法度"，而不仅仅是十诫（2.7.1）。律法是上帝赐给犹太人的恩典之礼（gift of grace），预表耶稣基督将会降世，从而实现律法的预表与应许。加尔文不太看重律法的很多内容，认为它和源于古代近东农村经济的旧式犹太传统或迷信相差无几：

> 如果认为自己可以借着献上动物的脂油与臭气熏天的内脏，得以与上帝和好，或是借着洒几滴血或水，得以洗净自己灵魂的污秽，试问还有什么会比这一切更无聊更愚蠢呢？总之，如果律法只是仅止于此（如果律法既不预表其他的事，也没有象征某种与之相当的真理），那么律法就太荒唐可笑了。

加尔文认为，犹太信仰的整体目的就是预表耶稣基督。

论述这个论点时，加尔文确切阐述了一套原则，帮助读者理解旧约中某些特殊的（说白了即原始的）习俗与思想。加尔文区分了律法的三方面，即道德、仪式与司法。后两者涵盖一系列详细指示，规定屠宰祭祀动物的正确方法、洁净仪式与各种饮食禁戒。如今，这两者

已被视为过时。用稍后年代的话来说，这两者受到极大程度的历史与
文化制约〔顺带一提，加尔文后来论及旧约禁止人借钱取利时，也提
出了类似观点（见第 230 页）〕。有时候，加尔文就像一个启蒙运动的
理性主义者，鄙视旧约信仰的原始特征。虽然如此，他却强调这些文
化仪式与条款背后，蕴藏着与现今的基督徒有关的行事为人准则。上
帝颁布的这些道德规章，比如十诫，对基督徒仍然具有约束力。

那么这个道德律法眼下有什么作用呢？加尔文与布塞、梅兰希顿等
其他宗教改革家一样，认为道德律法有三种功能。首先，道德律法有教
育或教学的作用（usus theologicus legis）。它能够使人认识罪的真实存在，
并因此为救赎奠定基础（2.7.6—7）。其次，道德律法有政治作用（usus
civilis legis）：抑制不悔改或不信主的人陷入道德混乱（欧洲一些城市受
内部日益不安定所苦，因此特别重视这一作用）。最后，道德律法的第三
种作用即所谓的"第三大功用"（tertius usus legis），就像鞭策一头懒驴
的鞭子一样，它激励信徒更完全地顺服上帝的旨意（2.7.12）。许多批评
加尔文的人，尤其是那些具有信义宗背景的批评者，认为这一点混淆了
律法与福音。这导致加尔文经常遭人谴责，批评他鼓吹某种形式的基督
教律法主义。

这种说法会让人认为旧约等同于新约，因此，加尔文不得不更精
确地界定旧约与新约的关系，鉴别两者的异同。他强调旧约与新约有
着基本的相似之处与一致性，理由有三。其一，加尔文强调上帝旨意
的不变性。上帝不会在旧约时代做一件事，在新约时代做另一件截然
不同的事。在旧约与新约时代，上帝的作为与目的必定有着基本的连
续性。其二，旧约与新约都颂扬并宣告上帝在耶稣基督里彰显的恩典。
旧约也许只能"从远处隐晦地"见证耶稣基督，但它对基督降临的见
证却是真实的。其三，两约皆有"相同的神迹奇事与圣礼"（2.10.5），
都是在见证上帝的恩典。

为此加尔文指出，从实质与内容方面来看，旧约与新约是同一的。
在它们之间，没有根本上的不连续性。虽然旧约与新约在上帝的救赎
计划中处于不同的时间段，但两者的内容却是相同的（如果读者正确
理解的话）。加尔文接着确定了旧约与新约的五个不同点，这些不同之

处在于形式，而不在于实质。

（一）新约比旧约更为清晰（2.11.1），尤其是对不可见之事的阐述。旧约字里行间似乎弥漫着对一些可见与可触之事的关注，这可能会遮掩了隐藏于这些事物背后的不可见的目标、盼望与价值。加尔文以迦南地为例作说明。旧约倾向于把这地上的产业当成终极目标，而新约则视它为在天上为信徒存留的未来产业的反映。因此，上帝以属世的成就与功业为类比，将不朽的盼望赐给犹太人。这种低级的方法现今已不再使用。

（二）旧约与新约在使用意象方面有重大的不同（2.11.4）。在加尔文看来，旧约借助各种比喻与视觉形象表现现实，这种手法只能叫人间接接触真理。然而，新约则让人得以直接体验真理。旧约呈现的"只是真理的形象，……是影子而非实质"，叫人"预尝终有一天会清楚显明的智慧"（2.11.5）；而新约则直述真理一切的丰盛。

（三）两约之间的第三个不同点，主要是律法与福音，或仪文与灵之间的区别（2.11.7）。旧约指向圣灵赐下能力这一作为（却无法实现），新约则具体实现了这种力量。因此，律法虽然可以命令、禁止与应许，但却缺乏足以从根本上改变人性的必要能力，而律法的首要目的，正是为了从根本上改变人性。福音则能够"改变或纠正全人类天生就有的邪恶"。把律法与福音彻底对立，是路德（也是在他以前的马西昂）的特色，有意思的是，这种对立并不存在，律法与福音是连续的，而不是完全对立的。

（四）第四个不同点由上一个不同点发展而来。加尔文主张第四个不同点是律法与福音所唤起的不同情感。旧约叫人心生恐惧颤惊，并束缚人的良心；新约则叫人自由与喜乐（2.11.9）。

（五）旧约启示的对象仅限于犹太民族；新约启示的范围则包括普天下所有人（2.11.11）。加尔文认为旧约的对象仅限于以色列人，随着耶稣基督的降世，这堵墙轰然倒下，犹太人与希腊人、受割礼者与未受割礼者之间，不再有区别。因此，对外邦人的呼召，使新约有别于旧约（2.11.12）。

在探讨旧约与新约的区别，以及后者优于前者之时，加尔文谨慎地表示，旧约中某些人物（比如族长）能够察觉新约的种种暗示。上帝从未改变他的心意或彻底变更其目的，他只是按照人在理解力方面固有的局限，更加清楚地显明他的心意与目的而已。举例来说，上帝并非起初决定将恩典单单赐给犹太民族，然后改变心意，转而将恩典赐给所有人。反之，上帝只是借着耶稣基督的降临，更加清楚地显明其神圣计划的进展而已（2.11.12）。加尔文以这样一句声明，总结这个原则："从律法的整体来看，律法与福音的区别，不过是两者在呈现方面的清晰度不同"（2.9.4）。旧约与新约皆显明了耶稣基督，并赐下圣灵的恩典，只不过新约更加清楚完整地呈现了这一切（4.14.26）。

161　　旧约与新约共同见证耶稣基督的降临（虽然二者不完全一样）。强调这一点之后，加尔文认为该讨论耶稣基督的身份与重要性。然而，加尔文强调旧约与新约的一致，却带来一个重大难题：除了表达的清晰度之外，旧约与新约看来并没有根本上的不同。这似乎是在表明耶稣基督的诞生、受死与复活，除了能用以阐明旧约中一些晦涩难解之处以外，并没有带来什么根本上的改变。这一点可以从新路派（*via moderna*）的救恩论获得支持。由于新路派的救恩论也否定旧约与新约之间有根本上的不同，因而不得不将耶稣基督的重要性，解释成他更加清楚地显明了一切。[23]

　　然而，加尔文的主张，事实上却与此相反。耶稣基督的位格与工作是上帝救恩计划的核心。没有耶稣基督的功业，就不会有救赎，因此也不会有恩典之约。无论旧约还是新约，以不同方式向我们呈现的功业，都是上帝透过基督所完成的功业。换言之，不是只有新约反映了基督的存在与作为，而是作为一个整体的旧约与新约，共同反映了这一点。在这一点上，新约与旧约并无区别。相反，旧约与新约作为一个整体，与未被救赎的世界（the order of unredeemed nature），才真正有区别。

　　加尔文对认识上帝与认识人的罪的分析，是其基督论（Christology）的基础。耶稣基督是上帝与人之间的中保。为了担任中保，耶稣基督必须既是神也是人（2.12.1）。因为罪，我们不可能上达上帝面前，因此上帝选择屈尊下顾我们。除非耶稣基督是人（本文在此处避而不用"man"[24]一词，因为加尔文的重点不在于基督是**男性**，而在于基督是**人类**），否则其他人无法从他的存在与作为中得益。"上帝的儿子成了人子，并接收属于我们的一切，又把属于他的一切传递给我们，叫我们借着恩典得以拥有他的本性"（2.12.2）。

加尔文声称，基督为了从罪中拯救我们，必须以人的顺服行为来超越人对上帝固有的不顺服。基督**以人的身份**顺服上帝，就是向他的父献上赎罪祭，清还一切罪债，以及因罪带来的惩罚（2.12.3）。借着受难，耶稣基督为世人偿还罪债；借着战胜死亡，他打破了死亡对人的权势。有意思的是，加尔文特别不愿承认路德所倡导的一条教义，即基督的人性与其神性的所有特性，都是联合的。后来的作者把加尔文思想的这一方面称为"加尔文主义分外说"（*extra Calvinisticum*）：尽管上帝的儿子在道成肉身时取了人的本性，但他却不受限于人的本性。上帝虽已道成肉身，但却可以说仍然住在天上（2.13.4）。我们不能说上帝已全然被压缩为耶稣基督这一历史性存在。圣杰曼努斯（St. Germanus）创作的一首著名圣诞颂歌的歌词，充分表达了加尔文所强调的论点：

> 道虽已成肉身，
> 却仍居于高天！

探讨了基督的位格问题之后，加尔文转向有关基督工作的一系列问题。有一种传统观念可以回溯到凯撒利亚的优西比乌（Eusebius of Caesarea），加尔文借鉴了这一传统，声称基督的工作可以总结为三种职责或职分（*munus triplex Christi*），分别为先知、祭司与君王（2.15.2）。加尔文的基本论点是：耶稣基督将旧约的三大职分集于一身。就其先知职分而言，他是上帝恩典的使者与见证人；他是满有上帝智慧与权能的教师。就君王职分而言，他开创了一个国度。这国度是属天的，而非属世的；是属灵的，而非属肉体的（2.15.3—4）。这国度透过圣灵的运行管辖信徒，它也延伸到恶人身上，耶稣基督借着行使其权能，挫败恶人的反叛（2.15.5）。最后，作为祭司，基督能够用他的死为我们赎罪，让我们重新得蒙上帝悦纳（2.15.6）。透过这一切，基督肩负并履行了旧约中的各种职分，使人们对这些职分有全新的、更加清楚的认识。

加尔文随即详述了基督顺服上帝的方式，特别是他的受死，与获得救赎息息相关（2.16.1—19）。加尔文强调，唯有耶稣基督能带来救恩。这就引发了一个关于基督功劳的基础的问题（2.17.1—5）。为什么耶稣基督的死具有足够的价值，配得拯救罪人？基督的死是不是有某些固有的内在价值？这正是路德的观点，他主张耶稣基督的神性令他的受难与受死，具有独一无二的价值。加尔文则不认同这种解答，而是赞同中世纪的唯意志论传统。这种传统在邓·司各脱（Duns Scotus）的作品中已十分鲜明，在巴黎大学的新路派与新奥古斯丁学派（*schola Augustiniana moderna*）的作品中表现得更为成熟。基督受死的功劳取决于上帝选择赋予它的价值，而非其本有的价值。这也许是加尔文的思想与中世纪晚期思想最为重要的相似点之一。[25]

第3卷

阐述了救赎与耶稣基督的位格和作为之间的关系之后，加尔文开始探讨"领受基督恩典的方式、所带来的益处与随之而来的效果"。按逻辑顺序显示，加尔文论述的内容已从救赎的基础转向救赎的实现。接下来的主题次序，加尔文着手研究学界一直以来茫然不解的难题。加尔文探讨一系列问题的次序如下：信心、重生、基督徒的生活、称义、预定论。基于加尔文是按照救恩的次序来探讨这些实体之间的关系，因此人们预期的主题次序，可能会与加尔文的次序颇为不同，尤其是可能会认为预定论应先于称义的讨论，然后再论述重生。加尔文讨论的次序，反映出他关注的，是教导方面的考量，而非神学上的精确。

加尔文开始探讨领受基督带来的益处时，指明除非有某些事能够叫这些益处内化，否则它们只会停留在我们外面。只要我们与基督分离，他在十字架上所成就的一切，对我们就全无功效（3.1.1）。信徒只有透过信心才能领受这些益处。因此，加尔文要探讨的第一个主要问题就是信心的本质，他将其定义为："是对上帝向我们所怀的美好旨意的坚定无疑的认识，这种认识基于上帝在基督里慈爱的应许这一真理，是圣灵向我们的思想所启示且将之保守在我们的心里的"（3.2.7）。这个构思缜密的信心定义，需要几点解释。

信心的对象不是**上帝**，而是圣经所启示的他对我们的旨意与作为（3.2.6）。"我们关心的并不是认识上帝是谁，而是认识他对我们的旨意是什么……我们认为信心就是透过上帝的话语来认识他对我们的旨意"（3.2.6）。圣经也不是信心的对象，虽然信心就是相信上帝的每句话语（3.2.7），但其特定对象是上帝满怀怜悯的应许。

> 既然不是每句上帝的话语都能在人心里激起信心，因此我们必须进一步探寻上帝话语中的什么因素与信心有关。上帝向亚当宣布："你必定死。"又向该隐宣布："你兄弟的血有声音从地里向我哀告。"这些话语非但不能建立信心，反而会动摇信心！这并不是说我们应该否认这一点，即无论上帝在什么时候、以什么方式、说了什么内容，信心都应该接受上帝所说的真理；我们只是应当探寻上帝的话语中有什么可以作为信心的根据。（3.2.7）

信心的根据是上帝赐给我们的慈爱应许，甚至我们大可以说，信心与福音是相互关联的概念（3.2.29）。

然而，信心的价值在于它居间促成的事。信心是手段，而不是目标，它能促使真实永活的基督与信徒同在。透过我们的信心，基督"将我们连于他的身体，叫我们不但与他带来的益处有份，也与他本身有份"（3.2.24）。我们透过信心拥有的，不只是耶稣基督的某些抽象品质或一些非人性特性，而是得以与永活的基督建立起个人关系（对于这种关系的性质，加尔文耗费了些笔墨，辩明自己与安德里亚斯·奥西安德尔的看法各有不同。在加尔文看来，奥西安德尔严重混淆了基督与人的本性）。[26]信心所依据并满怀感恩地领受的应许，不仅帮助我们理解或认识基督，而且还让我们得以与基督的位格相交（3.17.1）。就这样，信心居间促成耶稣基督走入信徒的人生，并改变它。"我们领受并拥有耶稣基督，因为上帝的慈爱将耶稣基督赐给我们，我们因为有份于他，得以蒙受双重恩典。首先，我们因为他的纯洁无瑕得以与上帝和好……其次，我们透过他的圣灵成圣"（3.11.1）。本着这一点，加尔文继续指出我们凭信心与基督联合所带来的影响。随后，他转而探讨"称义"与"成圣"这两个教义。

因信称义这一教义被广泛认为是宗教改革运动最重要的教义，也是"足以建立或拆毁教会的信条"。路德改革神学的起源以它为核心，其重要性贯穿路德一生。[27]不管这一教义对第一代宗教改革家有多重要，它对第二代宗教改革家来说，却已不那么重要。尽管加尔文称因信称义为"基督教的主要信条"（3.11.1），但他似乎只是在认可它对前一代宗教改革家的重要性。在加尔文眼中的基督信仰，因信称义并不是最重要的教义。第一波宗教改革运动也许确实曾长久依赖因信称义的教义，及其给天主教徒带来的良心的不安。因为天主教的敬虔，是以好行为作为标准。然而，第二波宗教改革的战场，已转向适合城市社会需要的一系列问题，比如教会结构与纪律。[28]地域环境决定了路德从个人层面构想基督信仰，而因信称义的教义就证明了这一点。但是茨温利、布塞与加尔文等西南方城市的宗教改革家，则更多地从团体层面考虑基督信仰的存在。二者对比十分鲜明。

然而，称义教义引发的问题一直都在，甚至直到加尔文的时代，依旧如此。这些问题当中，有两个问题尤其重要。第一个问题是耶稣基督在称义中起到什么作用。梅兰希顿发展了法庭式称义（forensic justification）这一概念，即"透过宣判基督的公义而称义"。虽然这个概念在术语方面相当清楚，但它的代价却是导致基督的作用，沦为纯粹非本质与非位格的角色。法庭式称义把基督的一个属性，或者来自基督的一个品质或益处，归给信徒，而**不是**信徒亲身与基督相遇。后者恰恰是路德称义观的核心要素。有没有办法可以既保留梅兰希顿的法庭式称义理论，同时又恢复路德对基督本身作用的重视，而不仅仅是把他的一个非位格属性归给信徒？

166　　第二个问题涉及上帝的主动与人的回应之间的关系。罪人无需付任何代价就能在上帝面前称义，但是他或她随后必须顺服，这两者之间如何才能说得通？路德似乎认为，既然上帝的恩典是毫无条件的，因此行为在基督徒的生活中无足轻重。事实上，这是个错误的看法。但从路德强调称义无需任何代价这一角度来看，这种解释还是可以理解的。茨温利解决问题的方法，是使称义依赖于道德更新，称义就是上帝认可或承认信徒自己达到的道德状态。路德似乎否定了信徒在生命中有顺服的必要；茨温利则认为基督徒的生命取决于这种顺服。显然，这问题有待澄清。[29]

这两个难题得以解决，应该归功于加尔文。第一个问题经由他所提出的"信徒进到基督里面"（*insitio in Christum*），得以解决。信徒透过信心得以与耶稣基督在灵里联合，这样一来，我们"不但与他带来的益处有份，也与他本身有份"（3.2.24）。透过信心，我们拥有属于基督的一切。透过与他联合，我们享有他带来的益处。因此，基督既真正在信徒里面（路德特别强调的主张），同时信徒又享有基督的益处，比如他的公义（梅兰希顿的重点），二者是一致的。

解决了第一个问题之后，第二个问题很快也得以解决。在上帝眼中，受认可（称义）不是取决于道德改良或更新（成圣），称义也不会带来额外的成圣。在加尔文看来，称义与成圣都是信徒与基督联合所带来的两个直接结果。如果信徒已透过信心与基督联合，那么他或她就已在上帝的眼中受认可（称义），并同时开始走上道德改良之路（成圣）。此前，称义与成圣一直被视为两个有待连接的独立实体，加尔文将这两个元素看成附属于信徒与基督的联合，如此既维护了我们在上帝面前受认可时不需任何条件，同时也保全了我们随后必须的顺服。

假如称义并不是加尔文思想的核心，那么预定论也不是。有些作者熟知路德大力主张称义这一教义，正如这些作者想当然地认为加尔文也有这主张一样，其他人也认为自己能从加尔文的著作中，读到晚期改革宗信仰特别关注的预定论。然而，加尔文本人对这一教义的处理十分低调，仅仅用四章来解释预定论（3.21—24）。预定论是指"上帝永恒的旨意，他按照这旨意来决定自己想要在每个人身上成就的事。这是因为上帝并不是以同样的条件创造每个人，而是命定某些人得永恒的生命，其他人则受永远的刑罚"（3.21.5）。预定论应该在我们心里激起敬畏的感觉。拉丁语"*decretum horribile*"（3.23.7），并不是"恐怖的判决"，这样的译法十分生硬，没有顾及拉丁语意义上的细微差异。此词组其实是指"使人心生敬畏的"或"叫人心生畏惧的"旨意。

加尔文在1559年版的《基督教要义》中，探讨预定论时所安排的位置，意味深长。他把预定论的讨论放在解释恩典教义之后。加尔文在阐释了恩典教义的各个宏大主题（如因信称义）以后，才着手论述神秘莫测又令人费解的预定论。从逻辑的角度来看，加尔文应当在分析恩典之前先探讨预定论，毕竟预定论是个体被拣选与否的根据，拣选之后才会有他或她的称义与成圣。然而，加尔文却拒绝遵循这种逻辑标准。为什么？

加尔文认为，必须把预定论放在适当的上下文作考量。预定论不是人的推测，而是上帝启示的奥秘（1.2.2；3.21.1—2）。不过，上帝已经在特定的**背景**下，以特定的**方式**启示了这奥秘。这方式与耶稣基督有关，他是"一面镜子，我们可以经由这面镜子来感知自己蒙拣选的事实"（3.24.5）。[30]这背景与福音传扬的功效有关。为什么有些人相信福音，有些人却不信？某些人不相信福音，是不是应该归咎于福音缺乏功效，具有不足之处？或者有没有另外的原因造成不同的反应？[31]

加尔文不但没有做出枯燥又抽象的神学推论，反而本着看得见的事实来分析预定论。有人相信福音，有人则不然。预定论教义的首要功能就是解释为什么有些人相信福音，有些人则不信。预定论是一种事后回溯式（*ex post facto*）的解释，它解释了人回应恩典的特定方式。我们应当视加尔文的预定论是根据圣经来解释人类经验资料的后验（*a posteriori*）思索，而不是在上帝全能的先见基础上推论而来的先验（*a priori*）知识。相信预定论本身并不是一条信仰，而是把恩典对个体的影响当作奥秘，从圣经的角度思考这一奥秘的最终结果。经验告诉我们，上帝没有触动每个人的心（3.24.15）。为什么不呢？是不是因为上帝没能做到或故意疏忽？根据圣经来看，加尔文认为上帝或福音根本就不可能会有弱点或不足：可见的回应福音模式反映出一个奥秘，即上帝预定一些人相信他的应许，并预定一些人拒绝相信。"上帝预定让一些人得永恒的生命，另一些人则受永远的刑罚"（3.21.5）。

必须强调的是，这不是神学上的创新。加尔文并不是将一个前所未有的概念引进基督教神学。以利米尼的格列高利和奥维多的于格利诺（Hugolino of Orvieto）等主要的中世纪神学家所代表的"新奥古斯丁学派"，曾倡导绝对双重预定论（absolute double predestination），即上帝预定一些人得永恒的生命，一些人受永远的刑罚，并不考虑人的优点或缺点。他们的命运完全取决于上帝的旨意，而非他们各人。[32]确实，加尔文有可能主动引用了中世纪晚期奥古斯丁主义这一方面的观点，显然，这观点与加尔文自己的教导出奇的相似。

为此，救恩不受个人控制，个人也无力改变境况。加尔文强调，这种选择性不只局限于救恩问题，在人生的方方面面，我们都不得不去应付令人费解的奥秘。为什么生活中有些人就是比另一些人幸运？为什么有人拥有智力方面的恩赐，别人却没有？即便是出生的那一刻，两个婴儿也会发现自己虽然没有做错什么，但却处于截然不同的境况：一个婴儿可能会有充足的母乳喂养而营养均衡，另一个婴儿则可能会因为母乳喂养不足而营养不良。[33] 对加尔文而言，预定论不过是人类存在的普遍奥秘的另一个例子而已，这奥秘包括有些人就是不知道为什么能拥有别人所没有的物质上或智力上的恩赐。预定论带来的难题早已存在于人类生存的其他方面。

预定论这个概念不是表明了上帝缺少良善、公义或理性吗？尽管加尔文明确否定上帝是绝对又专制的力量，但他对预定论的探讨还是令人对上帝深感恐惧，叫人觉得上帝与其创造物之间的关系反复无常，难以捉摸。上帝的意图与权力的行使也不受任何法律或规则制约。在这一点上，加尔文瞄准中世纪晚期对这一颇具争议的问题的探讨——关于上帝与被立的道德秩序之间关系，他尤其认同新路派与新奥古斯丁学派的观点。上帝完全不受法则制约，要不然法则就高于上帝，也就是说被造物的一部分（或是创造之前存在于上帝之外的事物）凌驾于上帝之上。上帝的旨意不是随意而武断的，所以我们才可以说上帝在法则之外。更确切地说，上帝的旨意是现有道德观念的基础（3.23.2）。这些扼要的陈述代表了加尔文与中世纪晚期唯意志论传统最为明显的相似点之一。

最后，加尔文强调我们应该从上帝不可测度的审判这一角度来理解预定论（3.21.1）。我们无法知道为什么上帝拣选一些人，对另一些人却又定罪。有些学者认为，这个观点受中世纪晚期许多人讨论的"上帝的绝对能力"（*potentia Dei absoluta*）所影响。反复无常又专制的上帝因为有绝对能力，完全有自由做他想做的事，无需解释自己的作为。[34] 然而，这种说法严重误解了中世纪晚期思想中，上帝的两种能力（绝对能力与定旨能力）之间的辩证作用。[35] 上帝当然有自由拣选他要拣选的人，否则他的自由就是受外在因素所制约，造物主也就是受其创造物所支配了。尽管如此，上帝的决定反映出他的智慧与公义。预定论这一事实恰恰确

169

证而不是推翻了他的智慧与公义（3.22.4；3.23.2）。

因此，预定论远非加尔文神学"体系"（这个词无论在何种情况下使用都十分不妥）的中心前提，只不过是从属教义，旨在解释传扬恩典的福音为何会带来一些令人费解的结果。然而，由于加尔文的追随者试图根据新的思想发展，来拓展并改造加尔文思想，因此改变加尔文的基督教神学结构也许是不可避免的（如果这句话也有预定论意味之嫌，还请读者见谅）。

170 **第 4 卷**

《基督教要义》的最后一卷集中讨论一系列与教会有关的问题。加尔文探讨"上帝呼召我们与他的儿子基督相交所使用的外在工具或帮助，并保守我们常在其中"这一点时，借助了他身为组织者的大量实践经验，以及他针对教会的性质、职分与圣礼所做出的理论分析。在整个分析过程中，加尔文避免流于抽象化，他希望谈论具体的细节，不愿不自觉地让自己的论点流于抽象的泛泛之谈。事实上，《基督教要义》是教会植堂、成长、建立组织与执行纪律的指南。《基督教要义》从强而有力的神学分析开始，并以基于人类日常生活的分析为结束。

首先，为什么教会（指一个团体，而非一栋建筑物）有存在的必要？正如上帝在历史进程中通过道成肉身来救赎人，他也在相同的进程中设立一个团体，专门用来帮助蒙救赎的人成圣。上帝使用某些世上具体的工具来实现选民的救恩，不过上帝完全不受这些工具制约，他往往在这些工具里面动工。因此，我们可以说教会是上帝建立的团体，上帝在其中帮助他的选民成圣。为了肯定这崇高的教会论，加尔文引述了迦太基的西普里安两句伟大的教会论格言："除非你以教会为母，否则你就不可能有上帝为父"；"教会之外既没有罪得赦免的盼望，也没有救恩"（4.1.4）。

加尔文着手划分出一个重要的区别。在某种层面上，教会是基督教信徒团体，即一个有形的集体。然而，教会也是圣徒的团契与蒙拣选之人的相聚，即**无形的**实体。从无形的层面来说，教会是只有上帝知道的蒙拣选之人的聚集；从有形的层面来说，教会则是地上的信徒团体（4.1.7）。前者仅包括蒙拣选的人，后者则包括善人与恶人、蒙拣选的人与受永罚的人；前者是信心与盼望的客体，后者则是当前经验的客体。加尔文强调，为了那无形的教会，即基督真正的身体，举凡信徒皆必须尊重并委身于有形的教会，尽管它有软弱之处。无论如何，教会只有一个，那就是以耶稣基督为首的独一实体。 171

有形与无形教会的区别，有两大重要意义。首先，这区别意味着有形教会同时包括那些蒙拣选的人与受永罚的人。希波的奥古斯丁曾用这一点反驳多纳徒教派（Donatists），并以稗子的比喻（马太福音 13：24—31）为论据。人不能以个人品质的好坏来推断上帝是否喜悦他（加尔文的预定论完全排除了人的品质是蒙拣选的根据），因此人根本没有能力辨别蒙拣选之人与受永罚之人的不同。但是，有形与无形教会的区别，还有一个重要意义，就是我们有必要追问，各个有形教会当中，哪一个堪比无形的教会。有鉴于此，加尔文认为需要清楚阐明一些客观的标准，以鉴定已有的教会的真实性。他规定了两个标准："如果一个教会纯正地宣讲与聆听上帝的话语，并施行基督设立的圣礼，那么我们就知道那是真正的教会了"（4.1.9）。因此，一个教会之所以是真正的教会，不在于其成员的品质，而在于教会持守了公认的恩典媒介（means of grace）。有意思的是，加尔文没有遵循布塞的观点，将纪律视为真正教会的标志。尽管加尔文强烈主张教会成员必须有良好的纪律（4.12.1），但他却不认为这是界定或评估教会资格必不可少的凭据。

路德认为教会的组织属于历史偶然，并不需要神学规定，加尔文则认为圣经规定了明确的教会管理模式。奇怪的是，加尔文在《基督教要义》中列出的教会职务（4.3.3；4.3.4；4.4.1）并不一致，令人对长老的地位与职分的数目，一头雾水。

上帝赐予教会"属灵权柄"（4.8.1），不过加尔文在解释属灵权柄时，十分谨慎，极力避免字里行间流露出将这权柄与中世纪教会法令进行对比的意味。此外，教会的属灵权柄并不侵犯民事权力。请注意司法行政官并不受制于教会，这点很重要，足以驳斥加尔文为神权独裁统治奠定理论基础的说法。宗教与世俗两种权力在理论上是互补的。然而在现实中，它们的关系却颇为紊乱。

加尔文先前将施行圣礼界定为"教会的标记"（*notae ecclesiae*）之 172

一，现在开始详述这些圣礼（4.14—19）。中世纪教会规定的圣礼有七个：洗礼、圣餐礼、按立礼、补赎礼、坚振礼、婚礼与临终涂油礼。宗教改革家则将这些圣礼缩减为二，即洗礼与圣餐礼，他们强调说，真正的圣礼是基督亲自设立的圣礼（虽然宗教改革运动家大多称圣餐为"感恩"、"主的晚餐"或只是"晚餐"，但本文会依循普遍的现代趋势，使用"圣餐"一词，意即"感恩"。本文此举并不是为了要提出任何神学观点，只是希望用词更加清楚，以及表达更加得当而已）。

加尔文给圣礼下了两个定义。圣礼是"一种外在的象征，主借着它，在我们的良心上印下他对我们善意的应许，从而支撑我们信心的软弱"。圣礼也是"神圣事物的有形记号，或是无形恩典的有形形式"（4.14.1）。前者是加尔文自己的定义，后者则来自奥古斯丁（不过加尔文指出这定义因为十分简短而含义模糊）。加尔文强调圣礼必须以"主的应许与命令"（4.19.5）为依据，因此他否决了天主教会一贯施行的七个圣礼中的五个（4.19.1），只保留了洗礼与圣餐。

16 世纪 20 年代，路德与茨温利就圣礼的性质发生了激烈争论。[36]路德坚持圣餐的饼与酒，实际上就是耶稣基督的身体与血。茨温利的观点则是另一种极端，他认为圣餐的饼与酒，只是耶稣的身体与血的象征。路德认为圣礼的标记等同于它所象征之事，茨温利则强调标记与它所象征的实体截然不同。这两个水火不容的立场可以说是在宗教改革期间，为圣礼性质所展开的争论划出了界限。

加尔文的立场，大致可说是介于这两种极端之间。加尔文声称，施行圣礼时，因为圣礼的象征物与它所象征的属灵恩赐，有如此紧密的关系，所以我们很容易"由一者想到另一者"。标记是有形的物质，而它所象征的则是无形与属灵的。但由于标记与它所象征之事之间的关系如此密切，因此我们大可以将标记所象征之事的名，加之于标记（4.17.21）。标记使所象征之事生效（4.17.3）。加尔文坚持标记与效果是类似或一致的（但不**相同**。在加尔文看来，认为两者相同是天主教站不住脚的概念）。这个观点的部分根据，是加尔文对象征物力量的分析，有部分是根据自己对上帝智慧的理解：难道上帝会给我们设立虚空无效的象征物吗（4.17.10）？标记与所象征之事是不同的（4.17.34）。但是，此处我们再一次看见加尔文以基督论为基

础的准则，即"有所不同却又不可分割"（见第152页）。标记与所象
征之事虽然有所**不同**，但却不可**分割**。

　　有人可能会认为加尔文的立场是为要调和茨温利与路德的观点，
在宗教改革史上适时施展了教会外交手腕。事实上，支持这种说法的
证据寥寥无几。加尔文的圣礼观与其总体观点是一致的，我们不能将
其圣礼观看成是基于政治因素所采取的折中立场。

　　加尔文对洗礼的看法可说是结合了茨温利与路德的特点。他认同
茨温利的立场，主张洗礼就是公开表明我们对上帝的忠贞（4.15.1）。
正如茨温利主张圣礼主要是教会事件，旨在表明信徒对教会或公民团
体的忠诚，加尔文也强调洗礼的宣告功能。然而，加尔文也吸纳了路
德特有的主张，即强调洗礼是信徒罪得赦免以及在耶稣基督里得着新
生命的记号（4.15.5）。

　　与所有德高望重的宗教改革家一样，加尔文坚持婴儿洗礼是合宜
的。他指出这种惯例是早期教会真正的传统，而非中世纪晚期的发展
（4.16.8）。茨温利曾经借助犹太人的割礼仪式，证明这种惯例的合理
性，他说这种仪式与这种外在记号表明男婴属于圣约团体的一员。同
样地，洗礼是一个记号，表明婴儿属于教会这一新约团体。[37]重洗派强
烈反对婴儿洗礼，加尔文在斯特拉斯堡期间曾亲自体验重洗派与日俱
增的影响力，因此证明婴儿洗礼的合理性就越发重要。于是，加尔文
重申并扩充了茨温利从约的角度对婴儿洗礼所做的辩护：如果基督徒婴
儿不能受洗，那么他们就比犹太婴儿吃亏多了，因为割礼就能公开对
外表明犹太婴儿属于圣约团体（4.16.6）。因此，加尔文声称婴儿应当
受洗，不能剥夺婴儿享受洗礼带来的益处。

　　饼与酒这些有形元素呈现（*monstretur*）并表明属灵方面的真理。讨
论圣餐时，加尔文指出这一属灵真理分为三个方面。圣餐的**意义或含义**
在于上帝的应许，标记本身包括或蕴含这应许。圣餐，尤其是设立圣餐
的经文，使信徒确信耶稣基督的身体已为他们掰开，血已为他们流出。
圣礼"证实耶稣基督的应许，他在应许中宣告他的肉是可吃的，他的血
是可喝的，我们因为吃喝它们而得着永恒的生命"（4.17.4）。圣餐的**实
质**[38]或实体在于我们领受基督的身体：上帝将他向我们应许的，赐给
我们。领受基督身体的象征（即饼）时，我们也同时领受基督的身体

（4.17.10）。我们再一次读到了"有所不同却又不可分割"这一原则。标记与所象征之事虽有不同，却不可分割。最后，圣餐的**功效或影响**在于"基督的恩惠"（*beneficia Christi*），即基督通过顺服，为信徒赢得的益处。信徒透过信心得以与基督的益处，如救赎、公义、永恒的生命有分（4.17.11）。

　　本文以最简短的方式概述了诞生于 16 世纪，宗教改革期间最重要的基督教神学著作的内容。这部作品特有的清晰度与全面性，使它远胜于信义宗与罗马天主教的作品。这部作品仍然是现代基督教神学的重要资源与对话伙伴。由于加尔文的历史意义部分来自他的观点以及他呈现、传播观点的方式，因此我们也可以说这些观点与方式，对历史学家不乏意义。为了表明这一点，本书拟考察一次思想的大涌入。当时，加尔文的宗教思想开始深入影响他的祖国——法国。

注释

[1] 比如因信称义、人论与教会论的教义即是如此，见 Santmire，'Justification in Calvin's 1540 Romans Commentary'；Torrance，*Calvin's Doctrine of Man*；*Milner，Calvin's Doctrine of the Church*。史涛弗（Stauffer）在对加尔文讲道的研究中，指出加尔文的讲道与其神学相关联，并反思了二者联系的后果，见 Stauffer，*Dieu，la création et la providence dans la prédication de Calvin*。

[2] Fatio，*Méthode et théologie*，pp. 150—153. 晚期加尔文主义认为神学与释经是毫无关联的两码事，这一趋势的起源可追溯至兰伯特·达诺（Lambert Daneau）在《概略》（*Compendium*）中对神学所下的定义。

[3] Rist，'Méthode théologique de Calvin'，p. 21.

[4] 有价值的讨论见 Selinger，*Calvin against Himself*，pp. 72—84。

[5] 思想史（不仅是历史神学）中的普遍问题，见 H. Kellner，'Triangular Anxieties：The Present State of European Intellectual History'，载于 D. LaCapra and S. L. Kaplan（eds），*Modern European Intellectual History*（Ithaca，N. Y.，1982），pp. 116—131。

[6] Bouwsma，*John Calvin*，pp. 4—6，恰当地强调了这一点。

[7] 详情见 Willis，'Rhetoric and Responsibility in Calvin's Theology'。

[8] Schweizer，*Die protestantischen Centraldogmen*，pp. 1—18，150—179. 更多普

遍说法见 L. Boettner，*The Reformed Doctrine of Predestination*（Grand Rapids，1968）。

[9] Dowey，*Knowledge of God in Calvin's Theology*，pp. 41—49.

[10] Milner，*Calvin's Doctrine of the Church*，pp. 1—5.

[11] Partee，'Calvin's Central Dogma Again'.

[12] Bauke 强调的一点，*Die Probleme der Theologie Calvins*，pp. 22，30—31。

[13] Milner，*Calvin's Doctrine of the Church*，pp. 2—3.

[14] 见 Niesel，*Theology of Calvin*，pp. 247—250；Milner，*Calvin's Doctrine of the Church*，p. 191。

[15] 早期作者如恩斯特·特洛尔奇（Ernst Troeltsch）认为，加尔文不像路德以基督为中心，他们的根据是当时盛行于加尔文研究中的假定，即预定论才是加尔文思想的核心。这种假定已久遭摈弃。

[16] Lane，'Calvin's Use of the Fathers and Medievals' 一文中提出了精辟的分析。

[17] 见 Smits 的分析，*Saint Augustin dans l'oeuvre de Jean Calvin*。

[18] *OC* 8.266.

[19] Lane，'Calvin's Sources of St Bernard'.

[20] Reuter，*Vom Scholaren bis zum jungen Reformator*，pp. 6—12；McGrath，'John Calvin and Late Medieval Thought'.

[21] Ganozy，*The Young Calvin*，pp. 137—151，pp. 158—168.

[22] Grislis，'Calvin's Use of Cicero in the *Institutes* I：1—5'.

[23] A. E. McGrath，'Some Observations concerning the Soteriology of the *Schola Moderna*'，*RThAM* 52（1985），pp. 182—193.

[24] "man" 一词有 "人类" 或 "男人" 之意。——译者注

[25] McGrath，'John Calvin and Late Medieval Thought'.

[26] Niesel，'Calvin wider Osianders Rechtfertigungslehre'；Zimmermann，'Calvins Auseinandersetzung mit Osianders Rechtfertigungslehre'.

[27] McGrath，*Luther's Theology of the Cross*（Oxford/New York，1985）；同前，*Institia Dei：A History of the Christian Doctrine of Justification*（2 vols：Cambridge，1986），vol. 2，pp. 3—20.

[28] A. E. McGrath，'Justification and the Reformation：The Significance of the Doctrine of Justification by Faith to Sixteenth-Century Urban Communities'，*ARG* 81（1990）.

[29] McGrath，*Institia Dei*，vol. 2，pp. 3—39.

[30] Jacobs，*Prädestination und Verantwortlichkeit bei Calvin*，强调了加尔文预定

论教义包含的基督论内容。

[31] *OC* 14.417 在此处尤其重要，特别是因为它详述了一个问题：为什么上帝的应许在每个人的生命中带来的功效不尽相同？

[32] 对中世纪预定论观点的分析，参见 McGrath, *Institia Dei*, vol. 1, pp. 128—145。

[33] 1.5.5；3.21.5；3.22.1；3.22.5；3.24.17。

[34] 见 Wendel, *Calvin*, p. 127。

[35] McGrath, *Institia Dei*, vol. 1, pp. 119—128 分析了这两个概念及其神学含义。可以指出的是，我们对这些概念的看法在 19 世纪已近乎完全改变。

[36] McGrath, *Reformation Thought* (Oxford/New York, 1988), pp. 117—130.

[37] W. P. Stephens, *The Theology of Huldrych Zwingli* (Oxford, 1986), pp. 206—211.

[38] 必须强调的是，加尔文所谓的"实质"，与亚里士多德所谓的"实质"不同，前者不像后者那样带有中世纪变质说（theory of transubstantiation）的意味。加尔文对变质说的反驳，见《基督教要义》4.17.12—18。

思想涌入： 加尔文和法国

　　1541 年近乎凯旋地回到日内瓦之后，加尔文似乎就不曾从流放之地回到祖国法国。虽然正如前文所见，1551—1552 年的努瓦永市曾经有个让・科文（Jean Cauvin）因道德败坏而被起诉——他金屋藏娇，包养一名腐败的女政府人员（*une femme de mauvaise gouvernement*）。[1]但是，很显然我们的叙述中心加尔文先生，此时正为日内瓦的政治危机忙碌，也为他在这座城市不断下降的地位奔波。1555 年 4 月的革命，佩林派惨败（以反法态度闻名的派系），却让加尔文和同仁获得更多活动的自由。他们巩固了日内瓦在宗教改革运动事业中的地位以后，把眼光投向法国。1555 年 4 月，牧师圣职公会开始了一个极其秘密的行动，向法国境内有意识有计划地输送人员，撒下法国宗教大战的种子。[2]

　　本章讲述加尔文怎样开始影响法国教会，其影响力如何发展壮大。在很大程度上，这番经历不同寻常。有人认为从代表革命意识的角度上看，日内瓦可以和莫斯科相提并论，本章印证了这种看法。不过，有些事件的发生，为加尔文影响祖国打下了基础，我们的故事还是得从这些事件谈起。

加尔文在法国声名见长

　　本书的前言部分（见第 3—11 页）简述了宗教改革运动前夕法国

176 的宗教生活状态。宗教改革运动在当时是势在必行的。然而，这种宗教改革运动不仅仅是基于思想与宗教方面的因素。社会和经济因素相叠加，也孕育了宗教改革运动的温床。当时的环境欢迎任何能改革社会、经济和宗教的革命运动。天主教牧师越来越不理会农村的需要；16 世纪 20 到 30 年代，发生在莫城主教教区的事件使人们意识到需要把新教精神和社会经济的改革运动相结合。[3]那时，有观点认为天主教教会过于关注贵族利益，并没有为教育、扶贫和消灭疾病等事业尽力。宗教观念日益远离正统，而受过教育的普通信徒恰恰认为这些事情很重要。在巴黎市内创建市政大学（直接和教会学校竞争）以及为救济穷人建造医院的人，大多来自这一新的激进的平信徒核心团体。[4]

许多关于 16 世纪 20 和 30 年代的法国城市人口生存状况的调查显示：在新兴的受过教育的资产阶级之中，普遍存在一种躁动不安的情绪。[5]巴黎人对人文主义和信义宗感兴趣（巴黎的权威所采用的信义宗，是概念宽泛的术语，不仅仅指路德本人的观点），说明有知识的平信徒城市文化圈已出现，它的出现很大程度上归功于印刷品的流行。受到人文主义新知识和路德的宗教质疑的启发，各种力量的联合作用开始突显。在巴黎和法国其他文化中心，越来越多人开始怀疑和批评天主教教会的基本基督教要义和制度。

加尔文不可能意识不到法国社会的重要变化。他不仅在巴黎和法国其他城市居住过，他的人脉也遍布昂古莱姆、布尔日、奥尔良、巴黎和普瓦捷。他曾在斯特拉斯堡担任法国难民的牧师（1538—1541），这段经历使他明白法国生活和政治事务的最新动态。对于加尔文来说，日内瓦本身就是一个观察台，他可以瞭望法国大的举动。此外，他的信息还来自通信，16 世纪 50 年代蜂拥逃往日内瓦大墙内的流亡者[6]，

177 以及与法国商人的私交。16 世纪 40 年代以后，日内瓦和里昂等法国主要大城市的贸易联系日益密切，法国商人正得益于此。[7]

需要注意的是，在加尔文之前，福音派在法国已赢得大批跟随者，它更多地受到了路德的影响，而不是茨温利的影响。《基督的祷告》（*L'oraison de Jésuchrist*，1525）这本和莫城宗教改革运动组织相关的灵修手册，收录了路德为《罗马书》写的序言，这是路德对其宗教改革运动事业及内涵最清晰的解说之一。另一部灵修手册《真实完美的

祷告生活》（*Le livre de vraye et parfaicte oraison*，1528），在思想上存在明显的天主教意味，但并不让人厌烦，也收录了路德的一些作品。克劳德·迪邦斯为献给法国的玛格丽特而撰写的灵修小册子《逆境中的安慰》（*Consolation en adversité*，1547），若仔细阅读，可以发现那其实是翻译自路德的一部作品。虽然用一句话概括之很危险，但还是可以说：直到 1541 年，法国的福音派不认为信义宗和天主教有什么不可调和的冲突。当时福音派虽然拒绝教皇权威，但并不觉得有必要和天主教会决裂。所以加尔文要为法国福音派留下印迹，尚需时日。[8]

从加尔文 16 世纪 30 年代和 40 年代早期的外交活动中，可以瞥见他参与法国事务的程度。加尔文最大限度地利用日内瓦和伯尔尼的盟友关系，要求伯尔尼向法国权威尽可能地施加影响，对福音派多加宽容。[9]虽然此时法兰西斯一世实际上已经永远地和新教分道扬镳，然而他需要和瑞士的一些州，特别是伯尔尼保持政治上的友好关系。法国和萨伏伊表面上长期关系紧张，法兰西斯一世和罗马神圣帝国查理五世皇帝的关系也很恶劣，二者决定了法国不得不争取瑞士西北部州的支持。[10]这样，加尔文的策略就很实际，虽然效果并不显著。然而，他通过文字作品对法国产生的影响远胜于其政治活动产生的效果。

加尔文对法国宗教改革运动最重要的贡献是在思想及其应用的层面上。如果没有加尔文，法国的新教只不过是一个发育不成熟的裂变细胞，流于内耗，缺乏真正的政治影响力。开始的时候，加尔文能给这一运动一些建议、方向和更重要的灵感。我们看到 1540 年他写信给卢昂的福音派提供建议。同年，他点燃普瓦捷的激情。1541 年他与多菲内和普罗旺斯的瓦勒度派建立联系。[11]1542 年，他警告里昂的福音派可能会出现的危险。[12]

1541 年法语版的《基督教要义》出版了，它标志着一个关键性的转折点。突然，法国国内出现了以本国语言写成，表达严密、论证谨慎的激进宗教改革运动思想作品。好像有人按下了紧急按钮。1542 年 7 月 1 日，巴黎大理院颁令：所有包含异教思想的图书，特别是加尔文的《基督教要义》，三天内必须上交政府。[13]同年，一位殉道士死于卢昂，弥留之际还把 1541 年版《基督教要义》前言中的一句话挂在嘴边。[14]巡察书店成为官方试图压制异教运动发展的重要途径。第二年，

178

经调查后，神学部公布一张书单，有 65 本书必须立刻接受审查，其中
22 本为拉丁语的，43 本为法语的（不过其中有两本法语书是在没有出
版计划之下被印制的，因此后来只剩下 41 本）；能大体确定出版日期
的 36 本书中，有 23 本是在日内瓦印刷的。[15] 因此，加尔文的《基督教
要义》被视为日内瓦借助印刷文字进攻法国教会的先锋。巴黎大理院
在 1545 年 6 月 23 日发布的违禁书单，增加了许多本书。121 本法语书
中，将近一半是在日内瓦印刷的。巴黎的书商立即抗议并回应：如果禁
止他们卖这些书，生意将难以维持。神学部定义为异教邪说的书籍，
似乎在市场上有很大的需求，这进一步表明具有文化水平及私人财产
的平信徒人士，对推广加尔文宗教改革运动思想举足轻重。

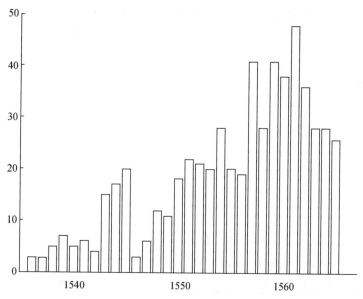

图 9.1　1536—1565 年日内瓦每年出版的新书数目

　　日内瓦出版物继续涌入巴黎。1551 年违禁书目又增添 18 本新书
（13 本来自日内瓦），然而日内瓦出版的图书总数，远远超过禁书的数
目。法国当局无法取得吉拉德（Girard）或克雷斯宾等日内瓦出版社的
书目，无法压制宣传加尔文宗教改革运动理想的法语读物大潮。例如，
1546—1551 年间，至少有 12 种加尔文作品的法语版本面世，而 1551
年的违禁书目并没有将这些作品登录其中。再说，控制书籍的公共销

售以铲除来自日内瓦的书籍，这种做法只不过是把贸易活动逼入地下秘密进行。1565—1580 年，宗教战争最终完全禁止了日内瓦出版业在法语宗教市场的扩张。在此之前，要在巴黎取得违禁书单上的书并非难事。[16]加尔文的一位名叫劳伦特的书商朋友，发现从事违禁书籍贸易能取得很大利润，于是他移居日内瓦，为了不仅可以贩卖，甚至能出版这些书［贝扎的《诗篇》（*Psalter*）是他出版的比较有名的作品之一]。1559 年，巴黎大理院一名成员因持异端观点受审，他承认自己的异端思想源自"加尔文等作家的作品，这些作品是从在两国之间往来的小贩那儿买来的"。1565 年以后，宗教战争使这种交通变得比较麻烦。但是，当时加尔文已经去世，影响也已经产生。

　　要展示加尔文思想的加速渗入过程，可以看看负责朗格多克地区的图卢兹大理院的记录。以十年为一个单位进行分析，图 9.2 显示 1500—1560 年间，该院审理的 1074 个异端案件的总体增长趋势。[17] 1554 年，有 208 人因持异端观点被告而达至顶峰。1550—1560 这最后十年，案件数量明显上升，显示加尔文的影响达到一个新高峰，整个法国的情况也是如此。

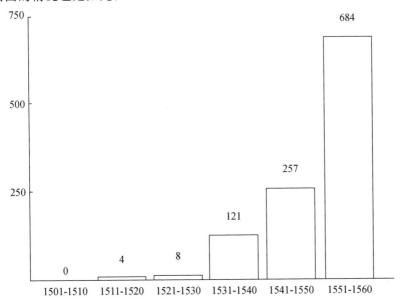

图 9.2　1500—1560 年由图卢兹大理院审理的

被指控为异端的案件数量

1540—1555 年，法国社会哪些阶层受到了加尔文思想和价值观的影响？很明显，他的忠实支持者绝大多数是手工艺者。1560 年，在蒙彼利埃（Montpellier）有 817 人被指控为异端，其中 561 人提供了自己的职业详情，有 387 人（69%）是手工艺者。1568 年，贝塞尔（Bézier）出现了相似的情况。[18] 1549—1560 年，日内瓦的法国难民中有 68.5% 是手工艺者。[19] 加尔文主义最初是"小人物的宗教"［由亨利·豪泽尔（Henri Hauser）提出］。为什么加尔文主义如此吸引法国的中产阶级呢？答案在于中产阶级是法国社会更有活力的阶层，有自己独特的社会价值观和生产活动。加尔文主义从一定程度上，给这些价值观和活动带来宗教尊严（见第 231—234 页）。

相反，加尔文对贵族阶层的影响一开始就受到了限制。和日内瓦人普遍讨厌贵族的情绪相关[20]，加尔文的工作伦理中潜藏着反贵族的偏见，铸成了加尔文主义在社会中的分布呈两极分化状态。其他的因素，诸如贵族的传统、对家庭的忠实、重视家庭纽带（大多数法国主教是贵族）、普遍厌恶小人物，这一切都促使贵族社会一开始就对加尔文主义抱有成见。正如法国革命的中坚分子是贵族阶层，布尔什维克（Bolshevik）革命的支持者大多是资产阶级一样，加尔文也并非完全不受贵族支持。然而，直到 1555 年，加尔文对贵族的影响依然不明显。

最后要说明的是，加尔文主义对农民几乎毫无影响。虽然这次运动暗含反贵族的倾向，但在农民阶层中却没有显著进展。原因大致如下：加尔文主义对知识的要求，即使再低，也不是未曾受过教育的农民所能达到的。它支持的思想和价值观是农民们所不熟悉的。至少在一定程度上，加尔文主义是一种"书本宗教"，对不曾受教育的乡村农民来说，无法引起太大的吸引力。这些农民买不起书，更别说阅读了。加尔文主义者在福音化的努力中使用法语，可是不管怎样，农村人对法语知之甚少，方言仍然统治着法国的语言版图。

然而，还有其他需要注意的地方。法国农民的大众宗教，扎根于乡村生活的节奏与模式，有他们自己的挂虑。[21] 天主教信仰有一定的弹性，使得教会的教导可以适应农民的需求，有些崇拜模式照顾到了乡村居民的需要和想法。加尔文主义却没有如此大度，它总把天主教的调整，视作迷信和偶像崇拜的混合物。加尔文主义对此十分苛刻，使农民从心态上对它提不起兴趣。部分农民宁愿保守传统，继续忠于天主教及其价值观。

我们很容易高估加尔文在1536—1555年间对法国的影响。毫无疑问，当时他有很多仰慕者，但是他对权力阶层难以产生影响。例如，直到16世纪50年代，在法国和他通信的笔友当中，仍然没有掌权的贵族成员。福音运动的潜在影响又被尼哥底母主义现象所抵消，加尔文在1543—1544年公开谴责了这一现象。虽然福音派观点广为流传，尤其在南部的城市，但是那些支持福音派的人表面上却倾向于遵守天主教的规定。因为害怕天主教权威的压制，福音派常常在私人住宅里秘密聚会，且常常在夜里（这就和尼哥底母差不多，他因为害怕犹太教领袖的舆论，于是夜间拜访耶稣。见约翰福音3：1—2）。[22]但是，正像官方对1541年版的《基督教要义》的回应所示，越来越多具宗教改革运动头脑的个人把目光投向了加尔文，从他那里寻求支持和带领。没有牧师、圣礼或者教会组织，法国福音派不可能期望有长足的发展。在法国这样一个越来越仇视福音派的国家，成为福音派人物变得很艰难，需要付出很大代价：瓦尔多派大屠杀（1545）、五位福音派学生在里昂殉道（1551），加上让·克雷斯宾出版的《殉道者名录》（*Livre des Martyrs*；日内瓦，1554），在在清楚说明这一点。1555年，随着加尔文在日内瓦的权力基础得到巩固，影响法国教会的道路也进一步打开，更显宏韬大略的手段因此得以实施：外来的人员来到法国支持已有教会并培植新的教会。来自日内瓦的人促进了思想的涌入。

日内瓦的来客

1555年4月，牧师圣职公会列出第一批从日内瓦派往国外的宣教团名单。4月22日的记录显示：让·韦尔诺和让·勒维埃桑被派往皮埃蒙特（Piedmont），该地区曾和瓦尔多派有关系，很可能是加尔文主义的沃土。[23]为了回应法国加尔文主义会众的呼求，其他牧师也接踵而来。第一个派往法国的是雅克·兰格洛瓦。应普瓦蒂埃会众的请求，他去了那里。

无论是在日内瓦还是法国境内，保密在整个运作过程中都很重要。安全房（Safe house）和藏身之地被建在一天路程才能抵达的多菲内阿尔卑斯区（Alpes Dauphinoises）的深谷。还有一个类似二战时期法国抵抗组织使用的秘密地下网，在法国边防松懈的地方，可以从日内瓦境内溜进法国。牧师圣职公会在保密工作方面竭尽全力，甚至瞒过理论上无所不知的市议会。然而，到1557年，公会意识到无法指望国外活动永远处于保密状态。同年晚些时候，加尔文到市议会说明情况，要求议会准许派出更多使者。议会十分清楚这些活动会给本市带来哪些危险：如果舆论认为日内瓦政府组织了宗教分子的渗透活动，日内瓦政府就会被自己的大邻邦扣上从事敌对煽动的罪名，后果（很可能是不良后果）难以预料。然而，议会同意只要外界认为此事与政府无关，活动可以继续秘密进行。

1561年1月的事件显示出这一决议的智慧。法国新国王查理九世派使者前往日内瓦传信，主旨是法国国王已经发现最近国内的骚乱和日内瓦派去的牧师有关——日内瓦人似乎在有组织地推翻法国政权。国王要求日内瓦召回牧师，无论如何不得再派遣其他牧师。[24]议会回答他们根本没有派任何人前往法国；这是牧师圣职公会自己做的事情，市议会不能为一个私有的教会机构负责。小小的推托扭转了日内瓦和法国之间的严重冲突。

日内瓦也许确曾向法国提供牧师，但是日内瓦规定其他教会性机构，比如宗教法庭，要由当地教会提供人选。1555年，巴黎成立了一间完备的加尔文教会，宗教法庭内有长老和执事。1555—1562年，团契（*églises plantées*），即类似于宗教学习小组的祷告、崇拜、读经的聚会，渐渐被结构更严格的教会（*églises dressées*）取代。这些团契小组遍布法国，经常聚会祷告、相互劝勉，慢慢地转变成一种纪律严明、组织规范的教会团体。1557年，牧师圣职公会规定教会必须有宗教法庭。1555年，普瓦蒂埃建立了宗教法庭，奥尔良随后于1557年建立，拉罗谢尔（La Rochelle）和尼姆（Nîmes）分别于1558年和1561年建立。1562年是重要的一年，这年初，法国宗教法庭多达1785间。[25]日内瓦准备向这些会众派遣牧师，但长老和执事要由当地人出任。

后来，法国加尔文教会蓬勃发展，需要大量牧师，日内瓦无力承担。加尔文关于挑选牧师的指导原则严格规定牧师的教育背景，这就严重限制了有资格担当此任的人数。实际操作时，牧师一般是说法语的资产阶级，来自日内瓦以外——他们常常被日内瓦本地人看做外来者。加尔文去世的 1564 年，日内瓦只有 22 位这类牧师。为了训练符合加尔文要求的高标准牧师[26]，日内瓦学院于 1559 年 6 月 5 日成立，但为时已晚。很多地方需要经过日内瓦训练和承认的牧师，日内瓦学院心有余而力不足。实际上，加尔文激起了自己无法满足的需要。

　　1555—1563 年间，88 名使者外出传教 105 次，通过对这些使者的研究，就能更透彻了解加尔文主义早期的成功，并证实这一运动对城市中产阶级确实有特别的吸引力。有 6 人去了普瓦捷、5 人去了巴黎和里昂、3 人去了贝尔热拉克（Bergerac）、迪耶普（Dieppe，即去往英格兰和苏格兰的重要出发点）、伊苏丹（Issoudun）和奥尔良。[27] 有趣的是，这些城市在主要商贸干道上，说明加尔文主义（像伊斯兰教一样）经常通过商业纽带传播，再次证明对这一行业的从业人员，诸如手工艺者和商人来说，加尔文主义独具魅力。亨利·豪泽尔曾称赞卑微的小贩在传播这一新宗教方面做出的重要贡献：他那装着针和梳子的包，还藏着加尔文主义的小册子。

法国加尔文主义的政治局面

　　加尔文主义的魅力部分在于它明显的经济意义，我们稍后会提到（见第 233—235 页）。适合法国的加尔文主义 *"une adaptation française du calvinisme"* 出现了，它是加尔文的某些宗教观点和日内瓦本身的原始资本主义经济政策的结合物。这些开放的经济观点对于法国新兴的第三阶层有极大的吸引力。作为一个社会群体，第三阶层具有重要的影响力，但是他们对加尔文主义的理解并未切中加尔文本人和他思想的传递者所代表的内涵，而是将它解读成自己揣测的内容。加尔文主义对于第三阶层的经济吸引力固然不容低估，其政治吸引力也不可小觑。要讲明这一点，我们可以审视一下两千多年前的东南亚，二者发展情况相似。

　　为什么佛教会以新宗教的形式出现？它起源于公元前 6 世纪，可

185

以被很好地解释为是对于等级严格的吠陀印度教的反抗运动。佛教的出现伴随着印度文明中一个重大社会现象，即城市化。相对富裕的城市阶层的出现极大冲击了印度森严的种姓制度，这一制度按照人出生的环境，安排人的阶层所属。吠陀梵语的"宇宙人的神曲"从宗教上使这种种姓制度合理化，指出从宇宙之始就有这种社会结构。新的社会群体拥有可以塑造自己命运的财富，随之产生了对传统框架内的吠陀印度教秩序的不满。佛教强调个人有责任和能力影响他或她的命运，这对于被疏离的城市居民来说颇具吸引力（有资料证明佛教的第一批信徒来自这类城市居民）。社会秩序，特别是个人在这秩序内的位置，不再是神圣不变之物，也不再是宇宙洪荒的组件，而是可以改变的。个人在森严的现存社会结构，特别是在沉重的传统等级制度面前，不断受挫。人类文明发展到这一时刻，挫败感好像已经成为具有宗教意义的因素，使以前满足于印度教的个人，领略到佛教的优点。

从 19 世纪早期至今，一些历史学家倾向于认为新教宗教改革运动，特别是加尔文主义宗教改革运动，为进步的现代政治思想奠定了基础。[28] 在一定程度上，这是一种自由浪漫的观点，它把宗教改革运动视为在宗教压制的年代里，向个人自由奋进的运动。不管加尔文在日内瓦的真实面目如何，在宗教或其他方面呼求自由论之时，他没能赢得国际声誉却是实情，反而被看做维护教会和世俗纪律的代表。通常认为，加尔文的政治思想本身没有什么独到有趣之处。[29] 然而，当加尔文主义从日内瓦出发，开辟新牧场，它能够发展和改造其基本观点，采纳和调整不属于其创始人的外来思想。

外来思想之一是关于现存社会结构的"既予性"思想。[30] 有观点认为：加尔文主义在影响中世纪的世界秩序观向现代秩序观的转变中发挥了重要作用。前者建立在"把秩序假定为自然永存"的基础上；后者建立在"改变"的基础上。换言之，中世纪世界观是静止的：根据出身和传统，个人被指派到社会某一位置，这位置不可改变。然而，加尔文主义提供了"改变意识"：它主张个人在社会中的地位，至少在一定程度上，要靠自己努力取得。[31] 很明显，这种思想吸引了法国第三阶层，或者确切地说是整个欧洲资产阶级。在一个传统和家庭纽带统治的社会中，这一阶层想要赢得一席之地困难重重，宣扬现存社会秩序

从根本上**可以改变**的思想，当然极具魅力。英国加尔文主义者约翰·
波内和克里斯托弗·古德曼应用这一原则，使弑君合理化（径直抵触
加尔文不赞成弑君的原则），这表明他们彻底摆脱了中世纪的观点，即
现存权力结构是上帝所定，神圣不可改变。[32]他们二人的思想对苏格兰
宗教改革运动的启发作用很快就显现出来。

相似的观点也在法国圣巴多罗买大屠杀之后发展起来。起初，法
国加尔文主义只把政治观点局限在良心自由的大范围内。[33]整个 16 世
纪 50 年代，随着加尔文主义在法国的影响稳步增长，法国加尔文主义
的政治鼓动逐渐聚焦在宗教宽容度上。它暗示，成为加尔文主义者和
成为法国人并不矛盾；身为法国人和加尔文主义者（或者胡格诺派，
这一名词与加尔文主义者含义相同）并不代表对法国王权不忠。这种
立场既符合逻辑，又具说服力，加尔文对此情有独钟。但是，1560 年
5 月的昂布瓦斯阴谋击碎了它的魅力：贵族戈德弗鲁瓦·德·拉·勒诺
迪（Godefroi de La Renaudie）显然受到一些加尔文派牧师的唆使与帮
助（这令加尔文很恼火），试图绑架法兰西斯二世。[34]不过，促使法国
加尔文主义政治思想剧烈转向的是圣巴多罗买大屠杀（1572 年）。

制约王权主义出现了，它直接回应了圣巴多罗买大屠杀之后的恐
怖气氛。制约王权主义希望严格限制王权，坚持认为人民有**责任**（而
不仅仅是**权力**）抵抗暴君。[35]1559 年，加尔文（可能因为开始认识到
这个问题的实际和政治意义）承认如果统治者违反上帝，就超越了自
己权力的界限，他还认为这样的统治者等于自行废除了权力。所以，
地方行政官员（而非私人）可以采取一些行动（没有具体说明）反对
统治者。[36]1572 年的事件以后，加尔文的法国追随者发展了这些观点。
弗朗索瓦·霍特曼写了有名的《法国—高卢》（*Franco-Gallia*），贝扎
写了《行政官员的权力》（*Droits des Magistrats*），菲利普·杜普雷西-
莫纳写了《打倒暴君》（*Vindiciae contra tyrannos*），还有其他不知名
的作家所写的一本本小册子，都表达了同一观点：抵抗暴君。他们认
为，顺服上帝这一责任高于服从任何一个属世统治者这一义务。

这些激进的新理论从神学基础上，阐释了捍卫天赋人权，由法国
加尔文主义经历考验锻造而成（虽然与加尔文本人的教导相反）。这些
理论可被视为从封建主义向现代民主转变的重大标志。虽然在亨利四

世统治时期，特别是《南特敕令》颁布以后，大多数法国加尔文主义者不再明确反对君主政体。但是，重要的新理论在法国政坛层出不穷。可以说这些思想在法国启蒙运动中又以纯粹属世的形式再次浮现。让-雅克·卢梭在《共和论》（*thèse répulicaine*）里发表了与伏尔泰现代化的《王权论》（*thèse royale*）及孟德斯鸠的《贵族论》（*thèse nobilaire*）相反的论调，卢梭拔除了天赋人权思想的神学修饰，将它与加尔文时代的日内瓦的共和主义相混合，宣称 16 世纪的日内瓦是共和政体的典范，与 18 世纪的法国一脉相通，是 18 世纪的法国潜在的雏形。这样，加尔文所在的日内瓦成了充满活力和能量的理想典范，抓住了法国革命前夕的想象力。1789 年的法国大革命，是 1535 年日内瓦革命的产物吗？这可能是本书其他章节要讨论的问题。我们必须回到 16 世纪 50 年代的法国现状，再一次考虑加尔文主义对法国居民的吸引力。

法国加尔文主义的社会轮廓

加尔文主义综合了一系列的政治、宗教、经济思想和价值观，对法国中产阶级具有潜在吸引力。所以，加尔文主义运动一开始就从这一阶层获得支持也不足为奇。在一定程度上，这也印证了日内瓦派往法国的传教士的社会背景。实际上这些人都来自中产阶级，说法语，能很好地适应城市中产阶级的需要。南方的情况更是如此，南方总是很在意，其实是得意于它和法语的历史渊源。可是，在农村很少有人懂法语，方言仍然占统治地位。图卢兹附近的朗格多克地区讲朗格多克语，法语几乎被看做外语。从社会背景和语言上看，日内瓦的传教士属于与法国农村完全不同的另一个世界。然而，牧师圣职公会对此也无能为力，它只能派遣手头现有的人员，他们来自中产阶级或者上层阶级，用法语作为交流的首选语言。研究一下 42 位传教士的背景可以发现，没有一人和农民阶级有任何联系。[37] 就这样，从一开始，伟大的日内瓦福音化过程被锁在一个社会螺旋里，其中没有农民阶级。

牧师圣职公会却没有把这当回事，他们认为自己很成功。1561 年，法国对于牧师的需要，让公会大吃一惊。据尼古拉斯·科拉顿记载，

那一年 151 人被派往法国。[38]日内瓦牧师常常不辞而别，随后出现在法 189
国偏远的角落。为满足法国教会对牧师不断增长的需要，日内瓦当地
教区的牧师常被调用。连洛桑有时也会缺牧师，因为法国伟大的福音
传道工作需要志愿者帮忙，洛桑的牧师于是回应了这种需要。摄政的
凯瑟琳·德·美第奇决定对新教采取宽容态度，大大推动了加尔文主
义人员的渗透：绝对保密的措施宽松了，在日内瓦的流亡者开始返回法
国，这显然让日内瓦的当地市民松了一口气。

至少表面上看，日内瓦向法国传福音的政策似乎产生了显著效果。
福音派会众遍布法国，向日内瓦寻求支持、指导和建议。但是，法国
国内发生了重要变化。此时的法国贵族成为加尔文主义很重要的信徒。
原本只吸引小人物的宗教现在不仅被贵族接受，而且深受欢迎。[39]

庐西恩·罗米（Lucien Romier）指出，1558—1562 年间，大量的
法国贵族转信加尔文主义，使得法国加尔文主义的特点发生不可逆转
的变化。[40]迫切需要彻底重振的法国经济开始溃败。有关法国财政和保
障系统的研究表明，法国的经济在 1557 年面临危机，在 1559 年实际
上已陷入崩溃。[41]经济低迷时期，教会收入也下降，因为从为死人祷告
和做弥撒这些传统天主教仪式中所获得的收入开始枯竭。[42]在严峻的经
济现状面前，再也没有什么可以护佑贵族。经济因素不再像以前那样
阻碍人们接受加尔文主义。传统的优惠模式和财政体系崩溃了，贵族
内部旋即有一部分人陷入冲突的漩涡：一面是他们习以为常的传统模
式，另一面是催生其他模式的新力量。传统的贵族联盟和效忠机制开
始动摇。

1559—1561 年，正是在经济状况日益萧条的背景下，我们看到第
二和第三阶层逐渐联合，反对第一阶层（即贵族和资产阶级联合反对
神职人员）。[43]以前公开敌对或无视加尔文主义的城市精英，开始公开
接触加尔文主义。[44]第二阶层批评教会及其财富的声音日渐高涨：1560 190
年奥尔良的大国家（Etats-généraux）会议上，贵族和资产阶级似乎受
加尔文主义的启发，公开联合起来攻击教会的特权和财富。第二和第
三阶层的联合意义重大：它的到来意味着宗教战争不再是阶级之争，而
是贵族领导的两股敌对势力的冲突。

亨利二世之死造成时局动荡。起初，王国由 15 岁的法兰西斯二世统

治。1560 年 10 月，法兰西斯二世的弟弟查理九世继位。由于查理九世未成年（法国法律规定 14 岁成年），凯瑟琳·德·美第奇趁机掌权，自封摄政王。这一时期，中央政府羸弱，不可能继续亨利二世迫害国内加尔文主义的政策。可以说，《昂布瓦斯敕令》（1560 年 3 月）默认了这一点。[45]1561 年 1 月 28 日凯瑟琳的密信（*lettres de cachet*）也说明这一点。[46]它释放了那些因宗教信仰和悬而未决的异教活动入狱的人。最后，1562 年 1 月 17 日颁布的圣日耳曼-昂-莱伊（St-Germainen-Laye）敕令准许加尔文主义者公开聚会崇拜，只是他们得受一些条件的限制。[47]

这个时期，加尔文及其同仁一直在尽力控制局面。然而，很多证据表明他们没能充分利用法国的形势。在一定程度上，可能他们计划不够充分，但是也可能因为加尔文没有预料到自己的事业会如此成功。他们没有太宏伟的设想，在需要胆量的时候却谨小慎微。1555—1562年，日内瓦教会有机会大规模吸纳更多信徒，但是它没这么做。加尔文本人仍然禁锢在不切合法国局势的政治策略中，将希望同时寄托于法国法院（French court）、王权选侯（the Elector Palatine）、符腾堡（Württemburg）公爵和上帝的护理。[48]很多证据表明加尔文相信法国国王会同意按照合理要求改革法国教会，因而故意限制福音教会的发展。[49]可以说，建立宗教法庭的决定是出于政治原因，为了限制团契的发展。果真如此的话，这可谓严重的判断失误，对法国王朝的意图抱有不切实际的乐观期望。

191

关于公布法国改革宗教会的信仰告白这一做法，加尔文也持同样态度。似乎为了巩固宗教改革运动后的法国教会的地位，有人首次提议 1558 年底在普瓦捷召集法国改革宗教会全体代表开会，邀请安东尼·德·拉·罗奇-尚迪约安排具体事项。巴黎牧师弗朗索瓦·德·莫莱尔就此事写信给加尔文，征求加尔文关于如何开会的意见。很明显，加尔文根本就没收到这封信。[50]众所周知，加尔文相当反对召集大会公布信仰告白，这无疑反映出了加尔文对法国局势很谨慎。公开宣布信仰告白就等于招惹迫害。我们有一封信能明确指出这一可能性，该信出自英国驻法大使尼古拉斯·泰克莫廷之手，写于 1559 年 5 月 15 日：

> 我听说来自加斯科涅（Gascognne）、吉耶讷（Guyenne）、安茹（Anjou）、普瓦图（Poitou）、诺曼底（Normandy）和曼恩

（Maine）地区的大约 15,000 人，签署了类似日内瓦信条的信仰声明。他们打算尽快把这些告白呈给国王，其中包括很多名人的告白。这些人中有传言说一旦他们把告白呈给国王，教会将被迫屈从国王信心十足的打算——把这些人彻底铲除。[51]

　　然而，加尔文的意愿被忽略了。1559 年 5 月 25 到 29 日，第一次全法改革宗教会大会在巴黎秘密举行[52]，起草了包含 35 个条目的信条。这份声明以《法国各地小教会一致订立的信条》（*Confession de foy faicte d'un commun accord par les églises qui sont dispersées en France*）为名出版，第二年呈给法兰西斯二世。然而，令人们恐惧的迫害却没有出现。

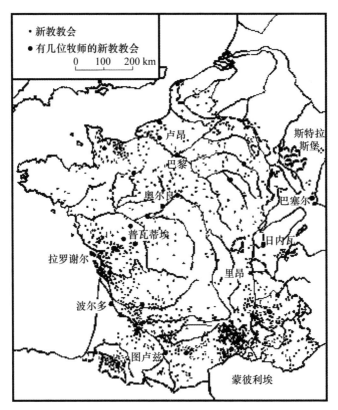

图 9.3　1562 年法国的加尔文主义者教会

虽然加尔文谨慎过度，他在法国的影响力还是在 1562 年达到高

峰。加尔文主义会众人数膨胀，影响力高涨，似乎很有可能实现全法
国的宗教改革运动。大约三分之一的贵族表示接受加尔文的宗教主张。
1562 年 3 月为科里尼海军上将（Admiral de Coligny）准备的一份名单
显示，法国当时有 2,150 家胡格诺派教会。这些数字很难验证，然而
合理的估计至少有 1,250 家这样的教会，会众人数超过 200 万，而全
国有 2,000 万人口。[53]已知的新教教会在法国分布不均匀，反映出没有
充分考虑到诸如政治版图、地方保护、文化和语言等因素。特别有意
思的是被称为"胡格诺派月牙"的地带，从大西洋海岸的拉罗谢尔到
东部的多菲内，特别集中在米迪地区（Midi）。

193

　　这就是宗教战争前夕加尔文影响力的范围。如果加尔文曾设想整
个法国可以统一到他的基督教宏图中来，现实也会粉碎这一异象。
1562 年 4 月，奥尔良因"宗教事务"爆发战争。宗教战争（1562—
1598）揭示出加尔文主义从地理、社会和政治上造成了法国的分裂。
这些裂缝很深，即使有切实可行的政策，再佐以时间，也难以弥合。
宗教战争，特别是圣巴多罗买大屠杀——不祥地预示了后来革命性的
恐怖统治时期的过分行动——留下很多残酷凄厉的记忆[54]，使加尔文
在自己祖国的声誉模糊起来。虽然肯定还有其他因素引发了宗教战争，
但是宗教战争首先纠结于宗教问题——特别是加尔文在日内瓦定下的
章程。一代人尚未逝去，但是加尔文主义争取法国霸权地位的事业却
告失败。按《南特赦令》（1598）安抚性的条款所述，加尔文主义的地
位顶多是受到宽容待遇的国中之国（*imperium in imperio*）。但是，加
尔文主义在法国失去的，已经在别处赢回来了。加尔文主义已成为一
项国际运动。

注释

[1] Desmay, 'Remarques sur la vie de Jean Calvin', p. 390.

[2] 金顿（Kingdon）研究日内瓦对法国新教影响的两部精彩著作极具参考价值：
Kingdon, *Geneva and the Coming of the Wars of Religion in France 1555-
1563*；同前，*Geneva and the Consolidation of the French Protestant Movement
1564-1572*。

［3］见 H. Heller，'Famine，Revolt and Heresy at Meaux，1521-1525'，*ARG* 68 (1977)，pp. 133—157。

［4］例子见 N. Z. Davis，*Society and Culture in Early Modern France*（London，1975）；G. Huppert，*Public Schools in Renaissance France*（Chicago，1984）。

［5］对近期文献的宝贵综述可参见 M. Greengrass，*The French Reformation*（Oxford，1987），pp. 1—20。

［6］见 Geisendorf，'Métiers et conditions sociales du premier refuge à Genève，1549-1587'。

［7］Geisendorf，'Lyon et Genève du XVIe siècle au XVIIIe siècle'。

［8］英格兰也存在相似情况，当地信义宗好像一开始也占上风：B. Hall，'The Early Rise and Gradual Decline of Lutheranism in England'，刊于 D. Baker（ed.），*Reform and Reformation：England and the Continent*（Oxford，1979），pp. 103—131。

［9］例见 *OC* 4.70-73；E. Rott，*Histoire de la représentation diptomatique de la France auprès des cantons suisses I*（Berne，1900），p. 456。

［10］Rott，*Représentation diplomatique de la France*，pp. 3l8—321。

［11］这些团体的详情及他们对加尔文思想和组织结构的接受，参见 G. Audisio，*Les vaudois du Luberon：une minorité en Provence（1460-1560）*（Luberon，1984）。

［12］H. Heller，*The Conquest of Poverty：The Calvinist Revolt in Sixteenth-Century France*（Leiden，1986），p. 123.

［13］文本见 N. Weiss，'Un arrêt inédit du parlement contre l'Institution chréstienne'，*BSHPF* 33（1884），pp. 16—21。

［14］Heller，*Conquest of Poverty*，pp. 116，127.

［15］F. Higman，'Genevan Printing and French Censorship'，刊于 J. -D. Candaux and B. Lescaze（eds），*Cinq siècles d'imprimerie genevoise*（Geneva，1980），pp. 31—53，特别是 pp. 36—37。还有三本书很可能也在日内瓦或纳沙泰尔（Neuchâtel）印刷。

［16］Bremme，*Buchdrucker und Buchhändler zur zeit der Gtaubenskämpfe*.

［17］R. Mentzer，*Heresy Proceedings in Languedoc，1500-1560*（New York，1984），p. 163. 62 人被处以火刑。

［18］Ibid.，pp. 152—153.

［19］Mandrou，'Les français hors de France'，p. 665. 该数字根据 2247 位有明确职业的个人分析而得。

[20] 参见 Dufour，'De la bourgeoisie de Genève à la noblesse de savoie'。

[21] 见 R. Lecotte，*Recherches sur les cultes populaires dans l'actuel diocèse de Meaux*（Paris，1953）；R. Muchembled，*Culture populaire et culture des élites dans la France moderne*，*XVe-XVIIIe siècles* (Paris，1978)。

[22] 见 Eire，'Calvin and Nicodemitism'。另见 A. Autin，*La crise du nicoddémisme 1535-1545* (Toulon，1917)；P. Fraenkel，'Bucer's *Memorandum* of 1541 and a "littera nicodemitica" of Capito's'，*BHR* 36（1974），pp. 575—587；C. Ginzburg，*Il Nicodemismo：simulazione e dissimulazione religiosa nell 'Europa del'500*（Turin，1970）。这种现象并不局限于法国。

[23] Kingdon，*Geneva and the Coming of the Wars of Religion*，p. 2.

[24] Ibid.，pp. 34—35.

[25] Prestwich，'Calvinism in France，1559-1629'，pp. 84 —85.

[26] 标准从 1541 年教会法令中 *haute école* 发展而来，见 Courvoisier，'La haute école de Genève au XVIe siècle'。

[27] 细节参见 Kingdon，*Geneva and the Coming of the Wars of Religion*，pp. 54—55，Appendix Ⅵ。这期间有好几人不只被派出一次。

[28] 参见 Hancock，*Calvin and the Foundations of Modern Politics*，pp. 1—20。

[29] 例如 Q. Skinner，*Foundations of Modern Political Thought*（2 vols：Cambridge，1978），vol. 2，pp. 219—240。

[30] Walzer 在 *Revolution of the Saints* 一书中强调这一点。

[31] 参见加尔文主义"激励信徒和改变世界"的能力：Walzer，*Revolution of the Saints*，p. 27。

[32] 参见 Skinner，*Foundations of Modern Political Thought*，vol. 2，p. 227。

[33] 例见 R. M. Kingdon，'Problems of Religious Choice for Sixteenth-Century Frenchmen'，*Journal of Religious History* 4 (1966)，pp. 105—112。

[34] 注意 *Histoire du tumulte d'Amboise*（1560）表达的观点。

[35] Yardeni，'French Calvinist Political Thought'，pp. 320—324；R. E. Giesey，'The Monarchomach Triumvirs：Hotman，Beza and Mornay'，*BHR* 32 (1970)，pp. 41—56.

[36] *Institutes* IV. xx. 31. 在他的 *Homily on the First Book of Samuel* 中，低级行政人员的干预被看做妨碍朝政，见 Skinner，*Foundations of Modern Political Thought*，p. 214。

[37] Kingdon，*Geneva and the Coming of the Wars of Religion*，pp. 7—9。

[38] Ibid.，pp. 79—92.

［39］参见 Prestwich，'Calvinism in France，1555-1629'。

［40］L. Romier，*Royaume de Catherine de Médicis：la France à la veille des guerres de religion*（2 vols：Paris，1925），vol. 2，pp. 255—262.

［41］例见 M. Wolfe，*The Fiscal System of Renaissance France*（New Haven/London，1972），特别是 pp. 112—113；R. R. Harding，*Anatomy of a Power Elite：The Provincial Governors of Early Modern France*（New Haven/London，1978），pp. 46—49。

［42］D. J. Nicholls，'Inertia and Reform in the pre-Tridentine French Church：The Response to Protestantism in the Diocese of Rouen，1520-1562'，*Journal of Ecclesiastical History* 32 (1981)，pp. 185—197.

［43］Heller，*Conquest of Poverty*，pp. 234—246.

［44］D. Richet，'Aspects socio-culturels des conflicts religieux à Paris dans la seconde moitié du XVIc siècle'，*Annales ESC* 32 (1977)，pp. 764—783.

［45］N. M. Sutherland，*The Huguenot Struggle for Recognition*（New Haven/London，1980），pp. 347—348.

［46］Ibid.，pp. 351—352.

［47］Ibid.，pp. 354—356.

［48］Prestwich，'Calvinism in France'，pp. 85—88.

［49］E. Trocmé，'une révolution mal conduite'，*RHPhR* 39 (1959)，pp. 160—168.

［50］这点可从他于 1559 年 5 月 17 日所写的信中，明确看出：*OC* 17. 525。参见 J. Pannier，*Les orégines de la confession de foi et la discipline des églises réformées de France*（Paris，1936），pp. 86—87。

［51］引自 J. Poujol，'L'ambassadeur d'Angleterre et la confession de foi du synode de1559'，*BSHPF* 105 (1959)，pp. 49—53。

［52］Amyon，*Les synodes nationaux*，vol. 1，p. 98.

［53］J. Garrison—Estèbe，*Les Protestants du Midi*（Toulouse，1980），pp. 64—67；参见 Kingdon，*Geneva and the Coming of the Wars of Religion*，pp. 79—80。

［54］考虑到因巴黎屠杀引起的一系列事件，我们故意用了"很多"的字眼，参见 J. Garrison-Estèbe，*Tocsin pour un massacre*（Paris，1973）。

运动起源

　　1564 年早春，加尔文病情恶化。1563—1564 年的冬天，加尔文参加宗教法庭会议周会的次数越来越少[1]，这反映了他的健康每况愈下。他曾对蒙彼利埃的咨询医生描述了一系列症状，据这些症状，可以推测偏头痛、痛风、肺结核、肠道寄生虫、痔疮和肠道炎症等病痛一直在折磨着加尔文。2 月 6 日的礼拜天早上，加尔文在圣皮埃尔市的讲坛上作最后一次讲道。4 月，加尔文离世的日子近了。他呼吸困难，经常气短。[2] 即使如此，4 月 28 日的星期五，他还是硬挺着身子向日内瓦的众牧师告别。[3]

　　他的临终遗言 (*Discours d'adieu aux ministres*) 十分感人，有些内容甚至凄婉动人。加尔文坦言自己向来只是差劲而胆小的学者[4]，被硬拉来传扬基督福音。遗言有一部分特别有意思，虽然乍看之下像是漫无目的的题外话，但是加尔文列举了自己在日内瓦所遭遇的各种苦难中的几类。人们在他家门口开火绳枪、放狗攻击他。遗言这部分的重要性还没受到充分发掘。显然，加尔文受到古典作品中"列举苦难"(catalogues of hardships) 的影响。[5] 他可能从两种途径了解到这种文学体裁：一是新约圣经中的哥林多书信——鲁道夫·布尔特曼 (Rudolf Bultmann) 将《哥林多前书》4∶9—13、《哥林多后书》4∶8—9 和 6∶4—10 称为对困难环境的列举 (*Peristasenkatalogen*)；二是古典时期伦理学者的作品，例如塞涅卡。在加尔文的观念中，受苦似乎是他蒙召的组成因素。

5月27日，晚上八点，加尔文去世。应他自己要求，他被葬在一个普通墓穴，没有石碑标明墓主是他。他不想造成日内瓦对他的个人崇拜。无论生死，加尔文都自谦低调。然而，虽然他去世了，他对这世界的影响却刚刚开始。

向罗马和全世界：加尔文影响的扩大

到1575年左右，加尔文主义已经成为一项国际性的宗教，它确信自己有能力和权力把世界带入新的模式。[6]加尔文主义的支持者觉得没有必要改变他们的原则以适应社会现实。理论上，社会可以改变，达到新的宗教的要求——必须点明，从美国的经验（见第257—258页）看来，实际也是如此。埃米尔·G·雷昂纳德（Emile G. Léonard）的看法有一定道理。他认为加尔文最伟大的成就是创造了一种新型人类[7]——加尔文主义者，这种人因感知到上帝的呼召和上帝所赐的能力，对生活怀有"我能行"的态度。

16世纪30—40年代早期，以欧洲的情况来看，没有迹象表明在那个世纪余下的时间里，加尔文主义将受到广泛关注、产生巨大影响。路德版的宗教改革在16世纪前半期横扫整个欧洲：与约翰·艾克（1519年6月到7月）进行莱比锡辩论之后，路德的思想就受到评论和关注，以至于路德被广泛视为自由人文主义价值观的领军人物。他对巴黎的影响可以追溯到1519年末，那时神学部应邀考虑路德的莱比锡提议。16世纪20年代中期，路德的影响遍布巴黎全市，涵盖了大学教员、牧师和普通市民。1524年，第一个路德派人士被公开处以火刑。第二年，法兰西斯一世于帕维亚战役落败，他被囚马德里期间，其母亲才下令把"路德那邪恶可恶的异端邪说"从她儿子的王国完全清除。东至维也纳，路德也备受关注。莱比锡辩论刚结束，维也纳神学部制定六点计划，打算把路德对他们大学的骇人影响减至最小。[8]但是，尽管有这些措施，16世纪20—30年代早期，路德对西欧宗教的影响越来越大。16世纪30年代，法国流通的一些灵修作品甚至将天主教思想和路德神学因素混合在一起（见第 178—179 页）。

1520 年以后，路德的作品在英格兰广泛流传，英格兰宗教改革运动家威廉·丁道尔和罗伯特·巴恩斯公开和这个撒克逊人结盟（甚至去路德的维腾堡大学求学）。[9] 16 世纪 20 年代，路德的思想影响了荷兰的福音运动，其影响的范围直到现在才显明出来。[10] 信义宗在苏格兰的初期影响虽然不明显，但在 16 世纪 20—30 年代却逐步增加，1543 年达到高峰（但没有什么实际效果）。[11] 在西班牙和法国可以发现同样的模式。于 16 世纪 40 年代召开的特兰托会议就是为了反击宗教改革运动，集中炮火在神学上攻击路德及其文章。显出一副根本不用担心其他人捣乱的姿态。《奥格斯堡和约》（1555）的目的，在于解决德国的宗教问题，采纳"你的地区决定你的宗教"的原则，完全无视加尔文或加尔文运动的存在。信义宗和罗马天主教被认为是信靠基督教的两大象征性选择。总之，路德被广泛地和宗教改革运动联系在一起。宗教改革运动家等同于路德教派者。

随着路德之死（1546）和施马加登同盟的失败（1547），从思想层面上看，信义宗变得奄奄一息。它受到严重内讧的打击，被局限在德国境内。路德的体系曾有其辉煌时期，但路德宗教改革的最初动力似乎消耗殆尽。宗教改革运动的第一波已经触到岸边，耗尽力量。现在，第二波跟上来了。加尔文之星升起，即刻光芒四射。很多因素推动了这一发展。

加尔文的《基督教要义》被广泛阅读和欣赏，甚至经常被其他作品大篇幅引用。1541 年，一部作者不详，名为《从基督之死而来的恩惠》（*Il Beneficio di Cristo*）的意大利语论著，在宗教裁判所压制前，成为宗教畅销书。该书大量引用 1539 年版的《基督教要义》[12]，却没有注明出处。16 世纪 50 年代晚期，荷兰领军的新教神学家们显然已十分熟悉加尔文的作品。[13]《基督教要义》很快成为改革第二波思想的入门介绍，它清晰优雅，一步到位，理解上无需任何辅助材料。正如前文所见（见第 143—145 页），为满足公众需求，1541 年的法语译本一版再版。从消化《基督教要义》的观点到有人呼吁采取适当行动，只有一步之遥。

正如我们所见，日内瓦积极推动《基督教要义》倡导的改革，它向外差派法语牧师，他们的影响很快超越法国本土：1550 年左右，加尔文就对荷兰讲法语的省份造成了影响。加尔文主义知识分子到国外宣扬加尔文思想，最有果效的可能是在英格兰。爱德华六世统治时期，英格兰鼓励加尔文主义者或同情加尔文主义的顶尖牧师到英格兰定居，从神学理论方面指导新生的改革宗教会。诸如马丁·布塞、威尔米革立（可能"殉道士彼得"的叫法更为人熟知）和约翰·拉司基等人，他们给英格兰教会注入新的活力，促使英格兰教会不再纠缠于信义宗，开始转向与加尔文的日内瓦有关的思想。1559 年 5 月，约翰·诺克斯在日内瓦流放一段时间后回到苏格兰本土。回来没几天，珀斯就爆发暴乱，加剧了改革危机。[14]

加尔文主义的传播中，流亡者及避难地发挥了很大作用。欧洲有一系列中心（例如法兰克福、埃姆登和斯特拉斯堡）接待被流放的新教徒，日内瓦只是其中之一。尽管当地日内瓦人看见外国人就烦（16 世纪 50 年代早期，他们支持佩林派足以证明这一点），但是加尔文还是设法把日内瓦变成持改革观点人士的避难所。这批流亡者在流放期间吸收了加尔文的观点，回到本国后就传扬加尔文主义。那时，法国的流亡者最多，后来还有很多来自其他地区的人。例如英格兰的新教徒为了逃离玛丽女王的迫害，向日内瓦寻求保护（1559 年大规模辞职的余波里，伊丽莎白一世任命 18 位主教，其中 12 位在玛丽统治时期曾到欧洲寻求庇护）。通过接受加尔文主义的流亡者，其他国家也孕育着加尔文主义的活动中心，这些活动有极大的潜力把加尔文主义者的影响，扩展到会众以外。[15]

除以上因素外，还有社会、政治和经济等其他因素。这些因素反映出加尔文思想自身的性质，却没有反映出这一思想传播的历史手段。我们会在适当的时候讨论这些因素。但是，此刻值得注意的是，一般说来，人们认为加尔文主义是先进的，而过时的规条、习俗和做法却把人束缚在封建残余思想之中。加尔文主义与这些清规戒律彻底决裂。路德有时显得谨慎保守，加尔文却好像勇敢向前（至少在一定程度上，日内瓦进步的政治政策和结构，显然促成了这种印象）。未来就像是属于加尔文的。巴拉丁地区会采取加尔文主义，与《海德堡教理问答》（1563）有很大的关系[16]，这一切似乎象征着这位法国改革家超越了路德的地位，甚至在这位德国人的祖国也不例外。

到 1591 年，加尔文主义在整个欧洲取得胜利。于是，德国加尔文主义者亚伯拉罕·斯古提徒（1566—1624），在谈及遍布整个运动的成就感甚至天意（destiny）（加尔文主义作者只有提到上帝的护理时才小心地使用"天意"一词）时写道：

> 我和很多人想起 1591 年改革宗教会的处境时，都不禁感受到乐观的氛围，这种氛围常在我脑海徘徊。法国勇敢的亨利四世国王、英格兰强大的伊丽莎白女王、苏格兰博学的詹姆士国王、巴拉丁英勇的英雄卡齐米日·约翰、萨克森英武权威的克里斯蒂安一世选侯（Elector Christian I），以及黑森地区聪明谨慎的威廉伯爵，他们都倾向于改革宗。在荷兰，奥伦治的莫里斯王子（Maurice of Orange）占领了布雷达（Breda）、聚特芬（Zutphen）、许尔斯特（Hulst）和奈梅亨（Nijmegen），一切都如他所愿……我们猜想黄金岁月（*aureum seculum*）已经到来。[17]

16 世纪后半期，加尔文主义在国际上迅速扩展，17 世纪前半期又在新大陆取得显著影响，不过我们应当注意的背景是，加尔文主义的影响在它的发源地——日内瓦已经衰退。[18] 早在 1575 年，加尔文主义
对日内瓦的影响日渐衰微的传言就闹得沸沸扬扬。[19] 在一定程度上，这反映了日内瓦面临严重的经济形势：日内瓦弗罗林对法郎的汇率急剧下降。瑞士历史学家查尔斯·吉利亚德（Charles Gilliard）在 1934 年的一项研究中认为：16 世纪后半期，瑞士西部地区的货币似乎大幅贬值。对这一地区货币波动的详细研究已证实了查尔斯·吉利亚德的观点，同时还表明货币贬值和政治地理直接相关。[20] 这一时期，瑞士东部城市和莱茵河谷地区（如圣盖尔和巴塞尔）的货币相对平稳，瑞士中部城市（如苏黎世、沙夫豪森、卢塞恩和伯尔尼）的货币则稍微贬值。然而，瑞士西部城市的货币贬值却相当严重。弗里堡和洛桑受到很大影响，日内瓦作为瑞士最西部城市，受损则最严重。在 1550—1590 年这一关键时期，圣盖尔的弗罗林与法郎的汇率几乎保持不变。但是仅1570—1577 年，日内瓦的弗罗林币值就下降了 30%。

经济状况恶化的同时，日内瓦教会的收入也有所下降。以前城市生活的某些领域由牧师掌握，但没有了加尔文极高的个人权威与市议会的

竞争，这些领域逐步由市议会控制。始于 1535 年的世俗化进程曾受加尔文的影响而改变（而不是结束）。现在，世俗化进程进一步扩展。世俗权力范围的扩大侵蚀了牧师在日内瓦的地位。在西奥多·德·贝扎的领导下，牧师圣职公会在一定程度上可以影响这个城市的公共事务，尽管这影响极其微弱。但是，在 1580 年贝扎卸任时，有限的影响也基本终止了。日内瓦的牧师仅仅拥有道义上的权威，不具备法令或宪法上的权威，这种趋势越来越明显。从 1580 年起，牧师圣职公会少了像贝扎一样具有个人权威的代表，更别说像加尔文那样的人物了。

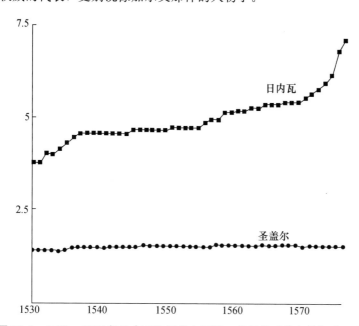

图 10.1　1530—1577 年日内瓦和圣盖尔两地，弗罗林对法郎的汇率下降

　　日内瓦在国际上的声誉，部分来自于加尔文于 1559 年创办的日内瓦学院。然而，这所杰出学院的魅力很快就大打折扣，因为加尔文主义成为一项国际运动，越来越多的大学对这一新的宗教持有好感。莱顿大学和海德堡大学由于成为加尔文主义的学习中心和核心要塞，很快就蜚声国际，名声盖过加尔文建立的日内瓦学院。相形之下，日内瓦学院的光辉渐渐暗淡。此外，坐上治学新交椅的，还有位于各战略要城的新加尔文学院，例如哈瑙市〔著名的韦希瑟（Wechsel）出版社就在该市〕的赫博恩学院[21]，此外还有《南特敕令》颁布以后在法国建立的学院，如迪市、蒙托邦、索米尔和色当建立的学院。哈佛大学的成立（1636），使加尔文主义在新英格兰地区成为学界上的霸主，历经一段时日的信仰就在新大陆得以延续。

培养牧师已不再由日内瓦垄断，日内瓦的地位于是从顶峰滑落。虽然日内瓦依然让人强烈地回忆着加尔文。但加尔文主义的牧师发现，诸如海德堡、索米尔和色当的其他学院比日内瓦学院更具吸引力。[22]尽管日内瓦仍旧是加尔文主义的传统形象代表，但是这一地位的维持，仅能依靠某种神秘的色彩。[23]对于加尔文领导下的"黄金时期"的回忆（必须声明，这样的记忆并不准确），遮盖了这座城市更为荒芜的宗教现实状况。日内瓦曾是加尔文主义的源头，但到了1585年，它只不过是这一新宗教的标志而已。

把某一单独事件作为一项运动发展的转折点，这样虽简单但危险，而冒险却还是值得的。1564年，加尔文的逝世可以视为加尔文主义发展的分水岭。可以说随着建立者的去世，加尔文主义能够摆脱和一座小城最初且非常受限的联系，从而在国际舞台上大展身手。加尔文主义和日内瓦仍存在制度上的联系，尽管这种联系实际上只是理论性的。但是，加尔文主义与加尔文的个人联系已绝然断开。加尔文之死终止了这一国际运动与其发源地之间日渐琐碎而无益的纽带关系。也许更为重要的是，加尔文的离世也使这一运动可以脱离其创始人而自由发展。加尔文去世了，加尔文主义却开始呈现它的独特个性。这种转折很重要，值得进一步关注。

从加尔文到加尔文主义

16世纪50年代，一个新的词汇进入改革宗教会的辩论著作。德国信义宗辩论家维斯特法勒（Joachim Westphal）似乎是最先使用"加尔文主义"一词的人，这词广义上是指瑞士改革派的神学观点，特别是圣礼观点；狭义上是指约翰·加尔文的神学和圣礼观点。[24]该词一经引入，很快便为德国信义宗教会广泛应用。这一新词之所以被快速接受，一定程度上反映了信义宗阵营内部强烈的不安。他们不安是因为改革宗神学在以前属于德国信义宗领地内的影响与日俱增。[25]根据《奥格斯堡和约》（1555 年 9 月），在德国境内新教主义一词特别定义为信义宗。加尔文在巴拉丁地区的影响扩大，尤其是选侯腓特烈三世于 1563 年引入《海德堡教理问答》以后，加尔文的影响更为明显。但这一切却格外使人担心。选侯放弃信义宗，投向与加尔文相关的新教主义的行为，被看做公开破坏《奥格斯堡和约》，影响该地区的稳定。有所警觉的德国信义宗引入"加尔文主义者"一词，试图指责和贬低加尔文的思想，将之渲染成侵入德国的外来思想。加尔文本人对于该词的使用也很警惕，他十分正确地认为："加尔文主义者"一词昭然若揭地显示了使用者的企图，即诽谤选侯对改革宗信仰的拥护。[26]但是，那时距加尔文离世只剩几个月的时间，他的抗议没有见效。就这样，加尔文思想的反对者用"加尔文主义"一词指代加尔文追随者的宗教观点。时至今日，研究改革时期的学生也只能无奈地接受新教初期内讧留下的这一最暧昧的遗赠。加尔文和改革宗思想体制间的确切关系，特别是加尔文去世后一段时期内两者的关系，比想象中复杂得多。而且，用"加尔文主义"来指代那段时期的神学观点潜含着许多危险。然而，历史不能被放于心理真空中处理，因为这样就把词语以及与之相关的记忆推向了一端。现在，历史学家还经常使用"加尔文主义"一词。

今天，"加尔文主义"一词仍然含义模糊。多特会议（Synod of Dort，1618—1619）或者《海尔维第信条》（*Consensus Helveticus*，1675）规定了宗教正统思想。如果按这些规条定义，倒可以使"加尔文主义"的含义更严谨，更精确。可是，不管缜密的神学多么向往这样的定义，这将会迫使我们把加尔文主义者的数量减少到惊人的地步，且将会有一道鸿沟处于理想的"加尔文主义者"和历史上很多自我标榜的加尔文主义者之间。例如，《南特敕令》收回（1685 年 10 月）以后，选择逃难到瑞士的胡格诺派牧师和《海尔维第信条》中描述的加尔文主义者的观点，就十分迥异。历史上的加尔文主义者虽然历经众牧师的努力、信仰告白和教义问答的联合作用，但是并不一定严格忠实于该教义严密的体制，他们不过是随从一种普遍的社会类型的个体而已。虽然经由加尔文及其继承者们伟大信条和价值观的打磨培育，这些人的个性最终还是有可能脱离自己的神学根基。如果我们要理解加尔文主义作为一种历史力量，如何极大地塑造西欧和北美文化，我们就需要认识加尔文主义在道德和社会层面的积淀。虽然这些积淀起初由加尔文主义**促成**，但当它离去时，积淀却可以存留下来。现代美国的文化图景到处散落着这样的残留物，例如世俗加尔文主义开始出现，并最终问鼎霸主地位——它少了加尔文主义最初的宗教活力，但是保留了加尔文主义很多的道德观和社会观。

我们的注意力先集中于加尔文和加尔文主义之间的关系。在学术历史上，关于个人及其相关运动的研究一直是最有魅力的课题之一。虽然有些人反对"历史不过是一些伟人的传记"（托马斯·卡莱尔）的说法。但毋庸置疑，某些个人给历史的发展注入了很重要的催化剂，为运动提供中心和基础，使运动具有连贯性。拿撒勒的耶稣和卡尔·马克思的例子可以说明问题。这两个历史人物也同时凸显了加尔文主义历史学家所要面对的一个主要问题：发源于具体个人的运动与此人如何相关？

初步回答：加尔文主义是和约翰·加尔文有历史渊源的一个思想体系。然而，这种假定实际上暗含缺陷。奥斯汀（J. L. Austin）在他的《某个词语的意思》（The Meaning of a Word）一文中论述了"法西斯主义"一词，这些论述很能说明当前讨论的问题。[27]"法西斯主义"一词，通常被理解为墨索里尼的政治观点和野心所引发的一系列历史政治组织形式。然而，在墨索里尼之前流行的一些政治观点，［比如莫拉斯（Charles Maurras）和"法兰西行动"（*action française*）的政治观点］[28]完全可以归入"法西斯主义"名下，因为尽管当时尚无此历史因果模式，但它们符合墨索里尼的运动样式。因此，我们不能简单地说"法西斯主义"是"**历史上起源**于墨索里尼的"。同理，"加尔文主义（者）"也可以合理地指代先于加尔文的思想或人。例如，波希米亚的胡斯派运动最激进的幸存者"弟兄会教会"（*Jednota bratrská*）[29]，以"*Calviniani ante Calvinum*"的称号为人熟知[30]，原因正在于此。然而，现实生活中，加尔文主义明显且合理地意味着一个连贯的信仰体系，其灵感最终或者至少部分来源于加尔文本人的思想。虽然他的思想和他之前的一些作者的思想有相同之处，从总体上看，加尔文体系（我们宽泛地使用该词）不失为新颖独创的综合体。通常冠以"加尔文主义者"的作家和以"加尔文主义"著称的运动，与加尔文本人都有清晰的历史因果关系纽带。

"伟大就是被误解"（拉尔夫·瓦尔多·爱默生）。在考虑发起人和被发起的运动之间的关系时，有必要考察从个人到运动间的转变。我们不妨从牛津大学文学批评家 C.S.路易斯的评论开始：

> 所有的自由神学思想总会在某个时候，甚至常常自始至终宣称：基督真正的行为、目的和教导，很快被他的追随者误解误传，只有现代学者才重新发现并发掘了他。早在我对神学产生兴趣之前，我在其他领域也碰到过这样的论调。我读"巨著"（Greats）的时候，乔伊特（Jowett）传统仍然统治着古代哲学研究。我们受到教导说，柏拉图的真实意图曾被亚里士多德误解，又被新柏拉图主义者大大扭曲，只有现代人才恢复其原貌。一旦复原，我们便（荣幸地）发现原来柏拉图竟是个英格兰黑格尔主义者，就如同格林（T. H. Green）。[31]

［"巨著"是牛津大学内部用语，即关于人文科学（*literae humaniores*）的研究，其他的地方一般称为"古典文学研究"。］路易斯迫使我们思考的问题是，加尔文是否被他的追随者误解或误传了。

或许，像加尔文所建立的微妙平衡且复杂的思想体系，不可避免要遭受压力以致被扭曲。随后的拥护者扩展加尔文主义时，至少在一定程度上使其造成扭曲。19 世纪 30 年代，右翼和左翼黑格尔运动的快速发展，正是以上现象的最佳例证。黑格尔努力保守的，却被其追随者粉碎。也许加尔文弥留之际就觉察到了这种危险，于是他指出："不要改变，不再加新！"[32]然而，除非加尔文的后继者只是被动地重复他们导师的言论，否则当回应具体需要、个别情况和特殊际遇时，他们无法避免地必须做出一些改动。许多加尔文学者好像不怎么同意这些改动，因为他们认为只要改变加尔文原有观点，就标志了某种形式上的堕落。但是，必须强调，发展是种历史概念，没有价值判断。在面对具体情况时，如果不进行一定程度的改变，凭着国际加尔文主义的水准和活力，这类运动不可能幸存下来，更谈不上蓬勃发展。辨别这些改动是历史学家们的责任，估量这些改变的重要性是神学家的职责。然而，粗暴地否认这些改动，在历史上是站不住脚的。

一项运动如何并多大程度上利用了其创始人的观点？这个问题的

206

重要性可以通过思考马克思和马克思主义之间的关系来说明。[33]"马克思主义"指一种宽泛的运动,虽然它主要建立在马克思的著作上,却代表了对马克思本人思想的高度浓缩和加工。马克思主义不能仅仅定义为"卡尔·马克思的思想",好像马克思只是被其追随者加以粗糙的、非建构性的利用。相反,依据特定社会经济状况的需要和机遇,马克思其实是被应用和翻新。"马克思主义"包含这些过程的一系列举措。[34]要理解马克思主义的起源和发展、成功和失败,就有必要考虑这一运动的马克思式的观念起源,以及面对异于马克思本人设想的情况时,马克思的思想是怎样被应用的。考茨基(Karl Kautsky)与伯恩斯坦(Edward Bernstein)之间的辩论反映出一种看法,认为马克思主义内部过于强调马克思曾经处理过的特定社会的经济情况。随着经济发展,马克思主义可以变得和西方社会的需要完全无关。[35]伯恩斯坦认为,随着历史的发展,起初的情况已不复存在,除非马克思主义调整自己以适应新情况,否则它可能将变成空论。

同样,要理解加尔文主义的起源、发展以及成败,我们有必要提问:加尔文的思想是如何及多大程度上被追随者所使用。这些观点起源于16世纪的日内瓦。面对着与当时的日内瓦完全不同的社会、政治和经济状况时,这些观点是如何被应用的?平衡点和重点的细微变化,可以反映出加尔文的代理人及其追随者的思想意识,他们认识到面对新情况和机遇时,有必要对加尔文的观点做出选择。例如,加尔文本人一直反对武装对抗合法成立的政府(参见《基督教要义》4.20.25)。可是,很多法国加尔文主义者选择无视或忽略这一点,公开支持《昂布瓦斯敕令》(1560),试图以武力推翻对手从而推动法国改革派事业,但以失败告终。[36]特别在政治领域[37],加尔文主义发展的思想和观点,虽然从根本上是受加尔文主张的启发,但却远远挣脱了源自日内瓦的低调主张。加尔文主义获得巨大成功表明加尔文遗留下来的思想在这一方面有显著成果。

还有一个复杂问题:虽然有一部分人认同与加尔文观点有关联的神学体系,而这一部分人也造成一定的影响力,却不能划为严格意义上的"加尔文主义者"。以彼得罗·马尔提勒·威尔米革立和基洛拉莫·赞基为例,他们来自意大利,采用的神学研究方法,与加尔文明显不同。[38]虽然他们的观点从很多方面来看，和加尔文非常相似，却源自迥异的神学研究方法。后期的加尔文主义似乎曾积极引用这两位学者的著作，显然没有注意到这两位学者和加尔文在本质和程度上的细微差别。这样，"加尔文主义"就吸纳了一系列主要与神学研究方法相关的因素，这些因素完全被认为是真实的加尔文派，但矛盾的是，它们并非来自加尔文本人。后期加尔文主义关于预定论的讨论，最能清楚展示这种同化过程到底意味着什么。讨论中，威尔米革立和赞基的影响似乎已超过加尔文本人的影响（见第 206—213 页）。

"加尔文主义"一词就这样隐含着让人误解的可能，因为它代表的运动主要与利用加尔文的思想遗产相关。但是，可以看出，那些因为所持观点（相似）而被当作"加尔文主义者"的神学家，认为除了加尔文本人的作品，还可以自由使用神学和方法论方面的其他资源。加尔文也许是加尔文主义天空中璀璨的明星，但是，还有其他人的思想和方法对其加以修正。正是因为这个原因，"改革宗"一词可能比"加尔文主义者"更贴切，因为它没有暗示**完全**依靠加尔文一人。

国际加尔文主义不是抽象的思想概念，而是像任何其他国际运动一样，明确地显出地方特色，以适应很多历史偶然事件。在一些各具特色的社会内，加尔文主义在各地区的内部成型。每个社会都有自己的历史，自己独特的关注点和约定俗成的规条，自己的内部矛盾和需要。[39]我们已经看到，为了回应地方情况，16 世纪 70 年代，法国加尔文主义所发展的政治观点与公认的加尔文政治思想并没有相似之处（见第 186—188 页）。这样，"加尔文主义"就意味着各地方的不同变体，反映了地方特色，从而使"加尔文主义"在不同地区呈现不同样式，扮演不同角色。美洲殖民地、日内瓦和拉罗谢尔等城邦、荷兰等欧洲强国、巴拉丁等公国，它们都可以简单地归入广义的"加尔文主义"——但是其各自的"加尔文主义"，却因具体情况而有所差异。历史学家有责任分析这一运动内部的各种样式和评价它的重要意义。

208

一个宗教体系

加尔文主义拥有趋向系统化的内部动力。起初，面对罗马天主教的反对，它敏锐地意识到要为自己辩护，这种意识哺育了它的发展。[40]
西欧文化气候的重要变化进一步激励了它。文艺复兴的影响开始减弱
时，对系统化的敌视态度也消减了。帕多瓦的人文亚里士多德派开始
赢得更多听众的支持和赞赏，因为人们开始意识到有必要也有可能发
展一种适用于各门学科的方法，包括神学。加尔文主义作家总是比对
手更敏锐地感知学术环境，他们适时地利用新学术气候下的资源和态
度，发展出复杂的神学系统。这样，他们可能领先信义宗大约一代的
时间，促使后者在德国的据点以外黯淡下去。17 世纪中期，加尔文主
义在欧洲多所大学和马萨诸塞州的哈佛大学，成为主要的学术运动。[41]
这种学术形式的加尔文主义常被称为"加尔文经院哲学"。它是如何发
展而成的？这是一个很有趣的问题。

209 　　甚至在加尔文去世的时候（1564），西欧的加尔文主义已经成为罗
马天主教最强劲的对手。在很大程度上，这得益于加尔文的才能。他
意识到教会机构和组织对一项运动的后续发展起着重要的作用。他的
继任者也意识到把这种组织性，扩展到宗教思想同样重要。这样一来，
除了加尔文式的教会机构之外，他们还有同样坚韧的思想架构作为补
充。在这构建思想体系的过程中，预定论成为新的重点。后期加尔文
主义（特别是很具代表性的阿明尼乌主义的争论）就这一教义展开广
泛激烈的争论，表明预定论对加尔文的追随者非常重要。预定论在加
尔文本人的思想里，是一个很大的空缺，但此时的加尔文主义却相当
强调这一教义，这主要基于社会学和神学两方面原因。

预定论的社会作用

　　最近关于基督教教义的起源、性质和作用的研究，已经使人注意
到教义可以起到社会发展分界线的作用。[42]很明显，一个宗教团体需要
依据自己和其他宗教团体的关系，以及与广义世界的联系来定义自己。
"教义"这一现象，虽然不是具体的**教义条款**，但本身就反映了宗教团
体需要一个社会定义，特别是别的因素不能充分定义它的时候。近来
在探讨基督教教义的社会作用方面，卢曼（Niklas Luhmann）也许是
最重要的作家。他强调：面对其他宗教体系的挑战和冲突时，一个团体
可能对自身明确的宗教身份，感到受威胁，在一定程度上，为了应对

这些威胁，于是教义产生了。卢曼认为，教义就是一个宗教团体的自我反思，以保持自己的身份，规范自身与其他宗教团体和整个社会体系的关系。对于那些通过和已有的宗教团体决裂而产生的宗教团体（例如，产生于犹太教母体的基督教，源于中世纪天主教会的改革派教会），教义的社会作用就变得格外明显和重要。

早在宗教改革初期，马丁·路德就认识到教义具有重要的社会作用。维腾堡的路德派选择了一个明确的教义来定义自己：因信称义。很快发展成路德教会的路德派，正是以此教义为基础，挑战世俗和罗马天主教皇。一旦路德教会成为中世纪教会之外的一个严肃和极可靠的选择时，对于天主教来说，通过陈明教义以自我定义，再次变得重要起来。特兰托会议的重要性在于它觉察到天主教有必要从教义层面定义**自己**——而不是定义**异端**。更早的中世纪会议倾向于谴责异端观点，把持有（或者准备认可）这种观点的人定义为异端分子，把他们隔离于教会疆界之外。换句话说，他们仅仅界定谁在教会**之外**，而认定其余的人都在教会**之内**——这些人的观念无需定义。特兰托会议在讨论"称义"的教义时，也觉得不能单挑路德派观点的毛病：它明确定义了教会思想（因此也是社会）的界限。

这种发展反映出 16 世纪的欧洲越来越需要分清天主教和福音派，特别是德国等具争议的地区。在面对新教威胁时，为了能划出自己的领地，天主教被迫提供自我定义的标准。因此，人们认为宗教改革加速了教义重整，教义已成为划分社会派别的依据，这一功能在中世纪并不明显。

在 16 世纪欧洲的一些政治地理版图上，教义作为划分社会派别的标准已显得相当重要，这点可从德国所谓的"第二次宗教改革"中的一些事件得到印证。[43] 16 世纪 60—70 年代，信义宗和改革宗之间的关系日趋紧张，因为改革宗教会已扩张到过去被认为专属信义宗的领地。《奥格斯堡和约》（1555）确立的"你的地区决定你的宗教"这一原则，似乎以政治地理为划分宗教界限的标准。（《和约》没有料到）加尔文主义的崛起却消除了这种可能，再一次把社会界限建立在教义标准基础上。16 世纪晚期，在同一政治地理版图内，信义宗和改革宗同时宣称自己是改革运动的合法继承者。为了定义自己，这两个教会主体同时陈述内容明确又包罗广泛的教义，他们发表的"告白"正是寻求自我定义的必然结果。

在社会和政治层面上很难区分这两个宗教团体。所以，教义成为他们可以定义自己并把自己和另一团体区分开来的最可靠手段。

但是，即使在教义层面上，信义宗和加尔文主义也有许多显著的相同点。二者都强调圣经的首要地位，强调用方言敬拜和布道的积极作用；他们都反对教皇的权威，反对单一圣餐（即圣餐时非神职信徒只能吃饼，不能喝酒），反对罗马天主教的职位结构。两个团体的宗教实践活动极其相似。当然，信义宗和加尔文主义之间存在教义上的差别。但是大部分差异相当细微，以至于不懂神学的人很难充分领会其中差异。有鉴于此，预定论便为二者提供了明显的（也是易懂的）神学差异。[44] 为了把二者作为不同的社会实体区分开来，预定论的教义自然略占上风，这并不是因为加尔文主义者特别强调它，而是因为信义宗和加尔文主义在其他方面很相似，而预定论成为有效区别二者的手段。

预定论的神学作用

如前所示（见第 150 页），指出加尔文发展了一个"体系"是不够严谨的。如 1559 年《基督教要义》所示，出于教学的考虑，加尔文**系统排列了**自己的宗教观点。但是，那些观点并不是**系统地源自**某个领先的思辨原则。[45] 对于圣经释义和系统神学在方法论上的基本区别，加尔文一无所知。这些区别是后期改革宗思想才有的特点。

不过，加尔文去世后，方法成为新的关注点。改革宗神学家，也就是加尔文宗教思想的继承者，发现来自信义宗和罗马天主教的压力不断增加，不得不奋起维护自己的观点。斗争进行得十分激烈，贝扎、兰伯特·达诺、彼得罗·马尔提勒·威尔米革立和基洛拉莫·赞基等神学家，都准备运用手头所能用的每样武器，即使不能大获全胜，也要确保自身能生存下去。加尔文有些不相信理性，但现在理性被当作胜利的筹码广为使用。[46] 展示加尔文主义的内部连贯性和一致性，显得越来越重要，所以很多加尔文主义作家转向文艺复兴后期作品，希望能从中找到指导，使他们的神学能够建立在更为理性的基础上。

这一新的神学方法大概有四个特点。[47] 其一，基督教神学呈现出逻辑连贯、合乎理性的系统，这来源于三段论，并建立在公理之上。其二，在探索和护卫基督教神学时，人类的推理被委以重任。其三，神学以亚里士多德哲学为基础，特别是亚里士多德对方法的本质的理解；称后期改革宗作家为圣经神学家，不如称其为哲学神学家贴切。其四，神学与形而上及思辨问题相关，特别是与上帝的本质、上帝对人类和创造世界的意图，以及最为重要的预定论教义相关。

但是，这是怎么回事？一项起初反对经院哲学，特别是亚里士多德主义的运动，怎么在它的创始人去世不久就变成了亚里士多德经院哲学？为什么重点会落到预定论的教义上？要探究这些问题，有必要考虑加尔文主义作家，诸如贝扎和赞基所使用的方法论。

整个文艺复兴晚期，帕多瓦大学就以坚守亚里士多德主义鹤立于其他人文主义思潮。然而，此亚里士多德主义不是主要研究亚里士多德的形而上问题的中世纪经院哲学，而是关注亚里士多德的方法问题。[48]以贾科莫·扎巴雷拉（1532—1589）为代表的帕多瓦大学的众学者认为，可以发展一种理论上适用于每一门学科的通用方法，这方法大体上等同于逻辑。[49]由于亚里士多德的逻辑，明确强调三段论的作用，因此自然备受重视。就像16世纪晚期的大部分从业者认为的，如果神学是一门学科，理论上它就应该能够适用于帕多瓦大学为所有学科定下的方法论规条。所以，赞基在海德堡就职讲座中就强调：神学必须打下基础，设立自己的原则。这方面的努力即使超越不了逻辑和数学这两门学科，至少也要旗鼓相当。[50]

16世纪60年代，亚里士多德主义已经在欧洲大学站稳脚跟，包括许多过去和改革派相关的主要据点。在维腾堡，梅兰希顿把亚里士多德引入课程；在日内瓦，德·贝扎也有相同举动。[51]可能造成威胁的对手如皮埃尔·拉米斯的体系，也已经被消灭。然而，信义宗的大学普遍不愿再次接纳亚里士多德。直到17世纪20年代，亚里士多德主义才广泛被接受。

亚里士多德对16世纪后半期改革宗神学的影响十分明显：正规的三段论推理随处可见，尤其是赞基的作品。神学的起点成了一些普遍原理，不再是明确的历史事件。[52]然而，必须强调的是，不能认为这些普遍原理是纯理性的，相反，它们表达了圣灵的启示。正是这种发展使我们理解到预定论肩负的新的重要意义。

213

加尔文对神学采取归纳和分析的方法，关注耶稣基督这一特定的历史事件，进而探究这一事件的含义。[53]贝扎则采用演绎和综合方法，从基本原理出发，继而推导出这些原理对基督教神学的影响。[54]（贝扎可能直接从帕多瓦的亚里士多德主义者皮特罗·彭波纳西的著作中汲取了这些观点。[55]不过，他也可能是通过威尔米革立和赞基，了解到这种帕多瓦方法论。）这些基本原理，即上帝的命令，是参照预定论教义而确定的。如此一来，预定论掌控大局的地位已确立下来，它广泛地影响诸多教义的讨论和定义，比如三位一体、基督的神人二性、因信称义和圣餐的本质。[56]预定论的现实存在被用来暗示，预定是上帝的决

214 定或命令。在贝扎关于上帝的信条中，预定这一上帝的命令具有统摄地位。（有意思的是，加尔文把预定论当作救赎教义的一个次要方面，而贝扎却随从托马斯·阿奎那，把它单单列为有关上帝的一项教义。）贝扎强调上帝的命令不是人类想象力的思辨产物，而是来自圣经。然而，要从圣经中得到这些命令，就需要把圣经当作一系列命题，从中推导出上帝的命令，而不是把圣经当成耶稣基督这一中心事件的证据，并从这一中心事件得出预定论的本质。

预定论教义的中心地位可以通过贝扎有名的"永恒的法令秩序"（*ordo rerum decretarum*）来理解。"永恒的法令秩序"以表格的形式讲明贝扎对上帝拣选的本质和过程的理解。根据他的理解，救赎历史上每一件事都是在时间中合乎逻辑地实现"上帝永恒不变的目的"（*propositum eius aeternum immutabile*）。

我们可以注意到这发展的主要后果。基督为谁而死？这一问题曾在第 9 世纪预定论的大讨论中提出，那时本尼迪克会修士奥尔拜斯的戈特沙尔克（Godescalc of Orbais）提出双重预定的教义，和之后的加尔文及其追随者的观点相似。[57]戈特沙尔克断言，上帝预定一些人永远受咒诅。根据这无情的逻辑，戈特沙尔克指出，基督为这样的人死就十分不合适。如果基督确实为他们死，他就白死了，因为这些人的命运不会改变。戈特沙尔克对自己断言的含义犹豫不定，于是建议说基督**仅仅为选民**而死。基督救赎的范围因此被局限在那些预先就会从他的受死得到益处的一些人身上。第 9 世纪大部分的作家对这种断言持怀疑态度。然而，这言论在后期加尔文主义中再次浮现。

仔细查看贝扎"对选民得救赎、堕落遭毁灭的原因的描述及分析",就能发现问题所在。只有选民才从基督的死中受益。确实,只有在讲述选民命运的一边才能发现基督;而在简述败坏的人通向永恒死亡的过程,并没有提到基督。虽然威尔米革立和赞基没给读者提供一张图表,以供他们查询自己得救的路线,但在二人已出版的著作中,有大量证据表明他们持相同观点:只有选民可以指望从耶稣基督的道成肉身、死亡和复活中得到恩典。[58]我们要强调的是,加尔文本人从未说过基督仅为选民而死。加尔文主义关于有限救赎的教义,有部分来源于这两位意大利作家的影响,以及越来越强烈想要扎紧神学这松散的尾巴的意识。这提醒我们注意:加尔文主义能够自觉地利用多种源头。加尔文主义与加尔文本人的关系显然十分微妙。

绝对双重预定的教义和有限救赎的逻辑推理,把加尔文主义分成了相互斗争的两派,特别是在一些低地国家。阿明尼乌强烈地认为,不论是在教牧层面还是方法论层面,贝扎对于预定论的本质和作用的理解都需要修正。这番评论的重要性在于,这表明了他意识到方法论与对待预定论的态度有关。对于阿明尼乌而言,贝扎通过预定论理解神学是应用演绎和综合的方法的结果。阿明尼乌认为,正确的神学方法应该是归纳和分析:

> 很久以来,那些作为方法和次序大师的哲学家一直相信:应该用综合方式(*ordine compositivo*)处理理论科学,用分析方式(*vero resolutivo*)处理实践科学。有鉴于此,由于神学是一门实践学科,所以,神学必须依据分析方法(*methodo resolutiva*)。[59]

阿明尼乌认为,像贝扎那样紧随扎巴雷拉,把神学当作理论科学来对待,十分不妥。

对贝扎的预定论教义的反对,还有来自17世纪的法国索米尔新教学院的,主要也是因为方法论上的分歧。在贝扎的影响下,亚里士多德派演绎逻辑成为日内瓦学院课程的基本组成部分。[60]贝扎拒绝批准皮埃尔·拉姆斯在学院内担任教职,因为拉姆斯的逻辑学明显与亚里士多德背道而驰,故贝扎对此充满敌意。虽然日内瓦的亚里士多德样式被欧洲许多改革宗学院采用,但法国索米尔新教学院却讲授拉姆斯的逻辑学。在这种拒绝从普遍推导出具体的逻辑学的基础上,阿米劳特

216

217 等后期索米尔派学者向预定论教义的正统观点发起挑战。[61]向贝扎的预
定论教义挑战的背后，其实是在批评某些方法论上的预设。这些预设
承袭帕多瓦学派，被认为是预定论的基础。

抗辩派（The Remonstrants）赞同阿明尼乌的观点，他们辩称：基
督为所有人而死，能完全实现全人类的救赎。但是，只有那些信他的
人才享有救赎带来的恩典。[62]换言之，基督为所有人死，对于那些选择
以信心回应他的人来说，基督的死是足够有效的。预定论的教义被重
新解释为一个信实的普遍原则。上帝预定所有凭信心转向基督的人得
救赎。但是，对于大多数人来说，预定论明确地指向个人：上帝决定一
个人得享永生或归入死亡。[63]

低地国家的改革宗教会内部，就预定论和有限救赎教义意见不一，
为了解决因分歧引发的分裂，特别召开了多特会议（1618—1619）。[64]
一般认为，会议以贝扎派的胜利告终。虽然荷兰当时尚未成为培育
郁金香的著名中心，但英语世界可能已经预见了这一发展。多特会议
的"五点"可以归纳成 TULIP[65]一词：

T— total depravity of human nature（人的全然败坏）。

U— unconditional election of the individual（人无条件地蒙神拣
选）。

L— limited atonement：Christ died only for the elect（有限的救
赎：基督只为选民而死）。

I— irresistible grace：God is able to effect what he wills（不可抗
拒的恩典：上帝能够按照他的旨意来施加影响）。

P— perseverance of the saints：those whom God elects will not de-
fect from their calling（圣徒的坚忍：上帝拣选的人不会背弃他们的呼
召）。

这些观点和加尔文的观点不同，这并不代表我们认为晚期加尔文
主义歪曲了其创始人的观点。我们只是希望读者注意，后期加尔文主
义认为能够利用多种资源。从历史上看，认为加尔文主义仅仅开发加
尔文的遗赠是不合适的，它还吸纳了其他作家的思想，例如威尔米革
立和赞基。晚期加尔文主义是个复杂的混合体，内含来自多种源头，
加尔文只是源头之一。关于加尔文主义，公认的看法也许是这是一场

仅仅建立在加尔文一人基础之上的运动，满足于重复加尔文的观点。 218
然而，有智慧的历史学家却知道另一番情景——它是一场充满活力和
创造力的运动，洞悉学术界的最新动态，利用加尔文以外的其他改革
宗作家的思想，开发加尔文显然根本不曾知晓的系统、方法和思路
（它们是直接来自彭波纳西等作家还是间接来自赞基等作家，目前还不
清楚），以便发展出清晰连贯的基督教教义系统。[66]

晚期加尔文主义很看重预定论话题，好像与这个世界的劳苦愁烦
毫无关系。有理由提出疑问：如此抽象虚无的观点怎么能对属世的事情
产生影响呢？这么关注预定论可能导致人们对当前世界缺少兴趣和投
入，更痴迷于永恒的神秘构造。然而，加尔文主义的预定论观念实际
上塑造了人们对待日常生活的态度，从而造成巨大的社会和经济影响。
加尔文本人的预定论学说经过后继者的修改，至少在一定程度上影响
了工作观的产生，它决定人们如何理解人类劳动的本质和目的，而且
还和现代资本主义的起源有关。宗教观、社会态度和经济观之间微妙
的相互作用将是下一章的主题。

注释

[1] Monter，'Consistory of Geneva'，p. 470.

[2] *OC* 8. 837.

[3] *OC* 9. 891-894.

[4] *OC* 9. 892：'... un pauvre escholier timide comme ie suis, et comme ie l'ay tou-
siors esté...'.

[5] 见 J. T. Fitzgerald, *Cracks in an Earthen Vessel*：*An Examination of the Cata-
logues of Hardships in the Corinthian Correspondence*（Atlanta, Ga., 1989）。

[6] 这一发展的概述见 McNeil, *History and Character of Calvinism*。

[7] E. G. Léonard, *Histoire générale du protestantisme*（2 vols：Paris, 1961），vol.
1，p. 307.

[8] Vienna, Universitätsarchiv，缩微胶片 75 Th3, fols 64v；65v—66r（文字记录几
乎难以辨认）。

[9] B. Hall, 'The Early Rise and Gradual Decline of Lutheranism in England'，刊于
D. Baker（ed.），*Reform and Reformation：England and the Continent*（Ox-

ford，1979），pp. 103—131。更多信息见 E. G. Rupp, *Studies in the Making of the English's Protestant Tradition* （Cambridge，2nd edn，1966）；W. A. Clebsch, *England's Earliest Protestants 1520-1535* （New Haven/London，1964）。

[10] Duke，'Calvinism in the Netherlands，1561-1618'，p. 113.

[11] Lynch，'Calvinism in Scotland，1559-1638'，p. 225.

[12] T. Bozza, *Il Beneficio di Cristo e la Istituzione della religione christiana* （Rome，1961），pp. 4—5.

[13] Duke，'Calvinism in the Netherlands 1561-1618'，p. 120.

[14] Lynch，'Calvinism in Scotland'，p. 227.

[15] Collinson，'Calvinism with an Anglican Face'.

[16] 见 Neuser，'Die Väter des Heidelberger Katechismus'。

[17] 引自 Cohn，'Territorial Princes'，p. 135。

[18] 见 Lewis，'Calvinism in Geneva'。

[19] Fatio，*Méthode et théologie*，6，特别是注释 53。

[20] Körner，*Solidarités financières suisses au XVIe siècle* （Lucerne，1980），pp. 58—63，全部数据见 pp. 468—469。

[21] Evans 的 *The Wechsel Presses* 一书，为人文主义、加尔文主义与这一发展的关系提供了宝贵信息。

[22] 例见 Meylan，'Collèges et académies protestantes'；Stauffer，'Calvinisme et les universités'。

[23] Dufour，'Le mythe de Genève'.

[24] 例见 *Farrago confusanearum et inter se dissidentium opinionum de coena Domini ex sacramentariorum libris congesta* （Magdeburg，1552）。参 E. Bizer, *Studien zur Geschichte des Abendmahlstreits im 16. Jahrhundert* （Gütersloh，1940）；J. Cadier, *La doctrine calviniste de la sainte cène* （Montpellier，1951）。16 世纪 60—70 年代，法国辩论界所运用的和加尔文相关的词汇，见 W. Richard, *Untersuchungen zur Genesis der reformierten Kirchenterminologie des Westschweiz und Frankreichs* （Berne，1959），pp. 37—40。

[25] 更多信息见 H. Leube, *Kalvinismus und Luthertum im Zeitalter der Orthodoxie I：Der Kampf um die Herrschaft im protestantischen Deutschland* （Leipzig，1928）；H. Schilling （ed.），*Die reformierte Konfessionalisierung in Deutschland：Das Problem der 'Zweiten Reformation'* （Gütersloh，1986）。

[26] 见 1563 年 7 月 23 日为《耶利米书》注释所作的题献书信，*OC* 20.73：'Dum

ergo *Calvinismum* obiciendo aliqua infamiae nota tua，Celsitudinem aspergere conantur，nihil aliud quam suam privitatem cum stultitia frustra et magno suo cum dedecore produnt'。

[27] J. L. Austin，'The Meaning of a Word'，刊于 *Philosophical Papers*，(Oxford，2nd edn，1970)，pp. 23—43。

[28] P. C. Capitan，*Charles Maurras et l'idiologie d'Action Française*（Paris，1972).

[29] 约成立于公元 1463 年。——译者注

[30] Evans，'Calvinism in East Central Europe，1540-1700'，p. 169.

[31] C. S. Lewis，'Fern-seed and Elephants'，刊于 *Christian Reflections*（London，1981)，pp. 191—208，特别是 p. 197。

[32] *OC* 9. 893-894.

[33] D. Mclellan，*Marxism after Marx*（London，1980).

[34] 详细的历史分析见 L. Kolakowski，*Main Currents of Marxism*（3 vols：Oxford，1978)。

[35] 详细分析见 P. Gay，*The Dilemma of Democratic Socialism：Edward Bernstein's Challenge to Marx*（New York，1962)。

[36] Kingdon，*Geneva and the Coming of the Wars of Religion*，pp. 68—78.

[37] Yardeni，'French Calvinist Political Thought'.

[38] Donnelly，'Italian Influences on Calvinist Scholasticism'.

[39] H. R. Trevor-Roper 强调的一点，'Religious Origins of the Enlightenment'，刊于 *Religion，the Reformation and social Change*，pp. 193—236，204—205。

[40] Muller，'Scholasticism Protestant and Catholic'，p. 194. 16 世纪 60—70 年代，加尔文主义在德国境内的崛起，使它必须与信义宗打交道。

[41] Costello，*Scholastic Curriculum in Early Seventeenth-Century Cambridge*.

[42] 例见 A. E. McGrath，*The Genesis of Doctrine*（Oxford/Cambridge，Mass.，1990)，pp. 37—52。对文中更为详细的分析进行了概括。

[43] 见 Schilling（ed.），*Die reformierte Konfessionalisierung in Deutschland*。

[44] 二者在预定论方面的分歧，见 A. E. McGrath，*Iustitia Dei：A History of the Christian Doctrine of Justification*（2 vols，Cambridge，1986)，vol. 2，pp. 39—50。

[45] Bauke，*Probleme der Theologie Calvins*，pp. 22，30—31.

[46] 这一发展详细记录于 Platt，*Reformed Thought and Scholasticism*，特别引用了关于上帝存在的争辩。

［47］我们认同 Armstrong, *Calvinism and the Amyraut Heresy*, p. 32。

［48］P. O. Kristeller, *La tradizione aristotelica nel Rinascimento* (Padua, 1972)；同前, *Aristotelismo e sincretismo nel pensiero di Pietro Pomponazzi* (Padua, 1983)；B. Nardi, *Saggi sull'Aristotelismo padovana dal secolo XIV al XVI* (Florence, 1958)，仍然有用处。亚里士多德方法论对于伦理问题的重要性，见 A. Poppi, 'Il problema della filosofia morale nella scuola padovana del Rinascimento: Platonismo e Aristotelismo nella definizione del metodo dell'ethica', 刊于 *Platon et Aristote à la Renaissance* (XYle Colloque Internationale de Tours: Paris, 1976), pp. 105—146。

［49］J. H. Randall, 'The Development of Scientific Method in the School of Padua', in *Renaissance Essays*, ed. P. O. Kristeller and P. P. Wiener (New York, 1968), pp. 217—251.

［50］Donnelly, 'Italian Influences on Calvinist Scholasticism', p. 90.

［51］P. Petersen, *Geschichte der aristotelischen Philosophie im protestantischen Deutschland* (Leipzig, 1921), pp. 19—108；G. Spini, 'Riforma italiana e mediazioni ginevine nella nuova Inghilterra', 刊于 D. Cantimori (ed.), *Ginevrael' Italia* (Florence, 1959), pp. 451—489。

［52］Donnelly, 'Italian Influences on Calvinist Scholasticism', pp. 90—99.

［53］Jacobs, *Prädestination und Verantwortlichkeit bei Calvin*.

［54］Kickel, *Vernunft und Offenbarung bei Beza*。这是威尔米革立和赞基的典型态度: Donnelly, 'Italian Influences on Calvinist Scholasticism', pp. 89—90; Gründler, *Die Gotteslehre Giralmo Zanchis*。

［55］注意，他在 1563 年 8 月 11 日写信给 Grataroli，索要一本 Grataroli 于 1556 年在巴塞尔出版的彭波纳西的 *De naturalium effectuum causis*，见 *Correspondance de Thélodore de Bèze*, vol. 4, letter no. 282, pp. 182—183。以下条目被编辑当作德·贝扎有经院主义哲学倾向的证明: *Correspondance*, vol. 4, p. 9, 183 n. 5。参见 P. Bietenholz, *Der italienische Humanismus und die Blültezeit des Buchdrucks in Basel* (Basle, 1959), pp. 131—132。

［56］Kickel, *Vernunft und Offenbarung bei Beza*, pp. 167—169.

［57］见 McGrath, *Iustitia Dei*, vol. 1, pp. 130—131。

［58］Donnelly, 'Italian Influences on Calvinist Scholasticism', p. 98.

［59］Arminius, 'Private Disputation Ⅱ', 刊于 *Works* vol. 2, p. 319。

［60］例见 Kingdon, *Geneva and the Consolidation of the French Protestant Movement*, pp. 18, 120。

［61］Moltmann，'Prädestination und Heilsgeschichte bei Moyse Amyraut'；Laplanche，*Orthodoxie et prédication*；Armstrong，*Calvinism and the Amyraut Heresy*.

［62］McComish，*The Epigones*，p. 86.

［63］清教徒作家的观点见 McGrath，*Iustitia Dei*，vol. 2，pp. 111—121。

［64］有关本期大会的文献调查见 McComish，*The Epigones*，pp. 46—125。

［65］英文单词，意指"郁金香"。——译者注

［66］参见 Muller，'*Vera philosophia cum sacra theologia nunquam pugnat*'；同前，'Scholasticism Protestant and Catholic'。

投身世界： 加尔文主义、工作和资本主义

　　16世纪学者罗兰·H·培登（Roland H. Bainton）评论，基督教如果认真看待自己，就必须与世隔绝，否则，就要征服世界。[1]剧烈动荡的欧洲宗教改革，正可说明这两种态度。许多激进的宗教改革运动家抵制当时社会的强制性体制，他们拒绝起誓、参政、服兵役，甚至携带武器。[2]如此激烈的反政治举动与出世态度，必然导致他们与世界分离。这些激进分子也许视君士坦丁大帝之前的教会为榜样，当时的教会虽然在罗马帝国境内，但却不是罗马帝国的一部分。同样，这些激进分子往往视自己的团体为"另类社会"，它虽然处在周遭更广大的社会里，但却不属于这更大的社会。

　　加尔文主义与此的反差再鲜明不过了。如果说16世纪有哪个宗教运动是入世的，那非加尔文主义莫属。不过，加尔文主义入世的目的是征服世界，向世界的具体境况说话，而不是以抽象的推论为乐。无论在神学还是灵性思考方面，加尔文都一再拒绝简单的概括或抽象推论。斯坦利·豪尔沃斯（Stanley Hauerwas）曾对卡尔·巴特的《教会教义学》（*Church Dogmatics*）和安东尼·特罗洛普（Anthony Trollope）的《沃特博士的学校》（*Doctor Wortle's School*），做出富有见地的对比。豪尔沃斯指出巴特的伦理特别抽象，因而导致他对道德生活

的诠释，看上去不太现实。这种抽象的特点，与特罗洛普的具体化一经比较，就更加明显了。特罗洛普解释道德的根据，是个人和社会，而非某些客观原则。[3] 简而言之，巴特的伦理思想没有充分以人类生存现实为根据。 220

加尔文显然没有这种缺点。我们在其著作的字里行间皆能发现，他立志触及人类社会的客观现状，以及由此带来的问题和机遇。看来莱因霍尔德·尼布尔（Reinhold Niebuhr）在 20 世纪 20 年代的底特律所学到的，加尔文在斯特拉斯堡时已经学过了。1929 年，尼布尔在他的《一个节制的愤世嫉俗者的日记节选》（*Leaves from the Notebook of a Tamed Cynic*）中写道：

> 如果一名牧师想被众人接纳，他只需停止引起人们对抽象观念的热衷，这样的观念人人都在理论上接受，又在实践中否定。这名牧师也必须绞尽脑汁，思考这样的观念在他和别人面对当今文明社会中的一些社会问题时，是否有效可行。这会立刻为他的职分增添一丝务实和有力的气息。

这一模式在加尔文的属灵著作和讲章中，恰恰十分突出。加尔文触及真实具体的人类境况，如社会、政治和经济问题，虽然这种具体化带来很大风险，甚至连加尔文对忧虑的分析——16 世纪思想的主要元素[4]——也让他的追随者认为，战胜忧虑是现世行为，而不是来世的举动。[5] 我们完全可以说加尔文的思想是"反神学的神学"[6]，当然，这么说并不是指加尔文的思想**缺少**神学，而是为了突出其思想中明显的入世和反空想特点。加尔文的"将圣洁世俗化"［secularization of holiness，亨利·豪瑟（Henri Hauser）提出］，包括将人类存在的全部领域，引入上帝使人成圣和人奉献自己的范围之内。正是生命的成圣，深深地影响了加尔文的追随者。而生命的成圣，在于工作的成圣。

加尔文为了将理论与实践相联系，付出了不懈努力。对此，本文稍后将会提及加尔文的后继者从中获益匪浅。经常有人说西奥多·德·贝扎的作品中，字里行间尽是关注世俗的方法，令这些作品出奇地充满非宗教色彩。但是，不难证明这种关注，正是因为贝扎的入世神学所造成的。[7] 政治哲学家利奥·施特劳斯（Leo Strauss）提出，后来的加尔文主义者参与世俗事务，意味着他们进一步发展了加尔文的思想，这种发展是"对属灵教导做出属肉体的诠释"。[8]这是站不住脚的说法,加尔文的 ₂₂₁ 神学本身就关注世俗行为[9],其继承者发展了这种倾向,并赋予它更严谨的思想根基。加尔文主义者坚持在世俗领域中行动的习性,是源于深厚的神学源泉的滋养和教化,历史学家却往往忽略这一点。

不过,必须注意的是,那些征服世界的人,往往是曾经被世界征服的人。在世上,人们眼中成功的基督徒,大多不外乎是曾经屈从世界标准的基督徒。支撑加尔文主义者人生观的强烈入世态度,始终十分脆弱。教会与世界之间,微妙的平衡极易打破,这导致二者不是彻底决裂就是合并(这种情况更加危险)。因为加尔文主义潜伏着一种纯世俗的人生观,所以上帝与世界之间恰当的辩证关系一旦无法持续,神圣就会沦为世俗。加尔文主义的道德、经济、社会和政治结构与价值观,尽管深深**根植**于神学,但是它们很容易脱离神学根基,独立存在。这些结构和价值观,由于遭受文化侵蚀而与信仰脱离,这是西方(尤其是北美)接受和吸收加尔文主义最重要的步骤之一。

加尔文在信仰与世界之间,构筑了一种精细的辩证关系,它允许人在世上有积极的作为,同时也鉴别并避免人这么做所能造成的危险。[10]在上帝眼中,最值得赞许的生活方式,是造就社会的生活方式:"不管我们多么向往独善其身或是脱离日常生活的哲理人生",最适合管理教会和社会的人,是那些致力于日常生活经历和实践的人。[11]加尔文鼓励,甚至要求基督徒投身世界。他的思想中丝毫没有中世纪看待社会的隐修观点,那种观点导致人与世隔绝,但他们服侍的机构却肯定世界(《基督教要义》3.11.3—4)。然而,基督徒在埋头世上的事务与忧虑的同时,也必须学会与世界保持必要的距离。在行动上投身并献身世界,必须伴以内心的超脱,并对世俗持批判态 ₂₂₂ 度。信徒必须积极融入世俗领域,但又不让自己被动地被世俗吞没。"我们必须学习以过客的心态在世上度过我们的一生,看轻一切属世的事物,不让我们的心为之所系。"[12]

加尔文既然有这种观点,我们也就不难明白加尔文主义为什么会发展出社会理论、资本与政治权力理论,这些理论潜在的水准和全面性,与其宗教体系不相上下。因此,我们有必要关注一个广泛的主题,即"加尔文主义和资本主义",这主题巧妙地总结了人们眼中加尔文主义的经济意义。在以巨大篇幅分析加尔文与其后继者的资本主义观点源自何处，有何具体特点之前，本文有必要先介绍对这一主题的学术讨论具有主导意义的韦伯命题。

韦伯命题

马克思在《资本论》（*Das Kapital*）中宣称资本主义源于 16 世纪。出于对新教和资本主义的深恶痛绝，阿米托尼·范法尼（Amintoni Fanfani）坚决主张中世纪天主教持有激烈又坚定的反资本主义立场。[13] 较有历史根据的观点表明，这主张是错误的。像美第奇或富格尔这一类中世纪金融机构的运作，清楚证明了宗教改革运动之前，就已出现资本主义的运作方式。宗教改革运动前夕，安特卫普、奥格斯堡、列日、里斯本、卢卡和米兰等城市，都继承了中世纪资本主义形式。宗教改革运动之前，资本主义的宗教意义也不容忽视：美第奇家族可以径直购买教皇职位，富格尔家族则几乎操纵德国、波兰和匈牙利所有重要的任命主教事宜（同时资助查理五世当选皇帝），这一切说明资本主义在宗教改革运动前夕就已构成一股强大的宗教力量。1520 年将路德逐出教会的教皇（利奥十世），就是美第奇家族成员，为了当上教皇，他变卖自己的银行。曾做过会计师的雷蒙德·德·鲁弗（Ray-mond de Roover），是研究中世纪的历史学家，他的拓荒式研究证实了资本主义的运作与方法，不仅深深支配着购买神职事宜，而且在整个中世纪社会根深蒂固。[14] 近期研究也证明资本主义是中世纪社会和思想生活的基本组成部分。[15] 然而，认为资本主义是新教的发明创造，或多少与新教有渊源关系，显然十分荒谬。

韦伯未曾提出这种说法。众人都以为韦伯命题主张资本主义是新教宗教改革运动的直接后果，这种主张既不符合历史，也有悖韦伯所申明的目的。韦伯强调自己"根本无意坚持如此愚蠢且教条主义式的主张，即资本主义精神……只可能是宗教改革运动的某些效应影响之下产生的结果。早在宗教改革运动之前就已存在某些重要的资本主义商业机构，这个事实本身就足以反驳那样的主张"。[16] 韦伯命题要精辟得多，并值得深入研究。

韦伯指出资本主义早在宗教改革运动之前就已存在。[17]对财富或财产的贪婪，不仅是传统农民社会的特点，也是中世纪巨商豪贾的典型心态。应该得到解释的，是一种新的"资本主义精神"，韦伯觉察到这种新精神在现代时期的开端，已初露端倪。韦伯认为需要解释的不是**资本主义**，而是**现代**资本主义。他将"现代资本主义"与他所谓的中世纪"冒险家式资本主义"进行比较，从而鉴别现代资本主义的特点。韦伯指出，冒险家式资本主义带有投机取巧、肆无忌惮的特点，往往将赚取的资金消耗在奢华颓废的生活方式上。然而现代资本主义则是理性的，它有坚实的道德基础，在使用物资财产方面奉行个人禁欲主义。韦伯声称（尽管他所援引的证据远不足信）[18]，现代资本主义全无享乐主义，几乎到了故意回避直接的生活享受的地步。韦伯问道，我们该如何解释如此巨变呢？

韦伯的解释看来具有宗教色彩。他注意到尽管中世纪社会容许赚钱的行为，但却普遍将这种行为视为不道德的举动。韦伯根据自己对14、15世纪佛罗伦萨的分析，并援引部分奥格斯堡的富格尔银行史为例，指出资本积累和那些积累资本的人，在救恩之间存在明显冲突。例如，雅各·富格尔就意识到他的银行的种种行为，严重偏离天主教会一贯视为有助灵魂得救的行为。

不过，随着禁欲式新教的兴起，看待资本积累的新观点也出现了。在韦伯看来，17、18世纪加尔文主义作家，如本杰明·富兰克林（Benjamin Franklin）等人的著作，很好地阐释了这种观点。这些著作，在称赞投身世界以积累资本的同时，也批评消费资本这一举动。资本应当增长，却不应被消费。克里斯托弗·希尔（Christopher Hill）就这一点概述了新教和天主教观点的不同之处："成功的中世纪商人带着内疚感辞世，并把钱留给教会用做非生产性用途。成功的新教商人则在有生之年就已不再为他们的生产活动感到愧疚，死后更是留下钱，帮助别人效法他们。"[19]就这样，新教激发了发展现代资本主义必需的心理先决条件。我们大可以说，韦伯认为加尔文主义的首要贡献，在于其信仰体系引发了心理动力。韦伯尤其强调"呼召"的观念，并把它和加尔文主义的预定论联系起来。[20]加尔文主义者虽然投身世俗活动，但与韦伯却有着同时代的天主教徒所没有的得救的确据。如果资本不是经由非正常的渠道获得，也没有挥霍浪费，那么它的产生和积累就不存在道德问题。

现代资本主义的出现，对塑造西方文明起着举足轻重的作用，如果现代资本主义与加尔文可以关联起来的话，那么这位宗教改革家无论如何，都会被视为有功于引发现代世界的动力。

然而，他有能力这么做吗？二者之间真的有瓜葛吗？韦伯的分析主要与 17 世纪有关，能证明其论点属实的主要人物（约翰·班扬和理查德·巴克斯特），都是加尔文死后一个世纪，在完全不同的社会背景下著书立说的英国加尔文主义者。[21]我们可以说加尔文和后来的加尔文主义者的观点之间有连续性吗？如果韦伯的话没错，这些后来的加尔文主义者的观点，正是现代资本主义的源头。这问题使我们不得不探究加尔文对资本主义的看法，以及这看法在他后来的追随者的著作中，经历的转变。

早期日内瓦的资本主义

225

16 世纪早期，许多城市都经历严重的内部分裂，这种分裂是由于贵族阶级、新兴商人以及工匠阶级之间的冲突而引发的。贵族阶级的社会地位取决于一系列混合因素，如传统、惯性、继承的财富与政治结构，这些因素都偏向维持现状；新兴商人和工匠阶级则感到他们的时代已经到来。略举一例，苏黎世的宗教改革运动，可说是因传统的贵族势力与新兴的工匠阶层之间的冲突而引发，这一新兴阶层在经济和政治上，都是一股进步的力量。[22]这种论点引发一个重要的问题：我们是否可以说，宗教改革运动和资本主义对新兴的城市精英而言，具有同样的吸引力？

果真如此的话，认为新教"激发"新的资本主义精神就毫无意义了。一个特定的社会阶层偏爱充满活力的经济形式，即韦伯所谓的"现代资本主义"，它或许会认为宗教改革运动是进一步实现其政治和经济目的的手段。换句话说，资本主义与新教之间也许有偶然的历史关联，而不能说是后者导致前者。反之，二者可能与现代初期城市社会内部的权力结构变动有关。对崛起的城市工匠和商人阶层来说，资本主义和新教，显然具有经济和宗教上的亲和力，在一定程度上让他们得以自我表达和实现，而这两点是他们在中世纪晚期严格的经济、宗教信仰与宗教习俗这一背景中，根本无法得到的。

我们探讨日内瓦的情形时，可以注意到支持萨伏伊的马木路克派与亲瑞士的艾格诺派之间的斗争，其实是传统与进步之间的冲突。马木路克派与萨伏伊王室有着历史悠久的传统家族关系，他们希望日内瓦继续依附王室；艾格诺派则通常代表较为进步的一派，他们希望日内瓦与瑞士各城结盟，从而得以在未来享有政治与经济自由。[23] 因此，

在城市中的经济活跃分子看来，日内瓦在 16 世纪 20 年代，与伯尔尼和弗里堡建立关系，实在是值得额手称庆之举。然而，当时并没有任何迹象显示此举与新教有任何关联，因为伯尔尼和弗里堡当时仍旧是天主教城市。伯尔尼与弗里堡的吸引力在于它们是瑞士城市，与之结盟可以带来经济和政治上的好处。伯尔尼采纳茨温利的宗教改革运动之时，新教只是一直以来错综复杂的经济政治综合因素当中的宗教因素，而并不一定是**构成**因素。

我们已经知道，日内瓦于 1535 年终于摆脱相邻的萨伏伊王室，获得政治自由，成为独立的新教城邦。日内瓦几乎是在同一时间取得政治和宗教方面的独立，这两方面因为一系列关键的历史偶发事件而被视为息息相关。然而，政治独立也就意味着要有经济基础。日内瓦要保持得来不易的独立，就必须达到一定程度的经济自足。自 13 世纪以来，日内瓦的经济就依赖于贸易集市，且以此赢得国际声誉。[24] 位于几条主要商路交叉点的日内瓦，于 15 世纪早期就已稳坐西欧主要贸易中心的交椅。意大利主要的银行家族（包括美第奇家族），都认为在日内瓦开设分行能为他们带来利益。[25] 到了 15 世纪中期，日内瓦已成为韦伯所谓"老式资本主义"的重镇。

时光荏苒，日内瓦的形势显得日益严峻。1464—1466 年间，意大利商人开始青睐邻近日内瓦的里昂的集贸交易，渐渐不再出席日内瓦集市。[26] 事实上，这两座城市之间展开了一场"经济冷战"（Bruno Caizzi）。闻风而动的意大利银行家将他们在日内瓦的分行关闭。尽管意大利商人

仍旧时常到日内瓦，但是由于这座城市失去银行，1520—1535 年间，政治又日益动荡，因此日内瓦还是失去了作为贸易中心的有利地位。[27] 自相矛盾的是，正是贸易商人的涌入，才助长了城市的动荡：在日内瓦经商的德国商人带着路德的出版物而来，这些出版物似乎与他们惯常销售的商品一样受欢迎。[28] 虽然 1518—1523 年间出现了明显的经济扩张，但这种局面在不久后，就因政治上的不稳定而急转直下。1524—1534 年，经济萧条开始了。[29] 虽然日内瓦的境况还掺和了它面临的独特困境，但总体上，日内瓦的形势与瑞士各城遭遇的经济困境没什么两样。[30]

于 1535 年取得独立的那一年，日内瓦由于丧失由来已久的作为贸易中心的大部分经济功能，几乎遭遇灭城之灾。因经济停滞、萧条而变得穷困的日内瓦，已无法自养，更遑论（花费巨资）加强防卫，抵御周边国家虎视眈眈的威胁了。1535—1540 年间，尽管若干瑞士城市的经济开始衰退[31]，但日内瓦的经济却大大复苏。这座城市的经济在 1540—1559 年间更趋稳定，其间该地区越来越多的经济活动更进一步助长其经济恢复。[32] 这种现象的起因是什么呢？

日内瓦在经济上取得成功，部分原因在于它捍卫了自身独立的决心。[33] 日内瓦人的共同意志，就是捍卫透过斗争而获得的自由。然而，近来人们关注的则是日内瓦在生死存亡之际，大大促进日内瓦经济复苏的因素，即瑞士新教的财政共同责任原则。[34] 现代瑞士银行系统，尤其是这系统积极参与国际企业金融财务投资的起源，可以追溯到 16 世纪 40 年代初。前面已经提到，促进这一发展的重要因素是瑞士联邦城市与其他城市之间组成联盟（*combourgeoisie*）：洛桑和伯尔尼于 1519 年组成联盟；日内瓦与伯尔尼于 1526 年组成联盟，都是这种趋势的重要例子。

起初，组成联盟的首要目的，似乎就是在联盟城市有需要时，提供政治和军事援助。但 1530—1531 年，援助的范围则扩展到经济领域。首度卡皮尔和约（the First Peace of Cappel）签署之后，苏黎世面临政治与经济危机。巴塞尔为了保全其新教盟友苏黎世的地位不受天主教的破坏，于是向苏黎世提供 14，300 埃居的贷款，帮助苏黎世渡过难关。1531 年底到 1532 年初，瑞士联邦境内的新教，命途多舛。随后，伯尔尼得以从巴塞尔那里筹得一笔 12，750 埃居的贷款。[35] 因此，16 世纪 30 年代初的瑞士宗教战争，可说是标志着金融体系的出现，而

228 这一体系能支撑新教城市渡过难关。这场战争也标明了巴塞尔已成为这体系的中心。

日内瓦在接受宗教改革运动之前，完全没有资格使用这种经济资源。然而自 1536 年起，它已可以使用巴塞尔的基金，作为防御工事、抵御外敌等用途。1536 年的革命之后，国库（trésor de l'Arche）的建立，调节了联邦贷款。[36]自 1567 年起，日内瓦开始大量使用其他外来资金资源。1590 年，日内瓦已从英、法、德、匈牙利、低地国家以及瑞士各城的新教财政来源，接收了约 211，000 埃居。[37]有了这些资金，日内瓦得以在天主教邻国面前，维持经济独立。日内瓦境内设立的新金融机构，如建于 1567 年的公共外汇交易所[38]，进一步加强了日内瓦继续保持独立的可能。

虽然如此，日内瓦市内越来越多的人意识到这座城市有必要发展独立的资金来源。1551 年的日内瓦财政档案中，有一条记录显示，这座城市必须"减少对巴塞尔的依赖"（se débasler）。促进这一过程的主要因素之一，就是市内制造业的发展。这是外来资本的来源。尽管制造业的发展早在 16 世纪 40 年代已见端倪，但它最蓬勃发展的时期，似乎是大批外国难民涌入之时。1549—1560 年间，约 4，776 名难民，从法国来到日内瓦，其中 1，536 人为工匠[39]，这无疑受到了普遍持反贵族立场的日内瓦当局的鼓励。[40]绝大多数难民在法国从事小型制造业、手工业或贸易。在日内瓦安顿下来后，他们不费吹灰之力便重操旧业。[41]

好几个例子都足以说明日内瓦制造业的增长。由于精于制造钟表的法国难民的到来，日内瓦在短期之内便成了钟表制造中心。[42]重要的出版业也得以发展，使得如造纸和铅字制造等附属产业也连带发展起来。[43]波迪埃尔（Bordiers）和玛烈特（Mallets）[44]等从事纺织面料贸易的法国家族移民日内瓦，也促进了这些行业在日内瓦的发展。丝绸业则

229 因为有了法国和意大利难民的专业技术以及精明的意大利商业银行家的投资，而得以成为主要的出口工业。[45]旧式的封建领主神职与行会体系遭废除（这实际上是扫除了阻碍"现代资本主义"的最后一个世俗障碍），意味着再没有严格的限制阻碍这些新移民开业，从事制造和买卖。

结果，日内瓦市内高度集中的各门技艺，加上充裕的资金，促使这座城市成为活力经济形态的主要中心，这种形态就是韦伯所谓的

"现代资本主义"。日内瓦的集市曾是西欧的意大利商品经销点，现在则成了经销"日内瓦造"商品的网络。瑞士经济历史学家，让·弗朗索瓦·贝尔杰（Jean-François Bergier）指出，现代资本主义社会的发展，取决于三个关键因素，即资本、制造技术和能力、经销网络，这三个因素几乎在当时的日内瓦同时出现。[46]

那么，必须强调一点，认为日内瓦是**现代**意义上的资本主义社会，严格来说并不正确。如果我们把资本主义看做是随着工业革命发展而来的经济关系体系[47]，那么日内瓦就很难算得上是资本主义。比如，资本主义的核心格言"自由放任"（*laissez-faire*），就遭到日内瓦市议会的强烈反对。这座城市的商业活动无一不受中央机构的审查和干涉，强加于印刷商亨利和弗朗索瓦·埃斯蒂安纳的层层限制，就可说明这一点。[48]经济业务受市议会调查，并被一系列严格的限制制约。市议会对日内瓦生活方式的各个方面（道德、经济与政治）严加管制，严重阻碍了完整的资本主义社会的发展。16 世纪的资本主义虽然与 19 世纪的资本主义截然不同，但它却仍然是资本主义。

那么，加尔文对这些发展可能产生了怎样的影响？从某种意义上说，这些发展似乎是偶然的，不过是一系列互相关联的历史境况，造就了充满活力的资本主义的发展。加尔文的宗教思想起初只是**间接地**影响了日内瓦资本主义的兴起和发展。例如，16 世纪 40、50 年代，大批经济活跃分子移民日内瓦，显然是受了加尔文宗教思想的影响。因为这些思想令他们感到自己首先必须离开故乡法国，其次必须到日内瓦定居。姑且不论这些移民的宗教忠诚度，但他们在宗教改革运动期间，对欧洲资本主义的发展所起的重要作用，休·特雷弗–罗珀（Hugh Trevor-Roper）已有所强调。[49]因此，可以说加尔文的重要性，至少部分地促进了法国社会中经济活跃的阶层移居国外。

同样，瑞士联邦经济共同责任原则的发展也早于加尔文。在加尔文时期，为日内瓦聚敛资本立下汗马功劳的金融组织和机构，与加尔文完全无关。日内瓦决定接受宗教改革运动，以便动用联盟资金，也并非出于加尔文的影响。因此，我们有充分的理由提出，资本主义与加尔文主义最初是在日内瓦产生联系。这座城市是差不多同时成为经济和宗教进步运动的中心。必须强调的是，这种联系在很大程度上是偶然的，资本主义与加尔文主义不一定有历史或思想上的关联。

此外，我们也有理由认为日内瓦发展资本主义经济，主要是由于它必须维持政治独立，而不是因为它决定接受宗教改革运动之故。日内瓦先是要摆脱萨伏伊王室，然后是伯尔尼。既然宗教与政治的发展，在日内瓦共和国的历史进程之中难分难解，我们就不能将二者决然割裂。虽然如此，我们还是有理由认为，日内瓦正是为了要维持经济自治，以便在政治上也能自治，才会采纳公开的资本主义策略。16 世纪 50 年代的日内瓦更是如此。尽管这一过程不可避免地涉及宗教，但宗教的重要性却微乎其微。

但是，我们也必须承认日内瓦资本主义兴旺的条件之一，是加尔文对其发展持友好态度。将之与路德进行对比即可说明问题。路德的经济观（和其总体社会思想一样）大大受制于他着手改革的德国纯朴乡下地区的社会现实。这个社会充斥着晚期封建乡村生活长期存在的问题，如农民与贵族之间的紧张关系。虽然路德十分清楚当时某些经济问题（例如是否应放贷取利）[50]，但对于影响城市经济的问题，却不甚了了。对于正在将德国从农业国家变成新兴资本主义经济社会的若干经济势力，路德一无所知。在路德写于 1524 年夏的"论经商与放高利贷"（*Von Kaufshandlung und Wucher*）中，他对从事任何形式的商业活动的人，都采取严厉的批判态度。对路德来说，德语"*Fynanzte*"不但没有中性含义，反而还带有诈骗、欺骗、无度牟取暴利等十足的贬义。路德的经济思想（如果我们可以这样尊称它的话）敌视所有的资本主义形态，在很大程度上，这反映了他不了解当时出现在一些重要的自由城市中的复杂的金融界。

加尔文则深谙日内瓦的经济现实与其含义。[51]虽然他没有创立出任何真正的"经济理论"，但他却充分理解资本的基本原则。他完全承认资本和人类劳动的生产特性。[52]他称赞劳动分工，因为它不仅带来经济利益，而且也强调人与人之间相互依存以及社会存在的重要性。虽然宗教改革运动的激进派否决个人拥有财产的权力，但加尔文却支持这一点。他认为《申命记》中，与经商有关的道德原则，只适用于从前的社会现实；加尔文拒绝让原始的犹太农业社会的某些禁令制约进步的现代城市社会，比如 16 世纪的日内瓦。[53]举例而言，加尔文对严禁放贷取利（即所谓的放高利贷）的禁令不屑一顾，他认为此禁令不过是为了满足原始犹太社会的特定需要，而这种社会与日内瓦截然不同。利息只是为了获得资本而付的租金。[54]加尔文许可利率变动，表明他了解，在一个大致上算是自由的市场中获取资本的压力。这一禁令带来的道德权益完全可以经由其他方式来保障。此外，加尔文也意识到通过注入资本来创建新工业十分重要，他于 16 世纪 40 年代曾替一家国家资助的织布厂向有关当局进行游说[55]，即可证明这一点。

加尔文不仅为资本主义清除宗教方面的障碍，而且还提出了有助于资本主义发展的工作伦理。上帝呼召信徒在世界中服侍他。加尔文坚决主张上帝呼召每一个信徒在世俗生活的各个层面服侍他，这点为工作赋予了新的价值和意义。世界不是上帝，它只是往往被错当成上帝而已。从这个角度来看，我们应当轻视世界。但是，由于世界是上帝的创造，因此我们应该肯定它。"让众信徒习惯于轻视今世的生活，但不至于恨恶它或不对上帝心存感恩"（《基督教要义》3.11.3）。"本身既非祝福也不值得拥有的事物，也可以为敬虔的人带来益处"（3.11.4）。因此，基督徒应怀着喜乐和感恩住在世界上，却不被世界捆绑。以现代存在主义的话来说，我们应当视世界为我们的"游戏空间"（*Spielraum*）。基督徒在肯定世界是上帝的创造和恩赐之余，也必须审慎地与它保持一定距离。基督徒应该入世，却也应当避免坠入世界的陷阱，被世界吞没。

因此，加尔文对"静思生活"这一概念有些不以为然，他坚持认为基督徒的默想和祷告必须融入日常世俗生活的挂虑和事务之中，而不是与它们脱离（4.12.10；4.12.16）。上帝没有呼召信徒离开世界，进入修道院，而是呼召他们彻底面对这世上的生活并改变它。某种意义上，这一教义持有反贵族立场，因为它含蓄地谴责了那些自以为高贵而不愿参与体力劳动的人。[56]加尔文赞许地引用保罗的名言，"若有人不肯做工，就不可吃饭"（帖撒罗尼迦后书 3：10）。评论加尔文工作伦理的人，也许是想到 20 世纪 20 年代的失业状况，指出这一教义没有考虑失业人士的处境。其实加尔文这番话，是专门针对贵族阶层而说的，这一阶层包括流放日内瓦的法国贵族，他们向来不屑参加体力劳动。[57]加尔文之所以强调人类劳动的可贵并批判人的怠惰，主要是为了批判拥有豪宅巨富的教会领袖和位高权重的贵族阶级。虽然加尔文的同仁贝扎，出身法国贵族家庭，但日内瓦社会却受不了贝扎那一阶层的陈旧社会观。我们手头上有一份有趣的记录，记载了当时法国贵族阶层对那些贵族难民前往日内瓦后，被迫工作的反应。法国贵族皮埃尔·德·布德艾尔·布兰托（Pierre de Bourdeille Brantôme）造访日内瓦之际，看到曾是贵族的弗朗索瓦·德奥贝特（François d'Aube-terre）竟靠制造纽扣为生。深表震惊的布兰托不禁问道，出身如此高贵的人为何竟要以制造纽扣来贬低自己？这份记录生动展示了古老的法国贵族阶层和新兴的日内瓦企业家对待工作，尤其是体力劳动的看法，简直是天差地远。[58] 在日内瓦社会里，工作面前，人人都是平等的。

233

虽然我们无法以一句话来概述加尔文复杂的工作伦理，但保罗给哥林多基督徒的命令，却概括了这一工作伦理的核心内容："只要照主所分给各人的，和上帝所召各人的而行"（哥林多前书 7：17）。举凡信徒都奉召成就世俗事业（*une vocation juste et approuvée*，《基督教要义》4.12.10；4.12.16）[59]，世俗劳动成了加尔文属灵思想必不可少的部分[60]，这一点为中世纪经院口号"劳动就是祷告"（*laborare est orare*）赋予了新的意义。[61] 体力劳动在日内瓦不仅是规范，也是宗教认可的典范。普通的日常活动首次有了宗教意义，即便是最卑微的生产者也不例外。人在世上的行动变得可贵并被圣化。或许英国诗人乔治·赫伯特（George Herbert）比加尔文这位日内瓦宗教改革运动家，更绝妙地表达了加尔文的洞见：

> 教导我，我主我王，
> 事事都能看见你，
> 不论我为何事忙，
> 一切所行只为你。
> 仆人谨守这准则，
> 杂务也可化圣工，
> 清扫一房间，若是为主做，
> 房间与打扫，无不化纯洁。

尽管这些看法本身不是明确的资本主义观，但总的来说，也是有利于资本主义的增长，尤其是历史上日内瓦式资本主义的发展。我们可以把加尔文对资本主义发展的贡献，归结为两个层面：首先，他清除了抑制资本主义发展的因素（如中世纪的社会与宗教方面对投资资本的谴责）；其次，加尔文提供的正面鼓励，激励人培养有利于资本主义萌芽的看法和行为。加尔文的理论在宗教层面上，认可资产阶级的一切价值观（节俭、勤劳、坚忍、努力和奉献）。然而，资本主义只是加尔文宗教观的副产品，而非原定产品（顺便强调一点，韦伯从未说过加尔文主义明确鼓励资本积累和再投资。反之，他声称加尔文主义者强调勤劳地履行呼召并奉行现世禁欲主义，致使在无意之中促成了资本积累和再投资）。

然而，加尔文在宗教层面上的认可，有助于资本主义发展的一系列看法，其实在日内瓦共和国资本主义的形成中，无足轻重。日内瓦资本主义的诞生是出于经济方面的需要，而不是宗教方面的鼓动。这座城市的生存取决于它的经济，政治自治取决于经济自足。加尔文带来的宗教活力虽然强大，但日内瓦的经济发展，主要是依靠比这活力更加重要的推动力，即人类原始与长存的生存本能。在培养有助于某种资本主义形式发展的宗教和社会观念方面，加尔文或许贡献了一份力量。但是，塑造和定义资本主义形式的，还是日内瓦这个城市本身，它以相当明确的方案、政策和制度，充实了加尔文略显模糊的观念架构。事实上，加尔文认可的不过是日内瓦已有的观念和制度，这再次证明了日内瓦对塑造国际加尔文主义的形态所起的重要作用。

不过，加尔文赞扬的经济观，除了支持资本主义之外，也强烈反对封建。正是加尔文思想中的这一方面，在法国产生了颇为深远的影响。现在，我们就来看看这一点。

加尔文主义和资本主义：法国的情况

16 世纪 50 年代，加尔文主义在法国的据点，分布在城市，其主要拥护者是城市居民当中的熟练工匠和商人。当然，也有法国贵族成员支持加尔文的宗教改革计划。不过，如果我们稍加留意，就会发现这些贵族往往是在事业晚期，才获得贵族头衔并开始过贵族生活的商人。例如，加尔文宗教改革运动的两位主要支持者昂迪兹（Anduze）男爵和巴洛克斯（Barroux）男爵，都曾是商人，他们分别在 1535 和 1545 年才成为贵族。[62]因此，支持宗教改革事业的贵族往往是"新"贵族，而不是"老"贵族（尽管这种微妙的区分显然很容易被推翻）。这些"新贵族"大多曾经是资产阶级。加尔文绝大部分的支持者则都是工匠（一个各色人等均有的社会阶层，其中包括雇工、店主、学徒、制造商与乡村手工艺人等）。原是天主教徒的弗洛摩德·德·雷蒙德（Florimond de Raemond）一度改信加尔文主义，后来又转回原来的信仰。他曾刻薄地写道："那些金匠、泥瓦匠、木匠和其他可怜的工薪阶层，一夜之间就成了优秀的神学家。"如果我们仔细分析法国 16 世纪 40—60 年代以异端罪名受传讯之人的名单，就会发现其中绝大部分人（可能多达 70%）皆来自这个社会阶层。[63]某种程度上，这反映了人们普遍认为，法国天主教会的领导层和事务都由贵族把持（见第 8—9 页），这些贵族与不得休息的下层阶级无真正的联系，前者对后者也漠不关心。当时，许多平民阶级成员虽然持有反教权观点，但他们拒绝透过接受加尔文主义来表达这种看法。他们仍寄望改革法国教会。在法国许多城市的加尔文主义团体，可说是反教权这座巨大冰山的一角而已。

然而更重要的是，工匠代表了初生的中产阶级，加尔文的宗教思想为他们的价值观和志向，赋予了尊贵品质和宗教价值。这些工匠的经济前景取决于采纳充满活力的经济政策，比如日内瓦实施的政策。当时的法国社会仍受封建主义的影响，统治这个社会的教会，又以因循守旧的方式管理社会，社会人士自然认为源自日内瓦的新思想进步而且自由。资本主义似乎是个关键，它不仅可以解放法国经济，也可以解放深受加尔文主义吸引的小人物（les petits gens）。

伯尔纳·帕利西（Bernard Palissy）的《真实的接受》（Recepte véritable），记载了资本主义对当时法国社会的吸引力。这本书提出了一些政策，能够改造法国农业，也可以避免法国重陷 16 世纪所面对的粮食危机。[64]对 1560—1580 年巴黎小麦价格的研究显示，当时的粮食危机频频发生。帕利西除了提倡科学施肥，还指出导致法国经济萧条，尤其是造成法国农业衰颓的关键问题：农业不发达，资源又贫乏，致使无法支撑从属行业的开展。只有农业资本化才能改变现状。[65]由于不恰当使用土地及其资源而导致的问题，只有通过农业投资和提高生产力才能得以解决。土地是获取租金的合理来源，而不是任意剥削的商品。法国虽然有资本，但却被用作非生产性用途。此外，法国也需要一种看待田间劳动的新视角。劳动并非只是农民的差事，它也是资产阶级，即土地所有阶层的分内职责。

帕利西的作品之所以重要，在于他明显赞同日内瓦已采纳的经济措施和工作伦理。这部作品也指出加尔文主义吸引法国工匠之处，除了其宗教与社会元素之外，还有其相当明确的经济元素。人们认为加尔文主义不仅反对贵族和法国教会体制，而且其所提出的若干政策一旦在法国实施，就可能改变法国经济。

法国工匠是既庞大又没有组织的团体，他们可说是 16 世纪法国的"制造者和实干家"。他们看出加尔文主义蕴含着一个信仰体系，这体系不但赞同法国生产阶级的价值观和理想，而且使这些价值观和理想合法化。法国领主式教会体制彻底限制了生产阶级的现状和前途，严重阻挠了生产阶级的经济和社会发展。日内瓦已透过 1535 年的革命废除了这种体制，为解放生产阶级开创了道路。加尔文在这一发展过程中的作用无足轻重，但在那些身处法国的人艳羡的眼光中，16 世纪50、60 年代，日内瓦的宗教、政治和经济体系是一个整体。他们不愿离开法国到日内瓦寻找庇护，宁愿将日内瓦的价值观移植到自己的影响范围之内。加尔文对法国的吸引力，部分原因无疑在于他的宗教思想，但这种吸引力也归功于日内瓦 1535 年的革命所引入的新的政治和经济秩序。然而我们必须注意的是，事实上，这种秩序与加尔文的思想和行动毫无关联，但那些在远方遥望的人，却普遍以为这种秩序是加尔文主义必不可少的一部分。我们有理由提出，"加尔文主义和资本主义"这一主题其实是加尔文的宗教观念与当时日内瓦已有的经济政策体制的历史偶然混合产物。普罗大众往往易于把加尔文与日内瓦混为一谈，以至于他们认为"加尔文主义"包含原本属于日内瓦，而不属于加尔文的重要经济元素（更遑论政治元素了）。

237

加尔文主义的工作伦理与资本主义

17 世纪中叶，资本主义和加尔文主义实际上是广泛地共同存在的。

正是这种现象，引起了社会理论学家的极大关注。略举一例，一直以来保持文化统一的佛兰德斯（Flanders），因为新教起义和天主教的再度征服，而一分为二。两百年间，新教地区蒸蒸日上、十分繁荣，而天主教地区却日薄西山、生产乏力。即便在天主教国家（如法国与奥地利），也是加尔文主义者在发展这些国家的工业和资本主义潜能。发展资本主义的人，正确来说不是新教徒，而是加尔文主义者。17 世纪初，两位信义宗的卓越领袖，丹麦的克里斯蒂安四世（Christian Ⅳ）和瑞典的古斯塔夫斯·阿道弗斯（Gustavus Adolphus），希望调动自己国家的经济和工业资源。他们不约而同向荷兰加尔文主义者求助，结果异常成功，斯堪的纳维亚迅速建立起荷兰加尔文主义式的资本主义贵族统治。[66]其他例子数不胜数：欧洲南部与北部之间，爱尔兰南部与北部之间，或者两个美洲之间都是如此。加尔文主义在哪里兴旺，资本主义也就在那里繁荣。

韦伯命题的吸引力，部分在于它与眼下的现象明显一致。加尔文主义和资本主义之间明显的密切关系，是韦伯的分析的前提，而非结论。这种关系需要被解释，而不需要被证明。几乎没有人质疑，17 世纪早期欧洲（无论是天主教国家或新教国家）的经济精英都是加尔文主义者。单是加尔文主义，似乎就足以推动工业和经济发展，并为各城市和国家的商业生活注入强大动力。说加尔文主义多少为资本主义的繁荣制造了一些条件（尽管其贡献只是微乎其微的），还是相当有道理的。然而，神学家却很难从宗教的角度来解释这种趋势。说白了，就是熟悉当时宗教思想的基督教神学家，也很难看出加尔文的属灵思想和"现代资本主义精神"之间有何紧密联系，而这一点，却是韦伯所见。

如果说探讨加尔文主义和资本主义之间关系的大量著作中，有哪些应该严加批评之处，那就是这些著作的作者大都缺乏必要的**神学**装备，因而无法理解某些宗教教义和看法的含义。韦伯本人就明显有这种问题：他所有作品中的论述，大多都在"资本主义思想"与加尔文主义的"呼召"教义之间，任意跳跃。韦伯频频强调二者之间的关系，却很少阐明这种关系，更没有从**理论**层面来证明这种关系。加尔文的追随者对上帝的预定整理出了新的**重点**，但韦伯却总是误认为这重点就是新的**教义**，好像上帝的拣选，在宗教改革运动之前是无人知晓的新颖神学概念，而且即便是在宗教改革运动时期，这也只是新教的一部分人知道的概念一样。前面已经提到（见第 207—215 页），与"呼召"有关的问题（如预定论、拣选与护理）是晚期加尔文主义思想的核心，这反映出两点：其一，加尔文主义者开始关注神学的系统化与方法（以便发展一个至少不亚于如托马斯·阿奎那等罗马天主教神学家的严密系统）；其二，由于加尔文主义和信义宗在德国是敌对的（见第 208—210 页），因此加尔文主义者认识到有必要将加尔文主义作为一个社会实体，与信义宗区分开来（信义宗对呼召教义持不同立场）。赫伯特·庐西（Herbert Lüthy）对历史学家不满，并不乏道理：他们往往"一头猛扎进去，拙劣地试图对加尔文主义的预定论进行心理分析，以此作为成功的捷径"[67]，这些历史学家把这一特定的加尔文主义观念，与中世纪晚期及宗教改革运动初期的神学大背景割裂开来。加尔文的双重预定论源于 14 世纪的奥古斯丁文艺复兴运动（Augustinian renaissance）[68]，我们不能把它视为多少与"现代资本主义精神"发展有关的新颖神学概念。略举两位 14 世纪神学家为例，利米尼的格列高利和奥维多的于格利诺，都曾与加尔文一样积极维护双重预定论。然而，没有明显迹象表明他们因为相信预定论而倾向于经济活力观或持有原始资本主义观。

239

另外，韦伯未能区分加尔文主义内部对绝对双重预定论（absolute double predestination）不同的信服程度。阿明尼乌派事实上已摈弃这一思想（见第 213—214 页），而正统的加尔文主义则依然保留它，甚至强化它。然而，正是阿明尼乌派的阿姆斯特丹在各联省之中，创造了令人瞩目的财富，而加尔文派的海尔德兰经济却依然落后。如果韦伯的理论属实，那么二者的情况理应颠倒过来才对。

我们有必要更仔细探究韦伯浓墨诠释的"工作伦理"。最初的加尔文工作伦理既有教牧性，又有神学性。宗教改革运动初期辩论的核心问题之一，是上帝的恩典与人的道德行为之间的关系。人是不是应该先有所行动或有优点，才能获得上帝的恩典？如果恩典先于人的行为，那么人应如何避免跌入"反律法主义"（antinomianism，即属灵上的无政府主义，由于缺乏更好的术语，我们姑且采用此术语）的泥沼？我们可以如何保持恩典的恩赐特性，又不割断上帝的恩典与人的道德回应之间的重要关系？

人们对这一点的共识，形成于宗教改革运动初期，后来的加尔文也有这一共识。[69]上帝的恩典是无条件的恩赐，它先于、也不取决于人的一切行为或优点。不过，恩典可以改变一个人，可以在领受恩典的人里面动工。领受恩典就是蒙恩更新。更新和重生过程的一个核心部分（加尔文时代，人们称此部分为"成圣"），就是让信徒受激发并领受能力行善。经常有人认为，好行为就是恩典在信徒里面存在，并且动工的有形记号。

加尔文与他之前的路德一样，强调恩典完全是上帝的赏赐。恩典是恩赐，而不是酬劳。它绝非上帝迫于义务才赐下的礼物。上帝赐下恩典反映出他的慷慨，而不是他有义务这么做。上帝只把恩典赐给某些人，而不是所有人。在加尔文看来，预定论的作用就是强调恩典的恩赐特性（《基督教要义》3.21.1）：

240

> 如果我们不认识上帝永恒的拣选，那么我们就永远无法心服口服地相信（我们本该相信）我们的救恩源于上帝的怜悯之泉。上帝并非不加区分地把救恩的盼望赐给所有人，而是将救恩赐给某些人，又拒绝将之赐给另一些人。明白这一点，就能了解上帝的恩典。

换言之，上帝只将恩典赐给选民。如果事实果真如此，那么一个明显的问题就会油然而生。一个人怎么能知道他或她是否在选民之列呢？鉴于恩典无形，也非人所能探测，那么人可否透过恩典的果效来辨识其存在？

尽管韦伯声称加尔文并不认为这些问题棘手，但证据表明事实恰恰相反。加尔文曾说，与自己内心里的不信搏斗，是基督徒生活的永久特色（3.2.17—18）。加尔文指出，人可以透过一些神学或属灵方法抵挡此类疑虑，比如仰望上帝的应许，这些应许已在耶稣基督里得到启示，并以他为根基（3.24.24）。但即便如此，加尔文也诉诸更实际的因素：善行。虽然加尔文强调行为不是**得救**的原因，但他允许人把行为理解为**确信**得救的原因。行为可说是"上帝在我们里面并于其中掌权的见证"（3.14.18）。信徒不因行为得救（3.14.6—11），但行为可以证明他们已得救（3.14.18）。"善行的恩典……证明我们已经领受了儿子的心（the spirit of adoption）"（3.14.18）。将行为视为蒙拣选的证据，可说是表达含有浓厚教牧意味的工作伦理的最初阶段：信徒正是透过积极的属世行为来安慰他或她那不安的良心，以便确信自己在选民之列。

此后，对拣选问题的焦虑成了加尔文主义属灵思想的普遍特征，加尔文主义牧师和属灵作家，一般会花些篇幅来讨论这个问题。不过，他们的基本答案本质上是相同的：有善行的信徒确实已蒙拣选。贝扎的观点如下：

> 正因如此，圣彼得告诫我们要以善行来确保我们已蒙呼召和蒙拣选。这并不是因为善行是我们蒙呼召和蒙拣选的原因……而是由于善行能向我们的良心做出见证，见证耶稣基督在我们里面，我们因为蒙拣选得救恩，不可能灭亡。[70]

此处，我们再次看到同样的观点：行为见证得救，但不是得救的原因。行为是得救的结果，而非先决条件。通过**后验**推理，信徒可以根据结果（善行）来推断出他或她已蒙拣选。人的这种道德行为除了荣耀上帝并显明信徒对上帝的感恩之外，还对基督徒不安的良心起着重要的心理作用，叫信徒确信自己确实是选民中的一员。

这观点往往经由"实用三段论"的方式得以表达，其论证过程如下：

> 所有蒙拣选的人都会表现出某些记号。
>
> 我表现出这些记号。
>
> 因此我在蒙拣选之列。

实用三段论（*syllogismus practicus*）以信徒在生活中表现出的某些记号（*signa posteriora*）作为蒙拣选的确据。[71]强大的心理压力因此而生，信徒必须透过表现出应有的记号，向自己和世人证明自己已蒙拣选。其中的记号之一，就是在上帝创造的世界上努力做工，从而全心委身服侍并荣耀上帝。

"圣约神学"（covenant theology）的引入，更加坚固了这一观点的基础。[72]蕴含浓厚政治意味的"圣约神学"，给加尔文主义属灵思想和

241

教牧神学提供了更坚实的理论基础。剑桥作家威廉·柏金斯（William Perkins，1558—1602）声称，选民活在与上帝的约之中，他的《论如何断定一个人活在咒诅之地还是恩典之地》（*A treatise tending unto a declaration whether a man may be in the estate of damnation or in the estate of grace*，1589）的书名，就意味深长。柏金斯在书中尤其强调了上述观点：

242

> 上帝的约就是他与人所立的契约，契约内容是人遵守特定条件，就能获得永生。这约由两个部分组成：上帝对人的应许、人对上帝的承诺。上帝对人的应许就是人如果履行条件，上帝就承诺当那个人的主。人对上帝的承诺就是此人起誓忠于他的主，并履行他们之间的条件。[73]

上帝与信徒订立契约，信徒如果履行某些道德行为，就能拥有得救的确据。只要实践这些行为，信徒就可以确信自己在选民之列。

早期加尔文主义者看重道德、经济和政治行动主义，因此可说是有重要的神学根据。信徒只要遵守圣经的指引，积极参与世界上的事务，就能明确他的呼召，在他或她已蒙拣选的问题上有内心平安（内心平安向来是清教徒十分珍视又难以捉摸的东西）。"呼召"（*vocatio*）的概念必须这样解释：实践善行的命令不一定要求人从事特定的世俗职业（如做屠夫、烘焙师或制作蜡烛架的工人），但却要求人向自己和世人详尽地证明其**神圣的**呼召。苏格兰神学家约翰·戴维森（John Davidson，1549—1603）的著作，说明了这一工作伦理的依据，他的《教理问答》（*Catechisme*）有如下陈述：

> 老师：什么样的果效可以证明我们真正得救？
>
> 弟子：在成圣的过程中结出我们新生的果子，叫人看见，以此荣耀上帝，并教化自身和我们的邻舍。[74]

17世纪中叶，欧洲的教会，无论是新教还是罗马天主教教会，显然都已在日常伦理方面达成普遍共识。不管这些教会在教义或教会体制上有何差异，主要教派（罗马天主教、信义宗和加尔文主义）所强调的日常生活所需，基本品质都一模一样：道德修为、献身精神和良心为本。[75]加尔文主义在这一点上的独特之处，并非其道德修为，而是其道德修为所具有的神学和属灵功能。"呼召"这一概念依然是加尔文主义的特色，其独特的存在价值与加尔文主义的预定论带来的焦虑大有关联。预定论无疑是世俗行动主义的温床。在理论层面上，预定论似乎鼓励人清静无为：既然一个人已蒙拣选，那为何还要费劲地主动有所行动呢？然而，预定论带来的果效却与此恰恰相反：为了确保自己已被拣选，人必须全心投身世界，在世上有合适的行动。

这种对工作的肯定和富有活力的看法，促使加尔文主义者于 16 世纪成为进步先锋。然而到了 17 世纪中叶，加尔文主义这一鲜明特色，似乎遭到十分严重的历史侵蚀。当时其他的新教团体，如阿明尼乌派（Arminians）、门诺派（Mennonites）、独立派（Independents）、敬虔派（Pietists）与贵格会（Quakers），并不认同正统加尔文主义对预定论的理解，也不带有随预定论而来的焦虑。尽管如此，这些新教团体却也全心投入世俗活动。在没有神学准则要求这些团体透过行为来确保自己已蒙拣选的情况下，他们还是选择了与加尔文主义类似的社会活动模式。仿佛加尔文主义对世俗活动特有的献身与付出，已经没有了它的神学基础，并在**脱离**它原初的宗教根源的情况下被西欧社会吸收。加尔文主义于 16 世纪或 17 世纪初特有的元素，到 1650 年左右，似乎已成为北欧资产阶级的共同语言。

罗珀的评论证实了加尔文主义工作伦理的神学基础已遭侵蚀。他注意到 17 世纪中叶的许多加尔文主义大企业家的宗教观点，其实并非正统观念。[76] 他们的"加尔文主义"不太遵守严格的教义准则，而遵守这些准则的人，都是主张预定论并怀有预定论所造成的焦虑的人。韦伯则认为这些大企业家就是因为主张预定论并因此怀有焦虑，才献身世俗行动主义。这些人依然献身于世俗行动主义，但是最初激发这种主义的宗教因素，已烟消云散。世俗观点依旧存在，只不过这些观点的宗教根基已被摒弃、遗忘或置之不理。可以中肯地说，17 世纪后期许多人对工作与世俗行动主义的看法（加尔文主义对这方面的看法已不再独步当时），还残留从前上帝的拣选这一问题带来的**焦虑**。消除这种疑惧的方式，最初可能促使加尔文主义在西欧经济活动领域处于领先地位。但随着 17 世纪的发展，其他开始变得与加尔文主义旗鼓相当的思潮，认为可以采纳加尔文主义的看法和方法，却不必承受最初激发这种看法与方法的宗教压力。

韦伯命题的致命弱点，是他无法说出工作伦理和资本的积累与再投资之间，有何明确关联。诚然，工作伦理与总体**经济**活动没什么明确的关联。加尔文主义工作伦理的经济效用极为有限，如果说加尔文主义工作伦理有**什么**特别的经济效用的话，那么就是一如韦伯所说的禁欲主义，而这曾是正统加尔文属灵思想鲜明而独特的色彩。如果信徒不许享受由劳动带来的物质报酬（早期加尔文主义社会高压控制此类享受），那么他或她就没什么选择，只能把赚来的资本继续积累和再投资了。[77]

尽管加尔文主义认为人有责任确定自己已蒙拣选，并透过合适的世俗活动来向自己与世界证明，但他却没有规定这种活动的具体形式。历史分析表明，这些形式带有历史偶然性，会因为时代和历史地点而有所不同。比如，1603—1640 年间的英国加尔文主义（俗称清教徒主义），以政治行动主义为特色，最终导致英国内战爆发、查理一世倒台、清教徒共和国成立。正如迈克尔·沃尔泽（Michael Walzer）所说，政治"变成了一种职业"。[78]清教徒共和国瓦解与查理二世于 1660年复辟之后，清教徒发现自己已经退到英国政治生活的边缘，因此在接纳自己的领域努力工作、全心付出。决意退出政治舞台的决定，给清教徒圈子带来了经济充满活力的时期。韦伯所说的加尔文主义和经济活力之间的关系，主要是以英国清教徒作家巴克斯特和班扬为根据，二者的写作年代在 1660 年之后。[79]这点似乎表明韦伯的庞大理论结构，仅仅是以历史偶然性为基础。

无论如何，加尔文的入世神学与资本主义有所关联是不可避免的。英国 18 世纪布道家兼神学家约翰·卫斯理（John Wesley）假定了这种关联，他写道："从事物的本性看，我不相信有任何宗教的复兴可以持续长久。因为宗教必然会激发勤勉和节约，而二者又无法不制造财富。但是随着财富的增加，就必然会生出骄傲、愤怒和贪爱世界。"一方面，卫斯理认为经济繁荣为宗教制造难题；另一方面，他显然相信福音派基督教"必然会激发勤勉和节约"，而这正是资本主义的奠基石。

不管加尔文主义与资本主义之间到底有什么明确的关系，我们都可以说加尔文主义留给西方文化最宝贵的遗产之一，是对待工作，尤其是体力劳动的全新看法。[80]工作远远不是人为了获得基本生存必需品，而无法逃避且又单调乏味的途径；工作或许是所有人类活动中最值得称道的，它优于其他一切活动。蒙上帝"呼召"并不要求人与世隔绝，而是要求人审慎地参与世俗生活的方方面面。谈论"新教工作伦理"不是指摘不能工作的人，而是谴责不**愿**工作的人，比如到日内瓦避难的法国贵族。另外，"工作"指的不是"有偿职业"，而是勤奋并有效地使用上帝所赐的一切能力和天赋。

因此，工作被视为意义深长的属灵活动，又是对社会有益的祷告形式。工作同时融合身体和精神活动，透过工作，人既能履行造就社会的职责，也能获得得救的确据。这种看待工作的全新看法，或许确实有助于资本主义的发展。这种看法也为小人物的日常世俗活动赋予了新的意义。"爱惜光阴"（redeem time，由巴克斯特提出）这一针对所有人的命令，消除了社会分层（加尔文主义自始至终厌恶的一点）。

加尔文主义对西方文化最重要的贡献之一，就是令工作从讨厌、丢人、能免则免的活动，变成了人可以透过它来肯定上帝及其所造世界的既尊贵又荣耀的途径。我们将在最后一章进一步探讨这一点。现代西方文化中还有哪些元素是拜加尔文及其城市所赐？加尔文主义在多大程度上塑造或者帮助塑造了现代人的看法和观念？结束讨论之前，且让我们来看看加尔文对现代西方文化的若干影响。

注释

[1] R. H. Bainton, *The Medieval Church* (Princeton, NJ., 1962), p. 42.

[2] R. Friedmann, 'Das Täuferische Glaubensgut', *ARG* 55 (1964), pp. 145—161.

[3] S. Hauerwas, 'On Honour: By Way of a Comparison of Barth and Trollope', 载于 N. Biggar (ed.), *Reckoning with Barth* (London, 1988), pp. 145—169。

[4] 见 Bouwsma, *John Calvin*, pp. 32—65。

[5] Walzer, *Revolution of the Saints*, p. 25 中强调的一点。

[6] Ibid., p. 24.

[7] Ibid., p. 80.

[8] L. Strauss, *Natural Right and History* (Chicago, 1950), p. 59.

[9] Hancock, *Calvin and the Foundations of Modern Politics* 中强调的一点。

[10] Hancock 精辟地概述了这种辩证关系:"加尔文将政治与宗教截然分开,以便在世俗活动中将二者合而为一。" Hancock, *Calvin and the Foundations of Modern Politics*, p. 163.

[11] *OC* 46. 570.

[12] Geneva Catechism (1545), q. 107; E. F. K. Müller (ed.), *Die Bekenntnisschriften der reformierten Kirche* (Leipzig, 1903), p. 126, lines 38—40.

[13] A. Fanfani, *Catholicism, Protestantism and Capitalism* (London, 1935).

[14] 例见 R. de Roover, *The Rise and Decline of the Medici Bank* (Cambridge, Mass., 1963); *La pensée économique des scolastiques: doctrines et méthodes* (Montréal/Paris, 1971); 'The Scholastic Attitude towards Trade and Entrepreneurship', *Explorations in Entrepreneurial History* 1 (1963), pp. 76—87。

[15] 例见 M. Grice-Hutchinson, *The School of Salamanca: Readings in Spanish Monetary History, 1544-1605* (Oxford, 1952)。

[16] Weber, *Protestant Ethic and the Spirit of Capitalism*, p. 91.

[17] 本文此处遵循 Marshall, *In Search of the Spirit of Capitalism* 中的观点。

[18] 特雷弗-罗珀(Trevor-Roper)批评韦伯假设的历史根据时,指出许多加尔文主义金融家过着奢华的生活:H. R. Trevor-Roper, 'Religion, the Reformation and Social Change', 载于 *Religion, the Reformation and Social Change* (London, 1967), pp. 1—45。

[19] C. Hill, 'Protestantism and the Rise of Capitalism', 载于 F. J. Fisher (ed.), *Essays on the Economic and Social History of Tudor and Stuart England* (Cambridge, 1961), p. 19。

[20] Marshall, *In Search of the Spirit of Capitalism*, pp. 97—100.

[21] 'Diaspora Calvinism' 质疑韦伯命题所提出的问题,见 Trevor-Roper, 'Religion, the Reformation and Social Change', p. 20。我们有极好的理由相信,企业家选择性移民的现象与他们所属的教派一样重要。

[22] Birnbaum, 'The Zwinglian Reformation in Zurich', *Past and Present* 15 (1959), pp. 27—47. 请注意 "支持茨温利的工匠和商人之统一战线" 的注释:p. 24。

[23] 这是 T. A. Brady, *Turning Swiss: Cities and Empire, 1450-1550* (Cambridge, 1985) 一书研究的主题。

[24] Borel, *Les foires de Genève*.

[25] 有关美第奇分行的情况,见 de Roover, *Rise and Decline of the Medici Bank*, pp. 279—289。

［26］集市随后迁到尚贝利（Chambéry），接着又再迁到萨伏伊的蒙吕尔（Montluel），最后于 1535 年定点在贝桑松（Besanéon）：Gioffré, *Gênes et les foires de change*。

［27］Bergier,'Marchands italiens à Genève'.

［28］Ammann,'Oberdeutsche Kaufleute und die Anfänge der Reformation in Genf'.

［29］见 M. H. Körner, *Solidarités financières suisses au XVIe siècle*（Lucerne, 1980）, p. 79 的精辟分析。

［30］见 M. H. Körner, *Solidarités financières suisses au XVIe siècle*（Lucerne, 1980）, p. 105。

［31］Ibid., pp. 105—106.

［32］Ibid., pp. 81—82.

［33］Bergier,'Zu den Anfängen des Kapitalismus—Das Beispiel Genf', p. 18.

［34］见 Körner, *Solidarités financières suisses au XVIe siècle*。

［35］Ibid., p. 388.

［36］Ibid., p. 135.

［37］Ibid., p. 390.

［38］Monter,'Le change public à Genève, 1568-1581'.

［39］Mandrou,'Les français hors de France', p. 665. 4，776 人中有 2，247 人的职业是已知的。如果这部分人的职业具有代表性的话，那么我们可以估计有 3，265 名工匠于此时期来到日内瓦。

［40］关于这一点，见 Dufour,'De la bourgeoisie de Genève à la noblesse de Savoie'。

［41］针对这种现象的精彩分析见 Bürgli, *Kapitalismus und Calvinismus*, pp. 108—122。瑞士联邦的新教城市都曾出现同样的现象，不过这些城市出现的现象，其规模可能不及日内瓦：W. Bodmer, *Der Einfluß der Refugiantenwanderung von 1550-1700 auf die schweizerisch Wirtschaft. Ein Beitrag zur Geschichte des Frühkapitalismus und der Textil-Industrie*（Zurich, r946）。

［42］Babel, *Histoire corporative de l'horlogerie*.

［43］Chaix, *Recherches sur l'imprimerie à Genève de 1550 à 1564*.

［44］Bürgli, *Kapitalismus und Calvinismus*, pp. 189—194.

［45］Bodmer, *Der Einfluß der Refugiantenwanderung von 1550-1700 auf die schweizerisch Wirtschaft*, pp. 22—23.

［46］Bergier,'Zu den Anfängen des Kapitalismus-Das Beispiel Genf', p. 21.

［47］G. V. Taylor,'Types of Capitalism in Eighteenth-Century France', *English*

Historical Review，79（1964），pp. 478—497 中提出的观点。G. V. 泰勒（G. V. Taylor）强调，按照预设的现代资本主义标准来解释老式资本主义（*ancien régime* capitalism），是很困难的。

[48] Kingdon, 'The Business Activities of Printers Henri and François Estienne', pp. 271—274.

[49] Trevor-Roper, 'Religion, the Reformation and Social Change', pp. 14—21.

[50] T. Strohm, 'Luthers Wirtschafts-und Sozialethik', 载于 H. Junghans (ed.), *Leben und Werk Martin Luthers von 1526 bis 1546* (2 vols: Berlin, 2nd edn, 1985), vol. 1, pp. 205—223, 214—219。

[51] 见 Bürgli, *Kapitalismus und Calvinismus*, pp. 194—215。

[52] Ibid., p. 201.

[53] Ibid., pp. 201—205，其中有针对相关篇章的分析。更详细的分析可见 Biéler, *La pensée économique et sociale de Calvin*。

[54] 关于加尔文对利率的看法，见 Martin, 'Calvin et le prêt à intérêt à Genève'。

[55] Bodmer, *Der Einfluß der Refugiantenwanderung von 1550-1700 auf die schweizerisch Wirtschaft*, p. 19.

[56] Dufour, 'De la bourgeoisie de Genève à la noblesse de Savoie'.

[57] 关于日内瓦当时的社会福利情况，见 Kingdon, 'Social Welfare in Calvin's Geneva'。

[58] Heller, *The Conquest of Poverty: The Calvinist Revolt in Sixteenth-Century France* (Leiden, 1986), pp. 240—242.

[59] 后期加尔文主义者对这观念的看法，见 Miegge, *Vocation et travail*, pp. 11—30。有相当帮助的相关篇章汇编，见 Bouwsma, *John Calvin*, pp. 198—201。

[60] Biéler, *La pensée économique et sociale de Calvin*, pp. 399—402.

[61] 这口号在隐修语境中的含义，见 E. Delaruelle, 'Le travail dans les règles monastiques occidentales', *Journal de psychologie normale et pathologique* 41 (1948), pp. 51—62。

[62] Heller, *Conquest of Poverty*, p. 242.

[63] R. Mentzer, *Heresy Proceedings in Languedoc, 1500-1560* (New York, 1988), pp. 152—153.

[64] 有关这本著作的详情及针对其重要性的分析，见 Heller, *Conquest of Poverty*, pp. 247—251。

[65] 有关封建残余引发的问题，见 G. Bois, *La crise du féodalisme: économie rurale et démographie en Normandie orientale du début du XIVe siècle au milieu*

du XVIe siècle（Paris，1976）。

[66] Trevor-Roper，'Religion，the Reformation and Social Change'，pp. 7—8. 这篇
文章含有与韦伯理论有关的宝贵资料。

[67] Lüthy，'Variations on a Theme'，p. 377.

[68] McGrath，'John Calvin and Late Medieval Thought'.

[69] 参考文献见 A. E. McGrath，*Iustitia Dei：A History of the Christian Doctrine
of Justification*（2 vols，Cambridge，1986），vol. 2，pp. 1—39。

[70] de Bèze，*Brief and Pithie Summe*，pp. 37—38.

[71] 威廉·柏金斯（William Perkins）作品中的实用三段论手法，见 Kendall，
Calvin and English Calvinism，pp. 69—72。

[72] 详情见 McGrath，*Iustitia Dei*，vol. 2，pp. 111—121 及其中的注释。更详尽的
研究见 D. A. Weir，*The Origins of the Federal Theology in Sixteenth-Century
Reformed Thought*（Oxford，1989）。

[73] Perkins，*Workes*，vol. 1，p. 32.

[74] 关于 16 和 17 世纪苏格兰加尔文主义者看待工作的看法，精彩讨论见 Mar-
shall，*Presbyteries and Profits：Calvinism and the Development of Capitalism
in Scotland，1560-1707*，pp. 39—112。引文出自 p. 52。

[75] 见 Lehmann，*Zeitalter des Absolutismus*，pp. 114—123；Zeller，*Theologie und
Frömmigkeit*，vol. 1，pp. 85—116。

[76] Trevor-Roper，'Religion，the Reformation and Social change'，p. 14.

[77] 尽管这一现象最初源于千禧年的盼望，而不是预定论：Lehmann，*Zeitalter
des Absolutismus*，pp. 123—135。有关英国清教徒圈子中的这一现象，见
Ball，*Great Expectation*。

[78] Walzer，*Revolution of the Saints*，p. 318.

[79] Miegge，*Vocation et travail*，pp. 115—153. Miegge 指出巴克斯特可能改变了
清教徒看待呼召和工作的传统看法。

[80] 有关这一主题的大量有用资料，见 Tranquilli，*Il concetto di lavoroda Aristo-
tele a Calvino*。

加尔文与现代西方文化的塑造

本书旨在概述加尔文的生平与思想，并且追溯在起源或形式上，皆深受加尔文影响的加尔文主义，指出这场运动对 16 世纪末以及之后时期的吸引力。这种吸引力部分是基于加尔文主义的新颖；部分基于其思想活力；部分基于其对那些觉得自己的创造力与潜能，惨遭半封建社会约束、扼杀的人的吸引。随着加尔文主义以国际运动的形式到来，许多人觉得改变已是势在必行。加尔文主义似乎颇有潜力将西欧从中世纪残余的桎梏中解救出来。C. S. 路易斯十分强调这一方面，并主张我们有必要理解，对 16 世纪而言的"加尔文主义的新颖、大胆与（迟早会有的）流行度"。[1]正如本书一直强调的，加尔文主义远不只是神学。它是进步的世界观，足以轰动全世界，深深影响当时的文化。

乍听之下，说加尔文主义影响西方文化，似乎不十分恰当。除非是说加尔文主义仅对西方文化造成负面影响，就另当别论。加尔文主义不是反对文化吗？例如，加尔文主义往往被刻画成艺术的敌人。假如说加尔文的神学中有一点近似伊斯兰神学，那就是他对建筑物中为公开敬拜所设计的装饰的看法。加尔文不允许教会出现任何把上帝刻画成人形的事物。他表明，这很容易让人混淆人手所造之物与创造主。[2]而且还可能导致偶像崇拜，"臆想或用某事物代替透过圣经自我启示的独一真神而加以信靠，或是除了信靠这位真神之外也信靠该事物"。[3]

　　然而，更重要的一点在于，它不仅仅指出我们不应该以图像来说明上帝，而且指出我们根本就无法以图像来说明上帝。[4]特兰托会议之后，罗马天主教会（与他们立场一致的信义宗，不久后也追随他们）采用巴洛克的装饰风格，大量使用直观教具，从而透过宗教形象与肖像来操练信徒的敬虔。加尔文主义者的敬拜场所，却严禁这些形象与肖像。1563 年的《海德堡教理问答》中，也许不只一处暗示了一种智力优越感：加尔文主义者不需要描摹上帝的视觉形象，他们完全有能力理解并充分使用圣经中用文字表达的各式各样的形象：

> 问：除了书籍之外，难道我们就不能在教会里使用图像教导平
>   信徒吗？
> 答：我们不应该自以为比上帝聪明，他不要自己的子民受教于
>   哑巴偶像，而是要其子民受教于其话语的活泼宣讲。[5]

　　除了教会装饰，加尔文主义艺术家对其他活动，并不做任何重大限制：实际上，加尔文主义社会日益富裕，促使社会出现了一套模式，与意大利文艺复兴的赞助艺术相似。加尔文主义者日渐富裕，与资本主义也脱不了关系。佛兰德斯富裕的加尔文主义国民，与文艺复兴时期的先辈一样，意识到建筑物与家庭装饰的重要性。另外，加尔文主义者反对以图像描摹上帝，基本上是出于神学方面的依据，而不是因为他们反对艺术。加尔文主义画家只是被禁止在画里描绘上帝，并没有被禁止绘画（本文在这里要提醒大家，许多艺术家都是低地国家中，最早支持加尔文主义宗教改革运动的人士）。[6]可喜的是，不能绘画上帝并没有完全抹杀他们作画的空间，人们对风景画、街景画、家常情景画与 17 世纪佛兰德斯艺术绘画特色，产生新兴趣，就清楚显示这一点。同样，新清教徒强调"在传记或历史中，写实地记录上帝的护理，或周遭的自然环境"[7]，这些主题都成为加尔文主义艺术家的理想题材。尽管他们不可以描绘上帝，但由于人能够透过上帝的创造物来认识他，因此描绘自然界与历史，就有了新的宗教动机（这种描绘自然界的主要动力，与加尔文主义者对自然科学的兴趣也有关系，本文稍后将探讨这一点）。

　　即便在天主教国家，加尔文主义艺术家也相当活跃，被广为接受。在法国，波旁王朝在巴黎市内与其他地方，雄心勃勃地发动了文艺复

兴风格的城市发展计划。黎塞留（Richelieu）领导之下的财政制度，为金融家制造机会。金融家寻求一种被社会接受的方式，来花费他们积蓄的财富。圣路易岛上的大酒店与大量的赞助艺术计划，正是新兴财富的明确表现。[8]尽管 1598 年的《南特敕令》指明加尔文主义是被承认的宗教，但人们还是普遍视其行为模式为异端，认为它是国家安全的祸根。这种认知在英国内战期间变得坚定不移，令马萨林（Mazarin）与其顾问相信加尔文主义者有可能成为革命党人。[9]但即便在这种时候，加尔文主义建筑师与画家虽然人数不多，却还是享有很高的地位与成就。这个事实既表明了法国当权者承认某种程度上的宗教自由，也指明了加尔文主义者真切的艺术热忱与真才干。创立于 1648 年的法国皇家绘画学院（*Académie royale de peinture*）的 23 位创始成员当中，有 7 位（30.5％）就是加尔文主义者，加尔文主义建筑师与画家的成就可见一斑。[10]这所学院的第一位书记路易·德斯特兰（Louis Testelin）正是公认的加尔文主义者，虽然（正如后来的悼词所说的）"他没有那些有顽固毛病的人常见的固执"。

然而，"文化"指的是比美术更大的实体。最广义的文化包括在特定历史关头，塑造人类存在模式的一系列看法、观点、习俗与信念。为了探讨加尔文留下的文化遗产如何影响西方文化，本文关注的是这文化遗产在塑造与锻造世界观方面的贡献。罗伯特·贝拉（Robert Bellah）与同事在研究现代美国人的看法时，与超过两百人进行面谈。他们评论那些面谈时说道："我们与那些和我们同时代的人交谈，同时也是在与我们的先辈交谈。在谈话过程中，我们不仅听见现在的声音，也听见过往的声音。在他们的言辞当中，我们听见了约翰·加尔文。"[11]不过，这些人并没有明确提及加尔文，或承认加尔文对他们的影响。这种影响是微妙的、不可名状的，甚至是隐性的。在本书接近尾声时，我们大可以强调加尔文主义对现代西方文化有过重大贡献，姑且不论是否有人识别出来。本文的重点也不在于对此进行评价，主要在于鉴别这些贡献。

理解加尔文留下的文化遗产如何影响西方，有三个主题是至关紧要的：

1. 加尔文主义的**国际性**特征，即加尔文主义具有原初日内瓦处境

（见第 200—202 页）的一切特色，却能迅速融入新环境。加尔文主义十分善于适应当地境况，20 世纪基督教宣教理论家认为，这是基督教植入异己文化不可或缺的条件。[12]加尔文主义能够在各式各样的环境中屹立不倒，并能直接触及特定问题，如政治、经济与宗教问题。这包括与 16 世纪的日内瓦大相径庭的欧洲与美国。

2. 加尔文思想强烈的**入世**色彩，在后来追随者的发展之下，尤其明显（见第 220—223 页）。加尔文主义不是一系列既抽象又不相干的宗教原则，而是在人类存在的具体现实（尤其是城市存在）中的根深蒂固的宗教。甚至在加尔文主义者所有观点之中可能最抽象的预定论，关注的其实也是人世间的事。比起基督教其他的所有现代形式，加尔文主义能更好地与西方文化接轨，足以由内而外改变西方文化。加尔文主义者鼓励直接接触世界，而非过隐居生活。

3. 加尔文主义容易受**世俗化**影响：加尔文主义的宗教要点即使消失，一定的政治、社会与经济价值却仍然会存留。休·特雷弗-罗珀表明，加尔文主义的独特特征之一，就是加尔文主义比天主教更容易被摈弃。[13]只不过，不坚定的加尔文主义者虽然最终摈弃了加尔文主义，但这主义却已塑造了他们的看法与观点。即便加尔文主义最初的势力已衰微，但仍能在西方观点上留下独特印记。

在以罗马天主教与新教之间的教派纷争而闻名的北爱尔兰街头，发生了一个故事。一个英国人碰到了一群年轻人。那群年轻人恐吓道："说！你是新教徒还是天主教徒？"英国人顿了顿，然后回答："我是无神论者。"年轻人迅速还击："很好！那你究竟是**新教**无神论者还是**天主教**无神论者？"

他们的问题包含了大部分实情。一旦加尔文主义的宗教要点消失了，只留下特殊的剩余物，无神论就会出现。这种剩余物以一系列的社会、政治、道德与经济观点为形式，它原本与宗教信仰相连，但在没有宗教信仰的情况下，也能继续存在。尽管"加尔文主义无神论"乍听之下似乎很荒诞，但却十分有见地，它表达出加尔文主义对西方文化的影响：虽然加尔文主义这座火山原本的爆发力，已爆发殆尽，但在文化大地上却留下了永久的火山口。

有了这些要点为前提，本文将继续探讨加尔文主义塑造现代西方文化的几个方面，尤其是北美文化的一些重要范畴。本书仅选几例加以说明，而非一一列举，进行论述。若要探索加尔文留下的文化遗产对西方的全面影响，恐怕得另写一本专著了。

经济活力观在宗教层面上的合理性

前一章论证了非正统与正统的加尔文主义圈子之中，出现的经济活力观点，这一现象主要发生于 17 世纪。加尔文主义的工作伦理如今已大大世俗化。工作伦理虽然仍存在，但基本的宗教因素已遭遗忘。这种工作伦理的世俗化趋势，源头可追溯至 1550—1680 年的加尔文主义。对于早期加尔文主义作者，包括加尔文本身，"呼召"主要是指人蒙上帝拣选，其次才是世俗事业（*une vocation juste et approuvée*），即表现呼召的形式。在王政复辟时期的英国，呼召的重点，主要是人在世上的呼召，而非上帝赐给人的永恒呼召。尽管第二个元素也很重要，但人们大都看重世上的行动，不重视呼召的神学根基。从中我们可以看见现代人理解"呼召"或"天职"的世俗化趋势的源头：对于多数具有现代西方文化背景的人而言，不是**上帝**呼召他们进入特定的行动领域，而是社会或人内心的目的，呼召一个人走进特定的行动领域。在西方，许多人常献身于各式各样的行动主义[14]，在某种程度上，其根源可追溯至他们的清教徒的先辈。斯蒂芬·福斯特（Stephen Foster）就曾指出，加尔文主义工作伦理影响了清教徒的经济观，在清教徒殖民的第一个一百年期间，这些经济观促使了新英格兰的扩张。[15]贝拉在其个人主义与投身现代美国生活的研究中也表明，"天职或呼召的概念再造"[16]可能是导致美国文化转型的关键。加尔文主义的呼召，提供各项生活指示，甚至为世俗服装提供指示。这概念也以另一种形式存在（可能连加尔文也不认得的形式），就是北美的"成功神学"（theologies of prosperity），本文将简要地对这一神学进行探讨。

加尔文主义工作伦理对北美文化影响深远。1831 年，阿列克西·德·托克维尔（Alexis de Tocqueville）评论，我们很难断定美国传道人重视的究竟是"获得来世永恒的幸福，还是现世的富足"。西德尼·

阿尔斯特罗姆（Sidney Ahlstrom）在其精辟的美国宗教史研究中，指出 19 世纪出现了一种趋势，在 20 世纪则变得更为显著——许多人将财富视为蒙上帝拣选的记号。[17]有两个人物可作代表，约翰·D·洛克菲勒二世（John D. Rockefeller Sr）就认为由于他的信心，上帝就赐下财富作为他的赏赐；安德鲁·卡内基（Andrew Carnegie）则论及"财富的福音"（The Gospel of Wealth）。个人与国家的财富被视为蒙上帝特别恩待的记号。"成功神学"于 20 世纪 70 年代在美国诞生，可说是扭曲加尔文主义工作伦理的必然结果。弗雷德里克·普莱斯（Frederick Price）支持"成功神学"，他强调："我们必须明白，财富是上帝的旨意。上帝完美的旨意，正是要使人的一生在方方面面都富足。而这里所指的主要是物质与经济的富裕。"[18]歌利亚·科普兰（Gloria Copeland）与他那书名意味深长的著作《上帝的旨意是富足》（*God's Will is Prosperity*，1978），以及诺瓦·海斯（Norval Hayes）《现在就富足吧！》（*Prosperity Now!* 1986），都异口同声赞同这一点。经常有人假定个人财富与国家财富之间有紧密关联，普遍上，许多人视这种关联结合了"成功神学"与复苏的美国爱国主义。加尔文主义究竟在多大程度上影响了现代美国宗教文化圈的"成功神学"的重大发展，仍有争议。虽然如此，我们还是有充分的切入点表明，加尔文间接影响了"成功神学"的发展，并且表面证据确凿（*prima facie*）。可以说，加尔文消除了财富为宗教、社会所带来的污名。

但对一些人而言，加尔文主义工作伦理最重要的纪念物，也许还是只能见于加尔文的日内瓦。即便是休闲旅客，也能轻而易举地发现银行与其他金融机构，如何影响日内瓦市中心。正如前文所述，加尔文与资本主义的关联，可能比人们想象中细微，并受历史条件制约。这种关联更多是基于日内瓦共和国的需要、体制与政策，而非加尔文本身。加尔文也许从未打算倡导资本主义，他所做的，可能只是使日内瓦既有的或正在发展的经济观点、政策与体制合理化。尽管如此，我们还是有理由认为资本主义与企业文化之所以能产生新动力，主要还是因为加尔文的思想（即便他原本无意如此）、大众对加尔文主义的诠释，以及这种诠释所造成的结果。假如属实，那么加尔文这位宗教思想家确实为现代西方文化留下了不可磨灭的烙印，造成了重大影响

（不管这种影响是直接的或间接的，也不管这让情况变得更好或更糟）。

加尔文与自然科学

现代自然科学的起源既复杂又颇有争议。例如，路易斯·S·斐尔（Lewis S. Feuer）就曾大力主张现代科学是"享乐主义兼自由意志主义精神"（hedonist-libertarian spirit）的直接产物。[19]有些人试图表示，促使自然科学重大发展的因素只有一个。但这说法既武断又不足为信。显然，这还涉及一系列重要因素：因素之一，无疑是宗教，而且是与加尔文有关的宗教。

范围涵盖百余年前的大量社会学研究表明，基督教圈子中的新教与罗马天主教传统，在培养一流自然科学家方面一直以来都能力悬殊。这种现象在许多国家都能看见，概述如下：比起罗马天主教，新教更有能力促进自然科学的发展。阿尔冯斯·德·康多尔（Alphonse de Candolle）对 1666—1883 年巴黎科学院（*Académie des Sciences*）的外国成员进行研究。康多尔的研究发现，这些成员当中，新教教徒远远多于罗马天主教教徒。根据人口，康多尔估计应该有 60％是罗马天主教教徒，40％是新教教徒。但实际人数竟然只有 18.2％是罗马天主教教徒，而 81.8％都是新教教徒。[20]虽然，16 世纪期间荷兰的加尔文主义者人数相当稀少，但当地自然科学家绝大部分都是加尔文主义者。伦敦皇家学会（Royal Society of London）的早期成员，绝大多数是清教徒。[21]一份又一份的调查报告显示，16、17 世纪的物理与生物科学，都由加尔文主义者把持。这种值得注意的观察报告，显然有必要加以解释。

加尔文对这一论争有两大贡献。在一个层面上，加尔文明确鼓励自然科学研究；另一层面上，他剔除了这一研究发展的重大障碍。加尔文的第一个贡献，是他强调创造的秩序。物质世界与人的身体，都见证了上帝的智慧与特性。

> 上帝为了让人人都能获得福乐，不但乐于在我们心里撒下前文曾提及的宗教种子，而且透过宇宙的整体构造，彰显他的完美，又每天向我们显现，使我们根本无法对他视而不见……因此，《希

伯来书》的作者巧妙地把有形世界比作无形事物的形象。世界的
精美结构就像一面镜子，叫我们可以在它里面看见那无形的上
帝……天地都向我们展现了无数的证据，证明上帝的奇妙智慧。
这证据指的不只是天文学、医学以及其他所有自然科学所能提供
的高深证据，亦包括那些目不识丁的农夫也无法视而不见的证据。
（《基督教要义》1.5.1—2）

　　加尔文赞扬天文学与医学（事实上，他甚至承认自己有点嫉妒它
们），因为它们能够更深入地探究自然世界，并展现出更多足以证明创
造秩序与造物主智慧的证据〔正如前文所述（见序第 3—4 页），加尔
文贬损哥白尼一说，完全是杜撰〕。

　　所以，加尔文可说是为自然科学研究，赋予了宗教动力与宗教意
义，因为加尔文视这研究为一种途径，可以借以认识上帝在创造物中
的智慧作为，并因此增强自己对上帝存在的信心以及对他的尊崇。
1561 年的《比利时信条》（*Confessio Belgica*）是加尔文主义者的一个
信仰告白，它在低地国家（这些国家因当地的植物学家与物理学家而
格外闻名）特别具有影响力。这信条声明，自然界就是"我们眼前的
难得佳作，其中的创造物，无论大小，都像文学巨著一样，向我们展
现了上帝的无形之事"。[22] 因此，人可以经由详尽地研究上帝的创造物
来认识上帝。佩里·米勒（Perry Miller）大力强调这一点，他甚至说
自然界可以成为"上帝的祭坛"，指出自然界是上帝透过"浩瀚的海洋
与广袤的森林"的真正启示。[23] 类似的观点，在 17 世纪的皇家学会中，
十分盛行。[24] 1692 年，理查德·本特利（Richard Bentley, 1662—
1742）根据牛顿的《数学原理》（*Principia Mathematica*, 1687），发
表了一系列讲演。牛顿在《数学原理》中阐释宇宙的规律性，他认为
这种规律性能够证明上帝的设计。本特利在准备讲稿时，牛顿写信给
他，信中说道："在我撰写那探讨我们的系统[25]的专著[26]时，我曾着眼
于一些原理，它们能促使深思熟虑的人，相信上帝的存在。当我发现
这本专著有这样的效果时，再也没有什么事能令我如此高兴了。"加尔
文认为宇宙是"上帝荣耀的剧院"，在其中的人，则是具有欣赏能力的
观众（《基督教要义》1.6.2）。这一说法所要表达的信息，再明确
不过。

256 　　此外，加尔文也可说是剔除了自然科学发展的重大障碍，即圣经的字面主义（biblical literalism）。加尔文在两个不同层面上解放了科学研究与理论，使它们不再受制于对圣经的粗略的字面理解：首先，加尔文宣称圣经里的自然主题，不是世界的结构，而是集中于在耶稣基督里，上帝的自我启示与救赎。其次，加尔文主张圣经语言的俯就特性。对于这两点，本书拟进行个别探讨。

　　加尔文表示（尽管他在这方面并不全然前后一致），圣经讲论的主要是有关耶稣基督的知识。我们不应视圣经为天文学、地理学或生物学教科书。最能清楚表述这一原则的说法，是1543年，加尔文为皮埃尔·奥里维坦的新约译本（1534）所写的序：圣经整体的重点是引导我们认识耶稣基督，因此我们除了认识他（以及其中一切含义）之外，其他的都应当适可而止。[27]圣经向我们展示了一幅景象（《基督教要义》1.5.8；1.6.1），使我们能借以认识到世界是**上帝的创造物与自我显现**。圣经从来无意向我们灌输精确的天文学与医学知识。这样，事实上自然科学就不受神学制约。

　　1539年6月4日，路德讥讽主张地球绕太阳公转的哥白尼理论（该理论著作于1543年出版）：圣经的主张不是与此相反吗？太阳系的日心说就这样硬生生地被推翻。这种不太成熟的圣经字面主义，似乎是德国宗教改革运动家的特征。耶稣在最后的晚餐论述饼的一句话，已是家喻户晓："这是我的身体"（马太福音26∶26），路德与茨温利就曾为这句话的含义，发生争论。路德主张"是"一词，只有一个意思，就是"照字面地完全相同"之意。这对茨温利来说在宗教与语言学方面都是荒谬的，完全看不到语言运作的不同层次。实际上，"这是我的身体"的"是"，有"表明"之意。[28]

　　正如前文所述（见第133—135页），加尔文建构了精辟的"俯就"（accommodation）理论。上帝在向我们启示过程中，屈尊自己从而适应我们的理解水平以及我们喜欢以形象化的方式来认识上帝的先天喜好。上帝并不是向人启示他真正的本质，而是透过某些适应人类能力的形式，来启示他自己。所以，尽管圣经说上帝有手臂与嘴巴，但这其实只是生动、易记的譬喻，是最适合我们智力的启示方式。上帝以

257 适合人的能力与境况的方式，启示自己，而这些人，原本就是上帝预

定要将启示赐予的人。圣经中创造与堕落（创世记 1—3 章）的故事，正是俯就那些相对来说，思维较简单、单纯的人的能力与见识。[29]这些圣经故事并不需要读者将它们当成对现实的**字面的**再现。

17 世纪，这些观点对英国科学理论家有着深远影响。爱德华·莱特（Edward Wright）就曾为哥白尼太阳系的日心说辩护，驳斥圣经字面主义者。怀特声称，圣经关注的不是物理学；而且圣经的言说方式，"适应普罗大众的理解与说话方式，就像保姆对小孩说话一样"。[30]这两点直接源自加尔文。

自 19 世纪以来，宗教与科学一直在西方文化中势成水火。某些作者表明，这反映了加尔文对西方基督教有过大的影响。然而自相矛盾的是，这恰恰是因为加尔文对他后来的追随者的影响**太小**。1925 年，有一场恶名昭彰的斯科普斯审判案（Scopes Trial），据说其中心议题是进化论与圣经相违背的特性。这场审判案也证明了粗糙地按照字面理解《创世记》的创世记录，是何等不足。对加尔文而言，即便是"创世的六天"，也是上帝在适应人的认知能力[31]，人不应按照字面意义来解读这词组。假如加尔文对他同时代的追随者的影响能更大一些，那么现代西方文化的主要面貌之一（宗教与科学之间的紧张状态），也许就得以避免。假如加尔文对他后来的追随者的影响能更大一些，那么整个进化论论争的进程，就会变得截然不同。

然而，这其实是在推测曾经发生过的事，而本文的重点是分析确实曾经发生过的事。显然，有一股重大的宗教推动力，促进了 16 世纪以及之后的自然科学的迅速发展。至少在某种程度上，这种宗教推动力可归功于加尔文的思想与影响。

美国公民宗教现象

258

加尔文主义者主张预定论，与"拣选"（即蒙上帝拣选）的概念脱不了干系。加尔文主义的主要对头——信义宗并不重视预定论，实际上信义宗还简化预定论，认为预定论只是在肯定上帝的永恒不变与信实。加尔文主义者则认为，预定论为加尔文主义的国际化发展赋予了宗教推动力、道德与社会意义。在加尔文主义者看来，拣选不仅仅是个人的事，也是社会的事。加尔文主义社会已蒙上帝拣选、被分别为圣，从而实现上帝的目的。加尔文主义者会发现并利用自己与古以色列人的境况之间的明显的相似之处，就不足为奇了。以色列人是上帝在古近东的选民，而加尔文主义者则是现代初期以色列人的继承人。正如他们的以色列先辈一样，他们也期待着凯旋进入新的应许之地。蒙那·普雷斯特维奇（Menna Prestwich）注意到这种发展以及其中可能的意义：

> 贝扎［德·贝扎］继承了加尔文的衣钵之后，预定论开始处于领先地位。加尔文主义者开始认为，自己与选民、以色列的子民无异。对加尔文主义者而言，旧约既是镜子也是指引。旧约鼓舞他们战胜巴比伦的势力，也在他们前往应许之地的途中，经历沙漠或旷野的苦难时，带给他们安慰。上帝的护理与旨意和加尔文主义者密切相关。科利尼（Coligny）于 1568 年跨越卢瓦尔河的浅滩，曾被加尔文主义者比作过红海。[32]

有了伊丽莎白一世的认同，许多加尔文主义者视英国为"最蒙上帝喜悦的国家"。然而，这种认知稍纵即逝。转眼间，美国就已映入清教徒作者的眼帘并占据他们的脑海。

早期北美殖民史，不管是被英国还是荷兰加尔文主义者殖民的历史，都被广泛视为上帝被掳的子民进入新的应许之地。就像米勒所言，原初的新英格兰人第一个前提（也是不容置疑的前提），是他们已进入与上帝的约中，建立虔诚的共和国。[33]真正的美国是以新耶路撒冷为原型，上帝从永恒以来就已预定它成为"山上之城"，而新英格兰则处在实现这一旨意的过程之中。这种认知在宗教复兴运动——大觉醒运动（Great Awakening）以及 1763 年的巴黎条约（Treaty of Paris）之后，变得更加坚定。巴黎条约签署之后，北美的法国与西班牙——这些原本受天主教统治的帝国，回到新教的手里。也许最重要的一点，是美国革命之后，许多人更加坚信美国的独立是上帝对美国的呼召。罗伯特·史密斯（Robert Smith）的宾夕法尼亚宣言（即"美国的事业就是耶稣基督的事业"），反映了当时美国社会上的普遍认知。公理会牧师约翰·狄沃逊（John Devotion）宣告，上帝已选出美国作为蒙他拣选的国家："万国啊，请听耶和华伟大的旨意！美国今后自成一体，将会在万国中坐上皇后宝座。"

根据阿尔斯特罗姆所言，自此以后，绝大部分美国历史编纂学一再重复的主题，都是上帝护理的指引（providential guidance）与美国的巩固。

> 只有少数极其古怪的美国人，才不确定星条旗是在蒙主拣选的国家飘扬。在许多人心里，美国人是在新伊甸园里的新亚当，而美国则是人类获得的第二次伟大机会。再也没有什么比"国家圣歌"收录的许多爱国圣歌，能更好地说明这种传统认知的传承。这些爱国圣歌包括一名安多弗神学院学生，为了 1832 年的 7 月 4 日庆典，一口气创作的《亚美利加》（America）；朱丽亚·华尔德·何奥（Julia Ward Howe）于 1861 年，像是受上帝感动而创作的《共和国战歌》（The Battle Hymn of the Republic）；1893 年《公理会教友》杂志发表的《美丽的亚美利加》（America the Beautiful）。美国既是山上的灯塔，也是世界的榜样等神话式的主题，已成为历来人们眼中的美国宗教生活的组成元素。[34]

预定论的概念，很容易受世俗化影响而成为"命运"或"天命"。加尔文曾经指出护理与预定论十分相近，在《基督教要义》的早期版本中，他仅以一章来探讨这两个主题。在 19、20 世纪的美国社会，正当加尔文主义的宗教要点消失之际，世俗化的护理或天命概念，就开始取代有着明确宗教含义的预定概念。世俗化的美国依然认为自己是在万国当中被拣选出来的，美国相信其体制（如总统职权）与标志（如国旗），被赋予了神圣的意义。国家命运的概念，可追溯至美国清教徒的早年经历。至少有些人还认为，这些经历至今仍然在上演。

加尔文主义与天赋人权

近来的一些研究都在强调，加尔文主义与欧洲、北美的天赋人权的发展，关系密切。[35] 16 世纪的法国统治者，敌视加尔文主义臣民，因而引发了一些尖锐问题：其一，帝王的权力是否有限制；其二，臣民是否有义务服从这种权力。圣巴多罗买大屠杀（1572），在加尔文主义圈子中引发剧烈论争，争论课题包括暴力的正确使用、服从的空间与政治权威的限制（见第 186—188 页）。苏格兰加尔文主义宗教改革运动的成功，也引发了类似的问题，其中比较突出的，是苏格兰的玛丽王后遭罢免之后（1567）[36]，圣经的公义与忠心（旧约将其与上帝和他子民之间的约关联起来），和中世纪晚期契约主义作者的一些概念，结合成为几个观点，强调公正的政府，而非压迫人民的政府。虽然这些观点源于 16 世纪末的欧洲，但也被美国的革命党人充分使用。在他们眼里，自己深受英国君主政体的压制统治与迫害，因而决意不再服从这个君主政体的权力。乔纳森·梅休（Jonathan Mayhew，1720—1766）将其政见与宗教关联起来，他宣称："世代相传、无可争辩的神圣王权以及建立在这一权力预设基础上的不反抗理论，与变体说一样，都是不可置信与纯属空想的。"北美引发的这场论争，促使人开始以契约式的视角来看待人权，加上加尔文诉诸自然法，就激发一种观念，即人人生而被造平等，凡人都有生存、自由与追求幸福等不可剥夺的权力。[37]

尽管这种人权概念是美国革命及其结果的特征，但不是每个加尔文主义者都认同这种概念。有两个团体值得一提，他们皆以另一种视角来看待人权。北美的加尔文主义作者强调人人生而被造平等，南部一些加尔文主义作者（比如罗伯特·路易斯·达布尼、便雅悯·摩尔根·帕麦尔与詹姆斯·汉利·汤卫尔）则主张上帝创造的人，生来就有种族与社会地位的差异。北部的神学家诉诸自然法概念，而南部的同行却诉诸另一种不论在根源与重点上，皆截然不同的自然法概念。[38]因此，在南部的加尔文主义作者看来，白人与黑人的种族隔离政策，以及延续既有的奴隶制，都是合理的。美国南北战争前夕，对人权观持对立观点的两类加尔文主义团体，势同水火。虽然，南部加尔文主义者输了这场论争，但他们的观点却在其他地方得以延续。直到最近，荷兰改革宗教会也出现了类似的观点，捍卫种族隔离政策。正如一些阿尔斯特新教教派亦从相同立场出发，坚称以新教为主的北爱尔兰，和以罗马天主教为主的南爱尔兰之间，应当划清界限。在这一点上，加尔文主义引发了重大的政治论争，并且成为现代史上主要的论争。

加尔文主义对西方文化影响更完整的历史记录，还有待撰写，上述一切论点不过是试验性的指标，旨在测定加尔文主义多大程度上影响了西方文化以及可能包含的意义。虽然如此，本章经过了适度的讨论之后，还是能够做出如下结论：解读加尔文不仅仅是解读过去，也是更深入地了解现在。过往的记忆，持续塑造着现代西方文化。尽管加尔文已长眠于日内瓦某处不知名的坟墓，但他的思想与影响，依然在他有份建构的文化观当中，生生不息。

注释

[1] C. S. Lewis，*English Literature in the Sixteenth Century*（Oxford，1954），p. 43.

[2] 见 C. M. N. Eire，*War against the Idols：The Reformation of Worship from Erasmus to Calvin*（Cambridge，1986）。

[3]《海德堡教理问答》第 95 条问题，E. F. K. Müller（ed.），*Die Bekenntnisschriften der reformierten Kirche*（Leipzig，1903），pp. 709—710。

[4]《海德堡教理问答》第 97 条问题，710 页，第 15—19 行。

[5]《海德堡教理问答》第 98 条问题，710 页，第 23—27 行。

[6] 见 Freeberg，*Iconoclasm and Painting in the Netherlands*，*1566-1609*。

[7] P. Miller，*Nature's Nation*（Cambridge，Mass.，1967），p. 22.

[8] Prestwich，'Le mécénat et les protestants'.

[9] Labrousse，'Calvinism in France，1598-1685'，pp. 304—305.

[10] Prestwich，'Le mécénat et les protestants'，p. 82.

[11] R. Bellah et al.，*Habits of the Heart：Individualism and Commitment in American Life*（Berkeley，1985），p. 306. 另两位与加尔文旗鼓相当的思想家，同时悄悄影响着现代美国人，他们分别是托马斯·霍布斯（Thomas Hobbes）与约翰·洛克（John Locke）。

[12] 见 H. M. Conn，*Eternal Word and Changing Worlds：Theology，Anthropology and Mission in Dialogue*（Grand Rapids，Mich.，1984）。

[13] Trevor-Roper，'Religious Origins of the Enlightenment' in *Religion，the Reformation and Social Change*（London，1967），p. 236.

[14] H. Arendt，*The Human Condition*（Chicago，1958），探讨了这一点。

[15] Foster, *Their Solitary Way*, pp. 99—126.

[16] Bellah et al., *Habits of the Heart*, pp. 287—300.

[17] Ahlstrom, *Religious History of the American People*, pp. 789—790.

[18] F. K. C. Price, *High Finance: God's Financial Plan* (New York, 1984), p. 12.

[19] L. S. Feuer, *The Scientific Intellectual* (New York, 1963).

[20] A. de Candolle, *Histoire des sciences et des savants* (Geneva/Basle, 2nd edn, 1885), pp. 329—331.

[21] 进一步详情，见 R. Hooykaas, *Religion and the Rise of Modern Science* (Edinburgh, 1972), pp. 98—99。

[22] Müller, *Bekenntnisschriften*, p. 233, lines14—16.

[23] Miller, *Nature's Nation*, p. 213.

[24] H. R. McAdoo, *The Spirit of Anglicanism* (London, 1965), pp. 240—315 探讨了这一点的宗教面貌。

[25] 指太阳系。——译者注

[26] 指《数学原理》。——译者注

[27] *OC* 9. 815: 'Mais fault que nostre entendement soit du tout arresté à ce poinct, d'apprendre en l'Escriture à cognoistre Iesus Christ tant seulement'.

[28] 见 A. E. McGrath, *Reformation Thought: An Introduction* (Oxford/Cambridge, Mass., 1988), pp. 117—130。

[29] *OC* 23. 9-10, 17-18, 20-23.

[30] Hooykaas, *Religion and the Rise of Modern Science*, pp. 122—123.

[31] *OC* 23. 18.

[32] M. Prestwich, 'Introduction', 载于 *International Calvinsim*, p. 7。

[33] 这点在 Miller, *Nature's Nation* 中，多处可见。

[34] Ahlstrom, *Religious History of the American People*, p. 7.

[35] 关于这个主题，见 Ritschl, 'Der Beitrag des Calvinismus für die Entwicklung des Menschenrechtsgedankens in Europa und Nordanmerika'。

[36] 参见 Torrance, 'Covenant Concept in Scottish Theology and Politics'。

[37] 全面的历史分析，见 J. Torrance, 'Interpreting the Word by the Light of Christ', 载于 R. Schnucker (ed.), *Calviniana* (Kirksville, Mo., 1989), pp. 255—267。

[38] Ibid., pp. 262—263.

附录1

神学与历史术语浅注

如本书这类著作难免会使用一些晦涩难懂的神学与历史术语。由于绝大部分的术语对一般读者而言可能很陌生，所以此附录拟在不影响本书正文精确度的情况下，在一定程度上阐明一些概念。

accommodation 俯就

特指加尔文提出的原则，指上帝借着人所能想象与理解的文字或形象，来启示自己。因此，人不应逐字逐句地按照字面意义来解读圣经，因为圣经往往使用字面意义以外的概念与形象（见第133—135页）。这原则对于理解加尔文主义如何大力提倡新自然科学，特别是天文学（见第253—257页），有莫大帮助。加尔文主义剔除了有碍于新自然科学发展的圣经字面主义（biblical literalism）。

adiaphora 可行可不行之事

按字面的解释，就是"无所谓的事"。宗教改革运动家认为有些信念或习俗是可以酌情变通处理的，因为圣经对这些信念与习俗既无明确禁止也无明文规定。比如，牧师在教会聚会时的穿着，往往被视为"无所谓的事"。只要不违背信仰的本质，牧师可以有不同的穿着。这观念的意义，在于它促使宗教改革运动家得以透过务实的方法来处理许多信念与习俗，因而避免不必要的争执。例如，加尔文倾向于以此观点看待主教。

Amyraldianism 亚目拉都主义

加尔文主义者眼中的异端。亚目拉都主义的根据是索米尔新教学院（Protestant Academy of Saumur）教授末伊斯·亚目拉都（Moïse Amyraut）的教导。索米尔是《南特敕令》（Edict of Nantes）条款指定的安全地带（*place de sûreté*）。与阿明尼乌主义一样，亚目拉都主义批判加尔文主义者的预定论，主张重现与加尔文较近似的观念，而非后来诠释加尔文的人的观念。

Anabaptism 重洗派

按字面的解释，就是"重新洗礼"，指宗教改革运动的激进教派。这一派的观点根据的是思想家门诺·西门（Menno Simons）、巴尔塔萨·胡伯迈尔（Balthasar Hubmaier）的思想。这个激进教派一般捍卫人人都有从自己的角度来解释圣经的权利。他们拒绝让政权机构入侵宗教的范围，并对绝大多数现有的社会、宗教与政治制度持批判态度。

anti-Pelaglan writings 反帕拉纠的著作

奥古斯丁反驳帕拉纠之观点的著作。奥古斯丁在这些著作中为自己对恩典与称义的看法进行辩护。见"帕拉纠主义"。

Apostolic era 使徒时期

无论是对人文主义者或宗教改革运动家而言，使徒时期是基督教教会的关键时期。这时期始于耶稣基督的复活（公元 35 年），终于最后一位使徒的逝世（约为公元 90 年?）。在人文主义者与宗教改革运动家的圈子中，几乎人人都以这时期的思想与习俗为标准。

265　Arminianism 阿明尼乌主义

加尔文主义者眼中的异端，源于雅各·阿明尼乌（Jakob Arminius）的思想。西奥多·德·贝扎（Théodore de Bèze）坚称上帝已预定各人得永生或死亡。阿明尼乌则恰恰相反，他认为预定论是指上帝普遍的旨意，凡信的人必得拯救。多特会议（Synod of Dort，1618—1619）明确谴责阿明尼乌主义。

Articulants 阿提古兰

日内瓦境内的宗派，于 1535—1538 年间特别活跃。他们反对纪尧姆·法雷尔（Guillaume Farel）。阿提古兰亦称为阿提考兹（Artichauds）。

Augustinianism 奥古斯丁主义

含有两个主要意思。第一是指希波的奥古斯丁（Augustine of Hippo）看待救恩论的观点，此观点强调救恩需要上帝的恩典（见第 39—41 页）。在这个意义上，奥古斯丁主义与帕拉纠主义相对立。第二是指中世纪奥古斯丁修会（Augustinian Order）的主体思想。第一个意思在现代研究领域里占有主导地位。

Calvinism 加尔文主义

含有歧义的词语，有两种截然不同的意思。第一是指深受加尔文或他撰写的文献所影响的宗教团体（比如改革宗教会）或个体（比如贝扎）的宗教思想。在这个意义上，"加尔文主义"除了加尔文本身的思想之外，也吸纳别的神学资源（见第 202—207 页）。此词的用法有些令人混淆，多数作者较喜欢使用"改革宗神学"一词。第二是指加尔文本身的宗教思想。许多作者往往较喜欢使用"加尔文派人士"（Calvinian）这一较生硬的词语来表示第二种意思。

catechism 教理问答

266

基督教教义的普及手册，通常是一问一答的形式，目的是表达信仰教理。鉴于教理问答十分强调信仰上的教导，宗教改革运动期间出现了大量重要的教理问答，其中最为有名的是路德的《小教理问答》（Lesser Catechism，1529）、加尔文的《日内瓦教理问答》（Geneva Catechism，

1545）与著名的《海德堡教理问答》（Heidelberg Catechism，1563）。

Christology 基督论

基督教神学的一部分，探讨耶稣基督的身份，特别是有关耶稣基督的人性与神性的问题。基督论主要是路德与茨温利于 1529 年在马尔堡争论的课题。除此之外，基督论和三位一体教义一样，与宗教改革运动无甚关联，因为基督论并非宗教改革运动斗争的重点。

Confession, Confessionalism 信条、信条主义

尽管"Confession"一词主要是指认罪，但它在 16 世纪却具有截然不同的专门意思，即表达新教教会信仰原则的文献。《奥格斯堡信条》（Augsburg Confession，1530）就表达了早期信义宗的思想，而《第一海尔维第（瑞士）信条》（First Helvetic Confession，1536）则表达了早期改革宗教会的思想。"信条主义"一词往往指 16 世纪末所谓的"第二次宗教改革运动"期间，信仰思想的僵化。当时，信义宗与改革宗教会在德国发生权力斗争。

consistory 教会法庭

加尔文于 1541 年编订的《教会法令》（Ordonnances）中，制定的日内瓦机构。教会法庭显然是以中世纪的婚姻法庭为根据，负责日内瓦的教会纪律。这一团体的权力范围是 16 世纪 40 年代初与 16 世纪 50 年代日内瓦境内激烈争论的课题（见第 113—116 页）。

267 Council of Two Hundred （*Counseil des Deux Cents*） 200 人议会

日内瓦的议会，仿效伯尔尼（Berne）与苏黎世（Zurich）的制度，由小型议会（*Petit Conseil*）的选举团组成（见第 110—111 页）。

Donatism 多纳徒主义

古典时期晚期北非的一个教派运动，遭希波的奥古斯丁反对。多纳徒主义对教会成员的要求格外苛刻，其中包括要求他们接受再洗礼。

ecclesiology 教会论

基督教神学的一部分，探讨教会理论（希腊语"*ekklesia*"意为"教会"）。宗教改革运动期间，论争的重点是：新教教会是否可被视为主流基督教的延续？换言之，新教教会是基督教改革之后的模式，抑或是与 1500 年以来的基督教历史毫无关联的全新信仰？

Église dressée，*église plantée* ［法］ 教会、 团契

16 世纪 50 年代法国两种主要的加尔文主义聚会形式。团契（*église plantée*）可说是无组织的地下团体聚会，目的是查经与祷告。教会（*église dressée*）具有宗教法庭的结构，有长老与执事（从 1555 年起成为强制性的集会）。

Eiguenots 艾格诺派

是 1536 年的革命之前日内瓦境内的前伯尔尼党。此词是从瑞士德语词汇"*Eidgnoss*"（即"联邦"）错误地演变而来。

estates 等级

形容法国社会上层阶级的方式：第一等级（神职人员）、第二等级（贵族）、第三等级（平民）。三个等级的代表在等级会议［"*Etats-généraux*"（Estates General）］上碰头。

268

Evangelical 福音派

指 16 世纪 10 与 20 年代新兴的宗教改革运动（特别是德国与瑞士新兴的宗教改革运动）。1529 年的施佩耶尔会议（Diet of Speyer）之后，此词由"新教徒"（Protestant）一词取代，不过"新教徒"一词的含义与当时德国的境况息息相关。

Évangéliques ［法］ 福音运动

特指 16 世纪 20 与 30 年代法国宗教改革运动，中心人物包括纳瓦尔

的玛格丽特（Margaret of Navarre）以及布理松涅特（Guillaume Briçonnet）。他们献身于温和的法布理西安宗教改革计划。

exegesis 解经/释经

特指以圣经为对象的文本解释学。"圣经解释"（biblical exegesis）一词基本上意味着"解释圣经的过程"。圣经解释所运用的专门方法一般称为"释经学"（hermeneutics）。

Fabrisian 法布理西安

雅克·勒菲弗尔·戴塔普尔（Jacques Lefèvre d'Etaples）提倡的宗教改革观点。16 世纪 20 年代，这些观点在巴黎与法国其他地方皆举足轻重。尽管勒菲弗尔建构的观点专门论述圣经的权威与解释（这些观点预示了许多宗教改革运动家的观点），但他并不认为这些观点要求或意味着与天主教教会一刀两断。这是旨在教会内部进行改革的运动。

269
Fathers 教父

"教父作家"（patristic writers）的另一个名称。

General Council （*Conseil Général*）总议会

最大型的日内瓦议会，最初是这座中世纪城市的选举团。到了加尔文的时代，200 人议会接替了这个议会的选举团职务。如今，这个议会一年一般只召开两次。此议会只有两个极为有限的目的：2 月选举市政官；11 月则制定谷物与酒的价格（见第 110—111 页）。

Guillermins 纪尧姆派

1535—1538 年间日内瓦境内的派别，以法雷尔为中心。

habits of grace，created 受造的内在恩感

13 世纪作者，如托马斯·阿奎那提出的观念。受造的内在恩感是上帝与人性在救恩过程中的媒介。有人声称，由于上帝无法**直接**接触

堕落的人性，因此在神性与人性之间设立一种"桥头堡"的中间状态是必须的。如此一来，救恩才能透过这中间状态得以进行。这中间状态称为"受造的内在恩感"。

heresy 异端

任何公开否定基督教信仰主要教义的团体，皆属异端。然而，从历史的角度来看，异端最初并不仅仅是思想形态，它们往往是对特定社会与政治压力的反应。多纳徒主义部分上就是北非柏柏尔人对罗马殖民者的反动，而胡斯主义（Hussitism）则与波希米亚民族主义的出现息息相关。

Hermeneutics 释经学

270

解释或注释文本（特别是圣经）的原理。宗教改革运动的第一个阶段，数种解释圣经的方式同步发展。它们源于人文主义（humanism）与经院哲学（scholasticism）。茨温利最初采用的释经学理论源于伊拉斯谟的人文主义，而路德采用的释经学理论则源于经院神学。

Huguenot 胡格诺派

特指宗教战争期间的法国加尔文主义者。

Humanism 人文主义

尤指文艺复兴时期一种普遍的趋势，视古典文体为标准文体，并提出研究古典文献是现今推广这类文体的方式（见第 54—59 页）。文艺复兴的人文主义与现代意义上的人文主义不一样，前者并不是世俗化或无神论运动。

Intellectualism 唯理智论

中世纪思想当中的一种信仰，相信上帝的理智高于上帝的意志。唯理智论者看待人的价值时，坚信由于上帝的理智承认人的行为固有的道德价值，因此赋予人的行为相称的、值得嘉许的价值。这种观点与"唯意志论"（voluntarism）相对立，唯意志论认为上帝的意志高于一切。

Justification by faith, doctrine of 因信称义教义

基督教神学的一部分，探讨个别的罪人如何得以与上帝相交。尽管因信称义是路德与他在维腾堡的同僚最为重视的教义，但瑞士的宗教改革运动家，如茨温利与后来的加尔文，相对而言却不那么关注这一教义。宗教改革运动的第一波（很大程度上源于路德）以因信称义为中心，第二波（尤其与加尔文相关）则以教会秩序及纪律为中心。

271

liturgy 礼仪

记载公开礼拜，尤其是圣餐的书面文本。由于宗教改革运动期间的神学预先决定了礼仪，因此礼仪的改革被视为至关重要之事。

Lutheranism 信义宗

与路德有关的宗教思想，1529 年的《小教理问答》与 1530 年的《奥格斯堡信条》（Augsburg Confession）详细表达了这一思想。路德于 1546 年逝世后，信义宗的强硬派（所谓的"纯正路德派"或"弗喇秋派"）与温和派（腓力派）之间接连发生内部意见分歧。这促使他们于 1577 年透过《协同信条》（Formula of Concord）达成协议。《协同信条》往往被视为信义宗神学的权威条文。

Magisterial Reformation 宪制的宗教改革运动

指信义宗与改革宗，相对于激进派系（重洗派）。宪制的宗教改革运动这一术语对路德、茨温利、布塞、加尔文的地方官员（或市议会）权威之特征，持正面看法。

Mammelukes 马木路克派

1536 年的革命之前，日内瓦境内的亲萨伏伊党（pro-Savoyard

party）。

Messieurs de Genève 日内瓦先生

一种称号，用以称呼日内瓦的小型议会与市政官（即这座城市的统治团体）。

Nicodemism 尼哥底母主义

含贬义，指在天主教背景（特别是法国）之中生活的福音派信徒。他们因为害怕承担后果而不愿公开提及自己的信仰。

Nominalism 唯名论

严格来说，唯名论相对于唯实论（realism）。此词有时也称为"新路派"（*via moderna*）（见第 38—42 页）。

Patristic 教父的

形容词，形容 1 世纪的教会历史以及新约圣经的成书时间（即"教父时期"），或在此时期撰述的思想家（即"教父作家"）。对于宗教改革运动家而言，教父时期指的是公元 100 至 451 年，即新约圣经完成直到卡尔西顿公会议期间（Council of Chalcedon）。这些宗教改革运动家认为，新约圣经与教父时期对基督教信仰与实践具有规范作用，不过教父时期权威不及新约圣经。

Pelagianism 帕拉纠主义

这一思想解释人如何能够获得自己的救恩，与希波的奥古斯丁思想对立。帕拉纠主义极力强调人类行为的作用与价值，并贬低上帝的恩典这一概念（见第 39—42 页）。

Petit Conseil　［法］　小型议会

日内瓦市的小型议会，也往往简称为"议会"。事实上，它负责日内瓦人生活的各个方面（见第 110—111 页）。

predestination 预定论

主张上帝已透过某种方式预定各人的命运。最为普遍的预定论是
"*praedestinatio ad vitam*"或"预定得永生论"（predestination to
life）。这种预定论主张预定是一种奥秘。上帝透过这种奥秘，在信徒
还未成为信徒之前，就已积极潜心于他们的救恩。新奥古斯丁学派
（*schola Augustiniana moderna*）、加尔文与后来的加尔文主义者提出的
预定论，则是一种较为激进的预定论，称为"*praedestinatio gemina*"，
即"双重预定论"（double predestination）。双重预定论主张，上帝已
根据其主权预定每个人——无论是信徒或是非信徒——的命运（见第
207—215 页）。许多加尔文主义作者认为双重预定论强而有力地声明了
上帝对其创造物的主权。

Protestantism 新教

1529 年的施佩耶尔会议之后，用以指称"抗议"（protest）罗马天
主教教会习俗与信仰的人。1529 年之前，这类个体与团体称自己为
"福音派"。

Puritanism 清教主义

意义颇为笼统，一般指 16 世纪末、17 世纪初与英国以及后来的美
国有关的加尔文主义形态。

274 Radical Reformation 激进的宗教改革运动

越来越常用来指称重洗派的宗教改革运动。这个宗教改革派系对
世俗政权普遍上持负面看法，对公有财产则持激进看法。许多市议会，
尤其是苏黎世与斯特拉斯堡的市议会普遍认为激进的宗教改革运动会
引发骚乱。

sacrament 圣礼

如果纯粹从历史的角度来看，圣礼是耶稣基督亲自设立的教会敬

拜礼仪或仪式。中世纪神学与教会习俗认为圣礼共有七个，而宗教改革运动家则主张新约中只有两个圣礼（即洗礼与圣餐）。圣礼观造成严重分裂，路德与茨温利在圣礼的实际功能方面，就一直无法达成协议。人们普遍认为加尔文的圣礼观不偏不倚，介于路德与茨温利的立场中间。

schism 教会分裂

蓄意破坏教会合一的行为，这种行为遭到有影响力的早期教会作者如西普里安与奥古斯丁的大力谴责。多纳徒主义者的争论围绕着一个问题展开：对教会或教会领袖的行为感到不满的团体，脱离教会并组织自己的小教派，是否合理？宗教改革运动家被反对他们的人称作"教会分裂论者"或"宗派主义者"，以至于他们发现自己面临进退两难的局面：支持奥古斯丁论恩典的观点，却漠视他论教会合一的观点。

schola Augustiniana moderna 新奥古斯丁学派

中世纪经院哲学的学派之一，强调奥古斯丁的恩典教义，看待共相的问题时则持唯名论立场（见第 38—42 页）。

Scotism 司各脱主义

275

与邓·司各脱（Duns Scotus）有关的经院哲学体系。

Scripture Principle 圣经原则

如加尔文这类宗教改革神学家所提出的原则，主张教会习俗与信仰应当以圣经为依据。无法证明是以圣经为依据的一切，皆不应被视为信徒应当遵守的原则。"*sola scriptura*"，即"唯独圣经"总结了这一原则。

Septuagint 七十士译本

成书于公元前 3 世纪的旧约圣经希腊文译本。

Sorbonne 索邦

明确来说，是指索邦学院（*Collège de la Sorbonne*），它是巴黎大学最重要与最古老的学院。16 世纪时，此词往往带有贬义，指巴黎大学的神学部。

Soteriology 救恩论

基督教神学的一部分，探讨救恩（希腊文："*soteria*"）的教义。

Syndics 市政官

日内瓦小型议会的四位领导成员（见第 110—111 页）。

276 Terminism 名词论

更精确地指称"唯名论"的一种方式。

Thomism，*via Thomae* 托马斯主义

与阿奎那有关的经院哲学体系。

transubstantiation 变质说

中世纪教义，主张圣餐中的饼和酒表面外观虽然不变，但实质已变成基督的身体与血。

universals 共相

具有实在或精神实体（参见唯实论）的抽象或普遍概念（如"白"）。名词论或唯名论的核心教义之一否定这种共相。

via antiqua 旧路派

指称对共相问题持唯实论立场的种种经院哲学体系，如托马斯主义与司各脱主义。

via moderna 新路派

通用的意思有两个：第一，对共相问题持唯名论立场的种种经院哲学体系，与"旧路派"的唯实论立场相对立。较为重要的第二个意思，是指以奥卡姆的威廉（William of Ockham）及其跟随者如皮埃尔·德埃利（Pierre d'Ailly）、加布里埃尔·比尔（Gabriel Biel）的著作为依据的经院哲学体系（原本称为"唯名论"）（见第38—42页）。

Voluntarism 唯意志论

277

中世纪教义，主张上帝的意志高于上帝的理智。唯意志论者看待人的价值时，主张上帝按照自己的意志决定人特定的行为有哪些值得嘉许的价值。前述行为固有的道德价值不重要，真正重要的是上帝愿意为这行为赋予什么价值。这一观点与主张上帝的理智高于一切的唯理智论相对立。加尔文与其同时代人皆偏向唯意志论。

Vulgate 武加大译本

圣经的拉丁文译本，绝大部分由哲罗姆（Jerome）编译而成，中世纪神学主要以武加大译本为基础。武加大译本中包括哲罗姆所翻译的旧约（除了取自《高卢诗篇集》的诗篇）、次经（除了取自古拉丁文译本的《所罗门智训》、《便西拉智训》、《马加比一、二书》、《巴录书》）以及全部新约。发现武加大译本有不少错处，对宗教改革运动而言意义非凡（见第57—59页）。

Zwinglianism 茨温利主义

通常是指茨温利的思想，但往往也特指其圣礼观，尤其是他对"真实临在"（real presence）的看法——茨温利认为这其实属于一种"真实缺席"（real absence）。

参考书目：加尔文的著述

本书大量参考了两大主要著作，即 1559 年版的《基督教要义》
（*Institutes*）和《宗教改革文集》（*Corpus Reformatorum*）中加尔文的
著述。后者因为收录了加尔文的圣经注释、讲章、书信以及有关加尔
文和日内瓦政府之间关系的文献，所以尤为珍贵。这份附录旨在解释
本书参考这些著作时标明出处最常见的方式。

《基督教要义》

本书举凡参考《基督教要义》之处，几乎都是参考 1559 年的版本。
这一版的《基督教要义》分成四卷书，每卷分别探讨一个广泛的总主题。
每卷之下又分章，每章之下再分小节。因此，本书参考 1559 年版的《基
督教要义》时，会注明**三个数字**，从而辨识**卷、章、节**。标明卷数的往
往是大写的罗马数字，章数则是小写的罗马数字，节数是阿拉伯数字。
所以第 2 卷第 12 章的第 1 节通常会写为 II. xii. 1，但有的著作也会将之写
为 II, 12, 1 或 2.12.1。本书使用的则是第一种标注方式。[1]

此外，本书引用某本著作时会注明其版本［例如是《宗教改革文
集》还是《拉丁文选集》（*Opera Selecta*）］或其英文译本。比如，《基

督教要义》III．xi．1；*OS* 4．193．2—5 指的就是引文出自 1559 年版 　280
《基督教要义》第 3 卷第 11 章的第 1 节，这一节是在《拉丁文选集》第
4 册第 193 页的第 2 至第 5 行。

《宗教改革文集》

引用加尔文的注释和讲章的引言，通常都是出自《宗教改革文
集》，本书只会注明其册数和页码。因此 *OC* 50．437 指的是第 50 册的
第 437 页。其册数在第 1 到第 59 之间。如果一册里面有好几个部分，
那么本书就会以小写字母来标出。因此 *OC*10a．160—165 指的是引言出
自第 1 册第 1 部分的第 160—165 页。

然而不幸的是，有时恼人的习惯会引发混淆，这种恼人的习惯往
往可见于早期研究加尔文的著作里。《宗教改革文集》收录了梅兰希顿
（第 1—28 册）、加尔文（第 29—87 册）以及茨温利（第 88 册开始）的
著述。因此加尔文著述的第 1 册，就是这套文集的第 29 册。而早期的
著作注明加尔文的著述时，有时用的是较大的册数。所以你若发现注
明《宗教改革文集》里加尔文著述的册数是从 60 到 87 的，你就应当
减去 28 以得到正确的册数。特别是在早期的著作里，假如你发现一个
引用加尔文的引言的个别例子找不到出处，你就应该减去 28，然后再
尝试翻阅其出处。

注释

[1]"本书"指的是英文原著，本译著则将之标明为"2.12.1"。——译者注

缩 写 词

Annal ESC	*Annales économies, societés et civilisations*
ARG	*Archiv für Reformationsgeschichte*
BSHPF	*Bulletin de la société d'histoire du protestantisme française*
BHR	*Bibliothèque d'histoire de la Renaissance*
HThR	*Harvard Theological Review*
JHI	*Journal of the History of Ideas*
NAK	*Nederlands Archief voor Kerk Geschiedenis*
OC	*Ioannis Calvini opera quae supersunt omnia* (Corpus Reformatorum)
RHR	*Revue d'Humanisme et Renaissance*
RHPhR	*Revue d'histoire et de philosophie religieuse*
RThAM	*Recherches de théologie ancienne et médiévale*
SCJ	*Sixteenth-Century Journal*
SJTh	*Scottish Journal of Theology*
WA	D. Martin Luthers Werke: kritische Gesamtausgabe
Z	*Huldreich Zwinglis sämtliche Werke* (Corpus Reformatorum)

参 考 书 目

原稿资料

Berne，Burgerbibliothek MS 138.

Geneva，Bibliothèque Publique et Universitaire MSS Fr 145，194.

Paris，Archives Nationales MSS L 428；M 71；MM 247—8；S 6211；S 6482—3；X^{Ia} 1528—65.

Paris，Archives de l'Université MSS Reg 13—14；Reg 63；Reg 89—90.

Paris，Bibliothèque Nationale（BN）MSS Lat 5657A；6535；9943；9959—60；12846—51；13884；15445—6；16576；N Acq Lat 1782.

St Gallen，Stadtsbibliothek（Vadiana）MSS 59；65.

Strasbourg，Archives Saint-Thomas MSS 155；174.

Vienna，Universitätsarchiv Microfilms 65 Ph8；66 Ph9；75 Th3.

加尔文的著作

于 16 世纪期间出版的《基督教要义》（*Institutio Christianae Religionis*）版本列表，见原文表 7.1，141—142 页。

Barth，P.，and Niesel，W.（eds）.，*Ioannis Calvini Opera Selecta*（5 vols：Munich，

1926—1962).

Battles, F. L. (trans.), *Institution of the Christian Religion* (Atlanta, 1975).

— and Hugo, A. M. (eds and trans.), *Calvin's Commentary on Sneca's 'De Clementia'* (Leiden, 1969).

Benoit, J. D. (ed.), *Institution de la religion chrestienne* (5 vols; Paris, 1957—1963).

Ioannis Calvini opera quae supersunt omnia (59 vols; Braunschweig, 1863—1900).

310   McNeill, J. T. (ed.), and Battles, F. L. (trans.), *Institutes of the Christian Religion* (2 vols; Philadelphia/ London, 1960).

Olin, J. C. (ed.), *John Calvin and Jacopo Sadoleto: A Reformation Debate. Sadoleto's Letter to the Genevans and Calvin's Reply* (New York, 1966).

其他第一手资料

Agricola, R., *De inventione dialectica* (Cologne, 1527).

Amyon, J., *Tous les synodes nationaux des églises réformées de France* (2 vols; La Haye, 1710).

Arminius, J., *Works* (3 vols; London, 1825—1875).

Beraldo, P., *Commentarii questionum Tusculanarum* (Paris, 1509).

de Bèze, T., *A Brief and Pithie Summe of the Christian Faith* (London, 1565 (?)).

— *Correspondance de Théodore de Bèze* (11 vols; Geneva, 1960—1983).

Bucer, M., *Metaphrases et enarrationes perpetuae epistolarum D. Pauli* (Strasbourg, 1536).

Bullinger, H., *In pauli ad Romanos epistolam... commentarius* (Zurich, 1533).

Bunny, E., *Institutionis christianae religionis... compendium* (London, 1576).

Caesarius, J., *Rhetorica... in septem libros* (Lyons, 1539).

de Coulogne, D. (Colonius), *Analysis paraphastica Institutionum thelogicarum Ioh. Calvini* (Leiden, 1628).

d' Epense, C., *Consolation en adversité* (Lyons, 1547).

Erasmus, *Opera Omnia*, ed. J. LeClerc (12 vols; Leiden, 1703; reprinted 1963).

— *Opus epistolarum D. Erasmi Roterodami*, ed. P. S. Allen, H. M. Allen, and H. W. Garrod (11 vols: Oxford, 1906—1947).

— *Colloquies*, trans. C. Thompson (Chicago, 1965).

Histoire des églises réformées au Royaume de France (Geneva, 1580).

Histoire du tumulte d'Amboise (Strasbourg, 1560).

Launoy, J. , *Opera Omnia* (5 vols: Cologne, 1731—1732).

Lawne (Delaune), W. , *Institutionis Christianae religionis... epitome* (London, 1584).

— *An Abridgement of the Institution of the Christian Religion* (Edinburgh, 1585).

Lefèvre d'Etaples, J. , *Sancti Pauli epistolae XIV ex vulgate editione* (Paris, 1512).

Le livre de vraye et parfaicte oraison (Paris, 1528).

Mair, J. , *Commentarius in III librum sententiarum* (Paris, 1528).

Masson, P. , *Elogia varia* (Paris, 1638).

Olevianus, C. , *Institutionis Christiae religionis epitome* (Herborn, 1586).

L'oraison de Jesuchrist (Paris, 1525 (?)).

Pasquier, E. , *Les recherches de la France* (Paris, 1607).

Perkins, W. , *Workes* (3 vols: Cambridge, 1608—1609).

Piscator, J. , *Aphorismi doctrinae christianae ex Institutione Calvini excerpti* (Herborn, 1589).

de, Raemond, F. , *Histoire de la naissance, progrès et décadence de l'hérésie de ce siècle* (Paris, 1605).

Sadoleto, J. , *Opera quae extant omnia* (Verona, 1737—1738).

[Saunier, A.], *L'ordre et manière d'enseigner en la ville de Genève au collège* (Geneva, 1538).

Servetus, M. , *De trinitatis erroribus libri septem* (place unknown, 1531).

加尔文传与传记资料

Bouwsma, W. J. , *John Calvin: A Sixteenth-Century Portrait* (Oxford, 1988).

Crottet, A. , *Correspondance français de Calvin avec Louis de Tillet (1537—1538)* (Geneva, 1850).

Desmay, J. , 'Remarques sur la vie de Jean Calvin, tirées des registres de Noyon, ville de sa naissance' (1621), in Cimber (alias Lafait), L. and Danjou, F. , *Archives curieuses de l'histoire de France depuis Louis XI jusqu' à Louis XVIII* (15 vols: Paris, 1834—1837), vol. 5, 387—398.

Doinel, J. , 'Jean Calvin à Orléans. Date Précise de son séjour d'après des documents inédits', *BSHPF* 26 (1877), 174—185.

Doumergue, E. , *Jean Calvin: les homes et les choses de son temps* (7 vols: Lausanne, 1899—1917).

Hall, B. , *John Calvin* (London, 1956).

Herminjard, A. L. , *Correspondance des réformateurs dans les pays de langue française* (9 vols: Geneva/ Paris, 1866—1897).

Lefranc, A. , *La jeunesse de Calvin* (Paris 1888).

Le Vasseur, J. , *Annales de l'église cathédrale de Noyon* (Paris, 1633).

MacKinnon, J. , *Calvin and the Reformation* (New York, 1962).

Ménager, D. , 'Théodore de Bèze, biographe de Calvin', *BHR* 45 (1983), 231—255.

Pannier, J. , *Calvin à Strasbourg* (Strasbourg, 1925).

Parker, T. H. L. , *John Calvin* (London, 1975).

Rott, E. , 'Documents strasbourgeois concernant Calvin. Un manuscript autographe: la harangue du recteur Nicolas Cop', in *Regards contemporains sur Jean Calvin* (Paris, 1965), 28—43.

Stauffer, R. , 'Calvin', in Prestwich, M. (ed.), *International Calvinism 1541—1715* (Oxford, 1985), 15—38.

Wallace, R. S. , *Calvin, Geneva and the Reformation* (Edinburgh, 1988).

Wendel, F. , *Calvin: The Origins and Development of His Religious Thought* (London, 1963).

巴黎大学

Bernard-Maître, H. , 'Les "théologastres" de l'université de Paris au temps d'Erasme et de Rabelais', *BHR* 27 (1965), 248—64.

Berty, A. , *Topographie historique du vieux Paris: région centrale de l'université* (Paris, 1897).

Bourrilly, V. - L. , and Weiss, N. , 'Jean du Bellay, les protestants et la Sorbonne,

1529—1535', *BSHPF* 52 (1903), 97—127, 193—231; 53 (1904), 97—143.

Chartularium Universitatis Parisiensis, ed. H. Denifle and E. Chatelain (4 vols: Paris, 1889—1897).

Clerval, J. - A. , *Registre des procès-verbaux de la faculté de théologie 1503— 1523* (Paris, 1917).

Cobban, A. B. , *The Medieval Universities: Their Development and Organization* (New York, 1975).

Crevier, M. , *Histoire de l'Université de Paris* (Paris, 1761).

Cristiani, L. , 'Luther et la faculté de théologie de Paris', *Revue de l'histoire de l'église de France* 32 (1946), 53—83.

Dubarle, E. , *Histoire de l'Université de Paris* (Paris, 1844).

Du Boulay, C. E. , *Historia Universitatis Parisiensis* (6 vols: Paris, 1665—1673; reprinted Frankfurt, 1966).

Duplessis d'Argentré, C. , *Collectio judiciorum de novis erroribus* (3 vols: Paris, 1725—1736).

Dupon-Ferrier, G. , 'La faculté des arts dans l'université de Paris et son influence ci-vilisatrice', in Calvet, J. (ed.), *Aspects de l'Université de Paris* (Paris, 1946), 63—80.

Farge, J. K. , *Biographical Register of Paris Doctors of Theology, 1500—1536* (Toronto, 1980).

— *Orthodoxy and Reform in Early Reformation France: The Faculty of Theology of Paris, 1500—1543* (Leiden, 1985).

Fechter, A. , *Das Studienleben in Paris zu Anfang des XVI Jahrhunderts* (Basle, 1846).

Féret, P. , *La faculté de théologie de Paris et ses docteurs les plus célèbres* (7 vols: Paris, 1900—1910).

Fourier, M. , *Les status et privilèges des universités de France* (Paris, 1890).

Garcia Villoslada, R. , *La Universidad de París durante los estudios de Francisco de Vitorio O. P (1507—1522)* (Rome, 1938).

Godet, M. , 'Le collège de Montaigu', *Revue des études rabelaisiennes* 7 (1909), 283—305.

— *La congrégation de Montaigu (1490—1580)* (Paris, 1912).

Goulet, R. , *Compendium de multiplici Parisiensis Uniersitatis magnificentia, dignitate et excellentia* (Paris, 1517).

312

Hempsall, D. , 'Martin Luther and th Sorbonne, 1519—1521', *Bulletin of the Institute of Historical Research* 46 (1973), 28—40.

Kibre, P. , *The Nations in the Medieval Universities* (Cambridge, Mass. , 1948).

Le Goff, J. , 'La conception française de l'université à l'époque de la Renaissance', in *Les universités européennes du XIVe au XVIIIe siècle : aspects et problèmes* (Geneva, 1967), 94—100.

Matos, L. de, *Les Portugais à l'université de Paris entre 1500 et 1550* (Coimbra, 1950).

Paqué, R. , *Das Pariser Nominalistenstatut : Zur Entstehung des Realitätsbegriffs der neuzeitlichen Naturwissenschaft (Occam, Buridan und Petrus Hispanicus, Nikolaus von Autrecourt und Gregor von Rimini)* (Berlin, 1970).

Quicherat, J. , *Histoire de Sainte-Barbe : collège, communauté, institution* (3 vols : Paris, 1860—1864).

Rashdall, H. , *The Universities of Europe in the Middle Ages* (2 vols : Oxford, 2nd edn, 1936).

Renaudet, A. , 'L'humanisme et l'enseignement de l'université de Paris au temps de la Renaissance', in Calvet, J. (ed.), *Aspects de l'Université de Paris* (Paris, 1949), 135—155.

Thurot, C. , *De l'organisation de l'enseignement dans l'université de Paris au Moyen Age* (Paris, 1850 ; reprinted 1967).

日内瓦市

Ammann, H. , 'Oberdeutsche Kaufleute und die Anfänge der Reformation in Genf', *Zeitchrift für württembergische Landesgeschichte* 13 (1954), 150—193.

313 Babel, A. , *Histoire corporative de l'horlogerie, de l'orfevrerie et des industries annexes* (Geneva, 1916).

— *Histoire économique de Genève des origines au début du XVIe siècle* (Geneva, 1963).

Baud, H. , *Le diocèse de Genève-Annecy* (Histoire des diocèses de France 19 : Paris, 1985).

van Berchem, V. , 'Une prédication dans un jardin (15 avril 1533). Episode de la Réforme genevoise', in *Festschrift Hans Nabholz* (Zurich, 1934), 151—170.

Bergier, J. -F. , 'Marchands italiens à Genève au début du XVIe siècle', in *Studi in onore di Armando Sapori* (Milan, 1957), 883—896.

— *Genève et l'économie européenne de la Renaissance* (Paris, 1963).

— 'Zu den Anfängen des Kapitalismus-Das Beispiel Genf', *Kölner Vorträge zur Sozial- und Wirtschaftgeschichte* 20 (1972), 3-29.

— *Die Wirtschaftgeschichte der Schweiz* (Zurich, 1983).

— and Kingdon, R. M. (eds), *Registres de la Compagnie des Pasteurs de Genève au temps de Calvin* (2 vols: Geneva, 1962—1964).

Blondel, L. , *Le développement urbain de Genève à travers les siècles* (Geneva/ Nyon, 1946).

Borel, F. , *Les foires de Genève au XVe siècle* (Geneva/ Paris, 1892).

Borgeaud, C. , *Histoire de l'Université de Genève I: L'Académie de Calvin, 1559—1798* (Geneva, 1900).

Bremme, H. J. , *Buchdrucker und Buchhändler zur Zeit der Glaubenskämpfe: Studien zur genfer Druckgeschichte 1565—1580* (Geneva, 1969).

Broise, P. , *Genève et son territoire dans l'antiquité* (Brussels, 1974).

Bürgli, A. , *Kapitalismus und Calvinsmus: Versuch einer wirtschaftgeschichtlichen und religionsoziologischen Untersuchungen der Verhältnisse in Genf im 16. und beginnenden 17. Jahrhundert* (Winterthur, 1960).

Chaix, P. , *Recherches sur l'imprimerie à Genève de 1550 à 1564* (Geneva, 1954).

— Dufour, A. , and Moeckli, G. , *Les livres imprimés à Genève de 1550 à 1600* (Geneva, 1966).

Choisy, E. , *La théocratie à Genève au temps de Calvin* (Geneva, 1897).

Courvoisier, J. , *La notion d'église chez Bucer dans son développement historique* (Paris, 1933).

— 'La haute école de Genève au XVIe siècle', *Theologische Zeitschrift* 35 (1979), 169—176.

Delarue, H. , 'La première offensive évangélique à Genève, 1532—1533', *Bulletin de la société d'histoire et d'archéologie de Genève* 9 (1948), 83—102.

Dufour, A. , 'L'affaire de Maligny vue à travers la correspondence de Calvin et de Bèze', *Cahiers d'historie* 8 (1963), 269—280.

— 'De la bourgeoisie de Genève à la noblesse de Savoie', in *Mélanges d'historie économique et sociale en hommage Antony Babel* (Geneva, 1963), 227—238.

— 'Le mythe de Genève au temps de Calvin', in *Histoire politique et psychologie historique* (Geneva, 1966), 63—95.

Ganoczy, A. , *La bibliothèque de l'Académie de Calvin* (Geneva, 1969). Gauthier, J. - A. , *Histoire de Genève des origines à l'année 1691* (9 vols: Geneva, 1896—1914).

Gauthier, L. , *L'hôpital général de Genève de 1535 à 1545* (Geneva, 1914).

Geisendorf, P. - F. , *Les annalistes genevois du début du XVIIe siècle* (Geneva, 1942).

— *L'Université de Genève*, *1559—1959* (Geneva, 1959).

— 'Lyon et Genève du XVIe siècle au XVIIIe siècle', *Cahiers d'histoire* 5 (1960), 65—76.

314 — 'Métiers et conditions sociales du premier refuge à Genève, 1549—1587', in *Mélanges d'histoire économique et sociale en hommage Antony Babel* (Geneva, 1963), 239—249.

Gioffiré, D. , *Gênes et les foires de change : de Lyon à Besançon* (Paris, 1960).

Guerdon, R. , *La vie quotidienne à Genève au temps de Calvin* (Paris, 1973).

de Jussy, J. , *Le levain du Calvinisme*, *ou commencement de l'hérésie de Genève* (Geneva, 1865).

Kaden, E. -H. , *Le jurisconsulte Germain Colladon*, *ami de Jean Calvin et de Théodore de Bèze* (Geneva, 1974).

Kingdon, R. M. , *Geneva and the Coming of the Wars of Religion in France*, *1555—1563* (Geneva, 1956).

— 'The Business Activities of Printers Henri and François Estienne', in *Aspects de la propagande religieuse* (Geneva, 1957), 258—275.

— *Geneva and the Consolidation of the French Protestant Movement 1564—1572* (Geneva, 1967).

— 'The Deacons of the Reformed Church in Calvin's Geneva', in *Mélanges d'histoire du XVIe siècle* (Geneva, 1970), 81—89.

— 'Social Welfare in Calvin's Geneva', *American Historical Review* 76 (1971), 50—69.

— 'The Control of Morals in Calvin's Geneva', in Buck, L. P. , and Zophy, J. W. (eds), *The Social History of the Reformation*, (Colombus, Ohio, 1972), 3—16.

— 'Was the Protestant Reformation a Revolution? The case of Geneva', in Kingdon, R. M. , (ed.), *Transition and Revolution : Problems and Issues of Euro-*

pean Renaissance and Reformation (Minneapolis, 1974), 53—76.

— 'Calvin and the Government of Geneva', in Neusner, W. H. (ed.), *Calvinus ecclesiae Genevensis custos* (Frankfurt/ Berne, 1984), 49—67.

Labarthe, O. , 'En marge de l'édition des Registres de la Compagnie des pasteurs de Genève: le changement du mode de présidence de la Compagnie, 1578—1580', *Revue d'histoire ecclésiatique suisse* 67 (1972), 160—186.

Mandrou, R. , 'Les français hors de France aux XVIe et XVIIe siècles. I: A Genève, le premier refuge protestant (1549—1560)', *Annales ESC* 14 (1959), 663—675.

Martin, P. -E. , 'Les origines de la civitas et de l'évêché de Genève', in *Mélanges d'histoire et de littérature offerts à Charles Gilliard* (Lausanne, 1944), 82—92.

— *Historie de Genève des origines à 1798* (Geneva, 1951).

— 'Calvin et le prêt à intérêt à Genève', in *Mélanges d'historie économique et sociale en hommage Antony Babel* (Geneva, 1963), 251—263.

Monter, E. W. , 'Le change public à Genève, 1568—1581', in *Mélanges d'histoire économique et sociale en hommage Antony Babel* (Geneva, 1963), 265—290.

— *Studies in Genevan Government* (*1536—1605*) (Geneva, 1964).

— *Calvin's Geneva* (New York/ London: Wiley, 1967).

— 'Crime and Punishment in Calvin's Geneva', *ARG* 69 (1973), 281—287.

— 'The Consistory of Geneva, 1559—1569', *BHR* 38 (1976), 467—484.

— 'Historical Demography and Religious History in Sixteenth-Century Geneva', *Journal of Inter-Disciplinary History* 9 (1979), 399—427.

Naef, H. , 'Un alchimiste au XVIe siècle; ou Battonat, la Seigneurie de Genève, et le comte de Gruyère', *Mémoires et documents de la société d'histoire de la Suisse Romande* 2 (1946), 7—304.

— *Les origines de la Réforme à Genève* (2 vols: Geneva, 1968).

Olson, J. E. , 'La Bourse française de Genève: les années d'origine', *Revue du vieux Genève* 17 (1987), 16—20.

Perrenaud, A. , *La population de Genève*, *XVIe—XIXe siècles* (Geneva, 1979).　　315

Roget, A. , *Histoire du peuple de Genève depuis la Réforme jusqu' à l'escalade* (7 vols: Geneva, 1870—1883).

Stadler, P. , *Genf, die großen Mächte und die eidgenössischen Glaubensparteien 1571—1584* (Zurich, 1952).

Turchetti, M. , *Concordia o tolleranza? François Badouin* (1520—1573) *ei 'Moy-enneurs'* (Geneva, 1984).

加尔文的思想

Alting von Geusau, L. G. M. , *Die Lehre von der Kindertaufe bei Calvin* (Bilthoven/ Mainz, 1963).

Anderson, M. , 'Theodore Beza: Savant or Scholastic?', *Theologische Zeitschrift* 43 (1987), 320—332.

— 'John Calvin: Biblical Preacher (1539—1564)', *SJTh* 42 (1989), 167—181.

Autin, A. , *L'Institution chrétienne de Calvin* (Paris, 1929).

Babelotsky, G. , *Platonischer Bilder und Gedankengänge in Calvins Lehre vom Menschen* (Wiesbaden, 1977).

Balke, W. , 'The Word of God and Experientia according to Calvin', in Neuser, W. H. (ed.), *Calvinus ecclesiae doctor* (Kampen, 1978), 19—31.

Barth, P. , 'Die fünf Einleitungskapitel von Calvins Institutio', *Kirchenblatt für die reformierte Schweiz* 40 (1925), 41—42, 45—47, 49—50.

Battenhouse, R. W. , 'The Doctrine of Man in Calvin and in Renaissance Platonism', *JHI* 9 (1948), 447—471.

Battles, F. L. , 'God was accommodating Himself to Human Capacity', *Interpretation* 31 (1977), 19—38.

Bauke, H. , *Die Probleme der Theologie Calvins* (Leipzig, 1922).

Biéler, A. , *La pensée économique et sociale de Calvin* (Geneva, 1959).

— *Calvin, prophète de l'ère industrielle* (Geneva, 1964).

Blanke, F. , 'Calvins Urteil über Zwingli', *Zwingliana* 11 (1959), 66—92.

Bohatec, J. , *Calvin und das Recht* (Graz, 1934).

— 'Calvin et la procédure civile à Genève', *Revue historique de droit français et étranger* 17 (1938), 229—303.

— *Budé und Calvin: Studien zur Gedankewelt des französischen Frühhumanismus* (Graz, 1950).

Breen, Q. , 'John Calvin and the Rhetorical Tradition', *Church History* 26 (1957), 3—21.

— 'Some Aspects of Humanist Rhetoric and the Reformation', *NAK* 43 (1960),

1—14.

— *John Calvin: A Study in French Humanism* (Hamden, 2nd edn, 1968).

Büsser, F. , *Calvins Urteil über sich selbst* (Zurich, 1950).

— 'Bullinger et Calvin', *Etudes théologiques et religieuses* 63 (1988), 31—52.

Cadier, J. , 'Calvin et Saint Augustin', in *Augustinus Magister* (Paris, 1954), 1039—1056.

Calvetti, C. , *La filosofia di Giovanni Calvino* (Milan, 1955).

Chenevière, M. E. , *La pensée politique de Calvin* (Paris, 1937).

Courvoisier, J. , 'Réflexions à propos. de la doctrine eucharistique de Zwingle et Calvin', in *Festgabe Leonhard von Muralt* (Zurich, 1970), 258—265.

— *De la Réforme au Protestantisme: essai d'écclesiologie réformée* (Paris, 1977).

Dankbaar, W. F. , *Calvin, sein Weg und sein Werk* (Neukirchen, 1959).

— 'L'office des docteurs chez Calvin', in *Regards contemporains sur Jean Calvin* (Strasbourg, 1964), 102—126.

Douglass, E. J. D. , *Women, Freedom and Calvin* (Philadelphia, 1985).

Dowey, E. A. , *The Knowledge of God in Calvin's Theology* (New York; 1952).

Eire, C. M. N. , 'Calvin and Nicodemitism: A Reappraisal', *SCJ* 10 (1979), 45—69.

Engel, M. P. , *Calvin's Perspectival Anthropology* (Atlanta, Ga. , 1988).

Ganoczy, A. , 'Calvin als paulinischer Theologe. Ein Forschungsansatz zur Hermeneutik Calvins', in Neuser, W. , (ed.), *Calvinus Theologus* (Neukirchen, 1976), 36—69.

— *The Young Calvin* (Philadelphia, 1987).

— and Müller, K. , *Calvins handschriftliche Annotationen zu Chrysostomus* (Wiesbaden, 1981).

— and Scheld, S. , *Herrschaft, Tugend, Vorsehung: Hermeneutische Deutung und Veröffentlichung handschriftlicher Annotationen Calvins zu sieben Senecatragödien* (Wiesbaden, 1982).

Gerrish, B. A. , 'The Word of God and the Word of Scripture: Luther and Calvin on Biblical Authority', in *The Old Protestantism and the New: Essays on the Reformation Heritage* (Chicago, 1982), 51—68.

Girardin, B. , *Rhétorique et thélogique: Calvin, le Commentaire de l'Epître aux Romains* (Paris, 1979).

Goumaz, L. , *La doctrine du salut (doctrina salutis) d'après les commentaries de*

316

Jean Calvin sur le Nouveau Testament (Lausanne/ Paris, 1917).

Graham, W. F. , *The Constructive Revolutionary: John Calvin and His Socio-Economic Impact* (Richmond, Va. , 1971).

Grislis, E. , 'Calvin's Use of Cicero in the Institutes I: 1-5—A case Study in Theological Method', *ARG* 62 (1971), 5—37.

Hall, B. , 'The Calvin Legend', in Duffield, G. E. (ed.), *John Calvin*, (Abingdon, 1966), 1—18.

— 'Calvin against the Calvinists', in Duffield, G. E. (ed.), *John Calvin*, (Abingdon, 1966), 19—37.

— 'John Calvin, the Jurisconsults and the *Ius Civile*', in Cuming, G. J. (ed.), *Studies in Church History*, (Leiden, 1966), 202—216.

Hancock, R. C. , *Calvin and the Foundations of Modern Politics* (Ithaca, N. Y. , 1989).

Higman, F. M. , *The Style of John Calvin in His French Polemical Treatises* (Oxford, 1967).

Holl, K. , 'Johannes Calvin', in *Gesammelte Aufsätze zur Kirchengeschichte* (3 vols: Tübingen, 1928), vol. 3, 254—284.

Höpfl, H. , *The Christian Polity of John Calvin* (Cambrigde, 1985).

Jacobs, P. , *Prädestination und Verantwortlichkeit bei Calvin* (Kassel, 1937).

Kaiser, C. B. , 'Calvin, Copernicus and Castellio', *Calvin Theological Journal* 21 (1986), 5—31.

— 'Calvin's Understanding of Aristotelian Natural Philosophy', in Schnucker, R. V. (ed.), *Calviniana: Ideas and Influence of Jean Calvin* (Kirksville, Mo. , 1988), 77—92.

Koch, E. , ' Erwägungen zum Bekehrungsbericht Calvin ', *NAK* 61 (1981), 185—197.

Lane, A. N. S. , 'Calvin's Sources of St Bernard', *ARG* 67 (1976), 253—283.

317 — 'Calvin's Use of the Fathers and Medievals', *Calvin Theological Journal* 16 (1981), 149—205.

McDonnell, K. , *John Calvin, the Church and the Eucharist* (Princeton, 1967).

McGrath, A E. , 'John Calvin and Late Medieval Thought: A study in Late Medieval Influences upon Calvin's Theological Thought', *ARG* 77 (1986), 58—78.

Marmelstein, J. -W. , *Etude comparative des textes latins et français de l'Institution de la Religion chrestienne par Jean Calvin* (Paris/ Groningen/ The Hague,

1921).

Mercier, C. , 'L'esprit de Calvin et la démocratie', *Revue d'histoire écclesiatique* 30 (1934), 5—53.

Milner, B. C. , *Calvin's Doctrine of the Church* (Leiden, 1970).

Niesel, W. , 'Calvin wider Osianders Rechtfertigungslehre', *Zeitschrift für Kirchengeschichte* 46 (1928), 410—430.

— 'Verstand Calvin deutsch?', *Zeitschrift für Kirchengeschichte* 49 (1930), 343—358.

— *The Theology of Calvin* (London, 1956).

Pannier, J. , *Calvin et l'épiscopat* (Starsbourg, 1927).

— 'Une première *Institution* française dès 1537', *RHPhR* 8 (1928), 513—534.

Parker, T. H. L. , *The Oracles of God : An Introduction to the Preaching of John Calvin* (London, 1962).

— *Calvin's Doctrine of the Knowledge of God* (Edinburgh, rev. edn, 1969).

— *Calvin's New Testament Commentaries* (London, 1971).

— *Calvin's Old Testament Commentaries* (Edinburgh, 1986).

Partee, C. , *Calvin and Classical Philosophy* (Leiden, 1977).

— 'Calvin's Central Dogma Again', *SCJ* 18 (1987), 191—199.

Peter, R. , 'Rhétorique et prédication selon Calvin', *Revue d'histoire et de philosophie religieuses* 55 (1975), 249—72.

Pfeilschifter, F. , *Das Calvinbild bei Bolsec und sein Fortwirken im französischen Katholizismus bis ins 20. Jahrhundert* (Augsburg, 1983).

Plath, U. , *Calvin und Basel in den Jahren 1552—1556* (Basle/ Stuttgart, 1974).

Reid, W. S. , *John Calvin : His Influence in the Western World* (Grand Rapids, 1982).

Reuter, K. , *Das Grundverständnis der Theologie Calvins* (Neukirchen, 1963).

— *Vom Scholaren bis zum jungen Reformator : Studien zum Werdegang Johannes Calvins* (Neukirchen, 1981).

Richard, L. J. , *The Spirituality of John Calvin* (Atlanta, 1974).

Rist, G. , 'La modernité de la méthode théologique de Calvin', *Revue de théologie et philosophie* 1 (1968), 19—33.

Rosen, E. , 'Calvin's Attitude towards Copernicus', *JHI* 21 (1960), 431—441.

Ruff, H. , *Die französischen Briefe Calvins : Versuch einer stylistischen Analyse* (Glarus, 1937).

Santmire, P. H. , 'Justification in Calvin's 1540 Romans Commentary', *Church History* 33 (1964), 294—313.

Schellong, D. , *Das evangelische Gesetz in der Auslegung Calvins* (Munich, 1968).

—*Calvins Auslegung der synoptsichen Evangelien* (Munich, 1969).

Scholl, H. , *Calvins Catholicus: Die katholische Calvinforschung im 20. Jahrhundert* (Freiburg, 1974).

Selinger, S. , *Calvin against Himself: An Inquiry in Intellectual History* (Hamden, Conn. , 1984).

Smits, L. , *Saints Augustin dans l'oeuvre de Jean Calvin* (Louvain, 1957).

Sprenger, P. , *Das Râtsel um die Bekehrung Calvins* (Neukirchen, 1960).

Stauffer, R. , *L'humanité de Calvin* (Neuchatel, 1964).

— 'Le discourse à la première personne dans les sermons de Calvin', in *Regards contemporains sur Jean Calvin* (Paris, 1965), 206—238.

— *Dieu, la création et la providence dans la prédication de Calvin* (Berne, 1978).

Steinmetz, D. C. , 'Calvin and the Absolute Power of God', *Journal of Medieval and Renaissance Studies* 18 (1988), 65—79.

— 'Calvin and Abraham: The Interpretation of Romans 4 in the Sixteenth Century', *Church History* 57 (1988), 443—455.

Thompson, J. L. , 'Creata ad imaginem Dei, licet secundo gradu: Woman as the Image of God according to John Calvin', *HThR* 81 (1988), 125—143.

Torrance, T. F. , *Calvin's Doctrine of Man* (London, 1952).

— 'La philosophie et la théologie de Jean Mair ou Major (1469—1550)', *Archives de philosophie* 32 (1969), 531—547; 33 (1970), 261—294.

— 'Intuitive and Abstractive Knowledge from Duns Scotus to John Calvin', in *De doctrina Ioannis Duns Scoti: Acta tertii Congressus Scotistici Internationalis* (Rome, 1972), 291—305.

— *The Hermeneutics of John Calvin* (Edinburgh, 1988).

Tranquilli, V. , *Il concetto di lavoro da Aristotele a Calvino* (Naples, 1979).

Trinkaus, C. , 'Renaissance Problems in Calvin's Theology', in Peery, W. (ed.), *Studies in the Renaissance I* (Austin, 1954), 59—80.

Van't Spijker, W. , 'Prädestination bei Bucer und Calvin', in Neuser, W. (ed.), *Calvinus Theologicus* (Neukirchen, 1976), 85—111.

Wallace, R. S. , *Calvin's Doctrine of the Word and Sacrament* (Edinburgh, 1953).

— *Calvin's Doctrine of the Christian Life* (Edinburgh, 1959).

Warfield, B. B. , *Calvin and Augustine* (Philadelphia, 1956).

— *Calvin et l'humanisme* (Paris, 1976).

Willis, E. D. , *Calvin's Catholic Christology* (Leiden, 1966).

— 'Rhetoric and Responsibility in Calvin's Theology', in McKelway, A. J. , and Willis, E. D. (eds), *The Context of Contemporary Theology* (Atlanta, Ga. , 1974), 43—63.

Zeeden, E. W. , 'Das Bild Luthers in der Briefen Calvins', *ARG* 11 (1959), 66—92.

Zimmermann, A. , 'Calvins Auseinandersetzung mit Osianders Rechtfertigungslehre', *Kerygma und Dogma* 35 (1989), 236—256.

加尔文主义

Ahlstrom, S. , *A Religious History of the American People* (New Haven, 1972).

Armstrong, B. G. , *Calvinism and the Amyraut Heresy: Protestant Scholasticism and Humanism in Seventeenth-Century France* (Madison, Wis. , 1969).

Ball. B. W. , *A Great Expectation: Eschatological Thought in English Protestantism to 1660* (Leiden, 1975).

Baron, H. , 'Calvinist Republicanism and Its Historical Roots', *Church History* 7 (1939), 30—42.

Bercovitch, S. , *The Puritan Origins of the American Self* (New Haven/ London, 1975).

Besnard, P. , *Protestantisme et capitalisme: la controverse post-wébérienne* (Paris. 1970).

Boettner, L. , *The Reformed Doctrine of Predestination* (Grand Rapids, 1968).

Bohatec, J. , ' "Lutherisch" und "Reformiert" ', *Reformiertes Kirchenblatt für Österreich* 28 (January, 1951), 1—3.

Bourchenin, D. , *Etude sur les Académies Protestantes en France au XVIe et au XVIIe siècles* (Paris, 1882).

Cadix, M. , 'Le calvinisme et l'expérience religieuse', in *Etudes sur Calvin et le calvinisme* (Paris, 1936), 173—187.

Caldwell, P. , *The Puritan Conversion Narrative: The Beginnings of American Expression* (Cambridge, 1986).

Cohn, H. J. , 'The Territorial Princes in Germany's Second Reformation', in Prestwich, M. (ed.), *International Calvinism 1541—1715* (Oxford, 1985), 135—166.

Collinson, P., 'Calvinism with an Anglican Face', in Baker, D. (ed), *Reform and Reformation: England and the Continent* (Oxford, 1979), 71—102.

— 'England and International Calvinism, 1558—1640', in Prestwich, M. (ed.), *International Calvinism 1541—1715* (Oxford, 1985), 197—224.

Costello, W. T., *The Scholastic Curriculum in Early Seventeenth-Century Cambridge* (Cambridge, Mass., 1958).

Donnelly, J. P., 'Italian Influences on the Development of Calvinist Scholasticism', *SCJ* 7/1 (1976), 81—101.

— *Calvinism and Scholasticism in Vermigli's Doctrine of Man and Grace* (Leiden, 1976).

— 'Calvinist Thomism', *Viator* 7 (1976), 441—445.

Duke, A., 'The Ambivalent Face of Calvinism in the Netherlands, 1561—1618', in Prestwich, M. (ed.), *International Calvinism 1541—1715* (Oxford, 1985), 109—135.

Evans, R. J. W., *The Wechsel Presses: Humanism and Calvinism in Central Europe 1572—1627* (*Past and Present* Supplement 2: London, 1975).

— 'Calvinism in East Central Europe: Hungary and her Neighbours, 1540—1700', in Prestwich, M. (ed.), *International Calvinism 1541—1715* (Oxford, 1985), 167—96.

Fatio, O., *Méthode et théologie: Lambert Daneau et les débuts de la scholastique réformée* (Geneva, 1976).

— 'Présence de Calvin à l'époque de l'orthodoxie réformée: les abrégés de Calvin à la fin du 16e et au 17e siècle', in Neuser, W. H. (ed.), *Calvinus ecclesiae doctor* (Kampen, 1978), 171—207.

Foster, S., *Their Solitary Way: The Puritan Social Ethic in the First Century of Settlement in New England* (New Haven, 1971).

Freeberg, D. A., *Iconoclasm and Painting in the Netherlands, 1566—1609* (Oxford, unpublished thesis, 1972).

Goodwaard, R., *Capitalism and Progress* (Grand Rapids, 1979).

Green, R. W. (ed.), *Protestantism and Capitalism: The Weber Thesis and Its Critics* (Boston, Mass., 1959).

— (ed.), *Protestantism, Capitalism and Social Science: The Weber Thesis Contro-*

versy (Boston, Mass., 1973).

Greven, P., *The Protestant Temperament*: *Patterns of Child-Rearing*, *Religious Experience and the Self in Early America* (New York, 1977).

Gründler, O., *Die Gotteslehre Giralmo Zanchis* (Neukirchen, 1965).

Hill, C., *The Intellectual Origins of the English Revolution* (Oxford, 1965).

Jamieson, J. F., 'Jonathan Edwards's Change of Position on Stoddardeanism', *HThR* 74 (1981), 79—99.

Kendall, R. T., *The Influence of Calvin and Calvinism upon the American Heritage* (London, 1976).

— *Calvin and English Calvinism to 1649* (Oxford, 1980).

Kickel, W., *Vernunft und Offenbarung bei Theodor Beza* (Neukirchen, 1967).

Kingdon, R. M., 'The First Expression of Theodore Beza's Political Ideas', *ARG* 46 (1955), 88—99.

— 'Calvinism and Democracy: Some Political Implications do Debates on French Reformed Church Government, 1562—1572', *American Historical Review* 69 (1964), 393—401.

Labrousse, E., 'Calvinism in France, 1598—1685', in Prestwich, M. (ed.), *International Calvinism 1541—1715* (Oxford, 1985), 285—314.

Laplanche, F., *Orthodoxie et prédication*: *l'oeuvre d'Amyraut et la querelle de la grâce universelle* (Paris, 1965).

Lehmann, H., *Das Zeitalter des Absolutismus*: *Gottesgnadentum und Kriegsnot* (Stuttgart, 1980).

— 'The Cultural Importance of the Pious Middle Classes in 17th-Century Protestant Society', in von Greyerz, H. (ed.), *Religion and Society in Modern Europe* (London, 1984), 33—41.

Lewis, G., 'Calvinism in Geneva in the Time of Calvin and Beza', in Prestwich, M. (ed.), *International Calvinism 1541—1715* (Oxford, 1985), 39—70.

Liedtke, H., *Die Pädagogik der werdenden Orthodoxie*: *Ein Beitrag zur Bestimmung der Verhältnisses von Reformation und Humanismus* (Königsdorf, 1968).

Lüthy, H., 'Variations on a Theme by Max Weber', in Prestwich, M. (ed.), *International Calvinism 1541—1715* (Oxford, 1985), 369—390.

Lynch, M., 'Calvinism in Scotland, 1559—1638', in Prestwich, M. (ed.), *International Calvinism 1541—1715* (Oxford, 1985), 225—56.

McComish, W. A., *The Epigones*: *A Study of the Genevan Academy* (Allison

Park, Pa. , 1989).

McKim, D. K. , *Ramism in William Perkin's Theology* (Berne, 1987).

McNeil, J. T. , *The History and Character of Calvinism* (New York, 1954).

Marshall, G. , *Presbyteries and Profits: Calvinism and the Development of Capitalism in Scotland, 1560—1707* (Oxford, 1980).

— *In Search of the Spirit of Capitalism: An Essay on Max Weber's Protestant Ethic Thesis* (London, 1982).

Meylan, H. , 'Collèges et académies protestants en France au XVIe siècle', in *Actes du 95e congrès national des sociétés savantes* (2 vols: Paris, 1971), vol. 1, 301—308.

Miegge, M. , *Vocation et travail: essai sur l'éthique puritaine* (Geneva, 1989).

Moltmann, J. , 'Prädestination und Heilsgeschichte bei Moyse Amyraut', *Zeitschrift für Kirchengeschichte* 65 (1954), 270—303.

Morgan, E. , *The Puritan Family* (Boston, Mass. , 1966).

Mosse, G. L. , *Calvinism: Authoritarian or Democratic?* (New York, 1957).

Muller, R. A. , '*Vera philosophia cum sacra theologia nunquam pugnat*: Keckermann on Philosophy, Theology and the Problem of Double Truth', *SCJ* 15 (1984), 341—365.

— 'Scholasticism Protestant and Catholic: Francis Turretin on the Object and Principles of Theology', *Church History* 55 (1986), 193—205.

Neuser, W. , 'Die Väter des Heidelberger Katechismus', *Theologische Zeitschrift* 35 (1979), 177—194.

Nürenberger, R. , *Die Politisierung des französischen Protestantismus: Calvin und die Anfänge des protestantischen Radikalismus* (Tübingen, 1948).

Platt, J. , *Reformed Thought and Scholasticism: The Arguments for the Existence of God in Dutch Theology, 1575—1670* (Leiden, 1982).

Prestwich, M. , 'Le mécénat et les protestants en France, 1598—1661: architectes et peintres', in Mesnard, J. , and Mousnier, R. (eds), *L'Age d'Or du mécénat* (Paris, 1985), 77—88.

— 'Calvinism in France, 1559—1629', in Prestwich, M. (ed.), *International Calvinism 1541—1715* (Oxford, 1985), 71—108.

— 'Introduction', in Prestwich, M. (ed.), *International Calvinism 1541—1715* (Oxford, 1985).

Ritschl, D. , 'Der Beitrag des Calvinismus für die Entwicklung des Menschenrechts-

321

gedankens in Europa und Nordamerika', *Evangelische Theologie* 40 (1980), 333—345.

Rüsch, E. G., 'Eine private Bearbeitung der Institutio Calvins', *Theologische Zeitschrift* 24 (1968), 427—434.

Schmidt, A. -M., *Jean Calvin et la tradition calvinienne* (Paris, 1957).

Schweizer, A., *Die protestantischen Centraldogmen in ihrer Entwicklung innerhald der reformierten Kirche* (2 vols: Zurich, 1854—1856).

Skinner, Q., 'The Origins of the Calvinist Theory of Revolution', in Malament, B. C. (ed.), *After the Reformation* (Philadelphia, 1980), 309—330.

Speck, W. A., and Billington, L., 'Calvinism in Colonial North America, 1630—1715', in Prestwich, M. (ed.), *International Calvinism 1541—1715* (Oxford, 1985), 257—284.

Stauffer, R., 'Le Calvinisme et les universités', *BSHPE* 126 (1980), 27—51.

Torrance, J. B., 'Covenant or Contract? A Study of the Theological Background of Worship in Seventeenth-Century Scotland', *SJTh* 23 (1970), 51—76.

— 'The Covenant Concept in Scottish Theology and Politics and Its Legacy', *SJTh* 34 (1981), 225—243.

Vahle, H., 'Calvinismus und Demokratie im Spiegel der Forschung', *ARG* 66 (1982), 181—212.

Wallace, D. D., *Puritans and Predestination: Grace in English Protestant Theology, 1525—1695* (Chappel Hill, 1982).

Walzer, M., *Revolution of the Saints* (New York, 1970).

Weber, Max, *The Protestant Ethic and the Spirit of Capitalism* (London, 1930).

Yardeni, M., 'French Calvinist Political Thought, 1534—1715', in Prestwich, M. (ed.), *International Calvinism 1541—1715* (Oxford, 1985), 315—338.

Zaret, D., *The Heavenly Contract: Ideology and Organization in Pre-Revolutionary Puritanism* (Chicago, 1985).

Zeeden, E. W., Die *Entstehung der Konfessionen: Grundlagen und Formen der Konfessionsbildung im Zeitalter der Glaubenskampf* (Freiburg, 1967).

Zeller, W., *Theologie und Frömmigkeit: Gesammelte Aufsätze* (2 vols: Marburg, 1971—1978).

索　引

（条目后边的数字为英文原书页码，即中译本的边码）